2007 年 9 月 15 日在广州对话投资大师吉姆·罗杰斯，与罗杰斯合影
（中为罗杰斯，左为但斌，右为南方都市报副总编辑宋繁银）

2007 年赴美国参加伯克希尔股东大会，在巴菲特家门前留影

东方港湾公司门前有一句话“专注长期股权投资”，
东方港湾的工作实际上就围绕着这八个字展开

2007年6月9日
在私募基金与中国经济黄金10年论坛上讲话

时间的玫瑰

但斌投资札记

但斌 著

山西出版集团
山西人民出版社

图书在版编目(CIP)数据

时间的玫瑰/但斌著.—太原：山西人民出版社，2007.9
ISBN 978-7-203-05925-7（2008.3 重印）

Ⅰ.时…　Ⅱ.但…　Ⅲ.投资—基本知识　Ⅳ.F830.59

中国版本图书馆 CIP 数据核字（2007）第 145163 号

时间的玫瑰——但斌投资札记

著　　者： 但　斌
责任编辑： 贺　权
选题策划： 北京汉唐阳光
装帧设计： 思想工社

出 版 者： 山西出版集团　山西人民出版社
地　　址： 太原市建设南路 21 号
邮　　编： 030012
电　　话： 0351-4922220（发行中心）
0351-4922235（综合办）
E - mail： fxzx@sxskcb.com
web@sxskcb.com
Renmshb@sxskcb.com
网　　址： www.sxskcb.con

经 销 者： 山西出版集团　山西人民出版社
承 印 者： 北京飞达印刷责任有限公司

开　　本： 787mm×1092mm　1/16
印　　张： 23.25
字　　数： 300 千字
印　　数： 40001-45000 册
版　　次： 2007 年 10 月第 1 版
印　　次： 2008 年 4 月第 3 次印刷
书　　号： ISBN 978-7-203-05925-7
定　　价： 48.00 元

但斌股市投资经典语录

★ 最伟大的投资家也会随岁月消逝，但某些投资的原则却亘古不变。

★ 投资不需要高等数学，只需要常识和智慧。

★ 杰出的企业寥若晨星，我们希望所投资的企业像是皇冠上的明珠。

★ 一个人在市场里的输赢结果，实际上是对他人性优劣的奖惩。

★ 投资像孤独的乌龟在与时间竞赛。

★ 有的人从来没有真正坚定过，因为他们从来没有真正思考过。

★ 时间是最有价值的资产，我们今天所买入的股票不仅仅属于我们自己，它属于整个家族，我们应该为子孙后代担负起此刻的责任。

★ 如果你懂得使用而且也愿意肩负重担，金钱就是你改变社会、影响他人、保持心灵自由的工具。

★ 在我自己的国家里，四十年的艰辛岁月告诉我——如果你真的有才华，有广阔的胸襟，愿意努力奋斗，不忌妒他人的财富，不无所事事，不整天抱怨自己的生活，不找理由逃避责任，我们就有可能改变自己的命运与现状。

★ 巴菲特之所以伟大，不在于他在75岁的时候拥有了450亿的财富，而在于他年轻的时候想明白了许多事情，然后用一生的岁月来坚守。

序一
没有理想，就没有现实

○ 陈　理

读但斌先生富有激情、智慧和人文情怀的投资札记《时间的玫瑰》，让我想起价值投资的开山鼻祖格雷厄姆先生，他的一本投资专著也有个富有诗意的名字——《金钱蜜蜂的舞蹈》。浪漫与理智的结合，热情与理性的交织，是这位大师的性格特征。从但斌身上，我似乎看到了大师的影子，尽管他在中国更多的是试图复制大师的衣钵传人——巴菲特的投资理念。

但斌有过在工厂当钳工和“孔雀东南飞”的艰苦岁月，在投资上也有过四次重大挫折，他接受和转向价值投资的时间也不算早，但他一旦转身，却是那样的毅然决然，在短短的几年间，他迅速成长为一名坚定的价值投资者。印度古籍《奥义书》有一段警世之言：“一个人到30岁，就要用全部的时间来觉悟，不觉悟的话，就是一步步走向死亡的道路。”但斌从“华丽转身”到“快速成长”为私募基金的代表性人物的传奇故事，印证了觉悟的惊人力量和正确思考的巨大作用，对那些愿意尝试改变的人们是莫大的鼓舞。

贵在坚持

选择最好的企业投资，成为但斌走上真正的投资之路的标志。他说：“杰出的企业廖若晨星，我们希望所投资的企业像是皇冠上的明珠。”这个理念主要来自巴菲特。在接受采访被问及东方港湾是否开发出自己的投研体系时，但斌说：“我们还没有开发出自己的投资研究方法，最多只是复制巴菲特的以公司价值为投资核心的投研方法。”

对但斌“皇冠上的明珠”做“化学”分析，概括起来，主要由以下成分构成：

1. 长期稳定的经营历史；2. 高度的竞争壁垒，甚至是垄断型企业，最好是非政府管制型垄断；3. 管理者理性、诚信，以股东利益为重；4. 财务稳健，负债不高而净资产收益率高，自由现金流充裕；5. 自己能够理解、能够把握的企业。

找到心目中的“皇冠明珠”，然后以适当的价格买进并长期持有，巴菲特式的价值投资似乎就是这样的简单。但简单不等于容易。困难在于长期坚持下去。在我们这边，还有另一重困难。大多数人认为，在美国那样的成熟股市坚持长期投资容易，但在中国这样的新兴市场则“难于上青天”！可是但斌的观点让人耳目一新：“如果你不敢在中国长期投资，到了美国你更不敢……巴菲特所经历的沧桑岁月里面有什么？当然有人类的巨大进步，但也有战争、世界的动荡。至少四次以上的经济危机、两次石油危机等等，数不胜数的社会动荡。那么在今天看我们中国除了一些波折以外，20年来其经济是一路向上的，平均GDP增长率有9%。如果在今天的中国你都不敢长期投资，你到当年巴菲特时代的美国怎么可能敢？所以在我看来，投资就是比谁看得远。因为你只有真正的眼光你才会坚定，如果你没有真正的眼光的话，你很难坚定。”

或许投资大师罗杰斯在接受电视访谈时的一次谈话可以为但斌上述观点作最好的注脚：大多数民族只能兴旺一次，但中华民族兴旺超过两次；21世纪是中国的世纪；当然中国在崛起的过程中也会面临很多问题和挑战，但美国崛起过程中也遇到了大量问题和挑战，最后也成功了，和美国当时相比，中国目前的问题和挑战还少些。而他对美国读者的建议是：“把你的钱从美国撤出，到中国去投资，有多少投资多少。”

笔者认为，敢于在中国坚持长期投资，除了“中国是21世纪的主旋律”外，还应该加上三条：第一，这是我们熟悉和热爱的土地，在这里都不敢长期投资，更遑论其他国度？第二，价值投资的基本原理不仅具有普遍适用性，而且坚如磐石，经得起任何风浪和灾难的考验；第三，一个具有持久性竞争优势的伟大企业组合，如同一只坚固的诺亚方舟，何惧洪水滔天？

理想与现实

10年前，东软集团总裁刘积仁一个题为“没有理想，就没有现实”的演讲，曾引起我强烈共鸣。但斌在《时间的玫瑰》中所表现出的理想主义色彩，不时地受到一些人的质疑。或许“没有理想，就没有现实”是对这些质疑的最好回答。

古人云：“志不立，天下无可成之事。”有了远大理想，就有了源源不竭的前进动力，就能够以积极的心态应对现实中的困难和变化，披荆斩棘，一往无前，最终创造出活生生的美好现实。

当然，理想主义并非不需要现实基础。理想是天，现实是地，顶天立地方可成就伟业。人们对但斌的质疑，集中在中国是否存在长期价值投资的现实基础这一点上，如对制度环境、宏观经济、资产泡沫、社会变迁的忧虑，对市场不成熟、上市公司质量欠佳、投资者心态浮躁等问题的担心，尤其是对中国宏观经济的可持续性信心不足。

但斌对这些问题则持乐观态度，他认为中国股市的黄金时代已经来临，“我们更应该对自己的国家有信心”。他在和外国投资者接触时，明显感觉到似乎老外们比我们自己更看好中国。

在笔者看来，这些质疑说明人们对巴菲特式的长期价值投资仍缺乏深入了解，他们担心的种种问题其实无法动摇巴式投资的根基。因为巴式投资的成功与否，主要取决于少数具有持久性竞争优势的杰出公司的经营成果，这些杰出公司具有顽强的生命力和持久的竞争力，能够穿越经济周期、社会变迁和各种灾难，甚至在危机中还能趁机消灭竞争对手从而壮大自己，沧海横流方显英雄本色。单从这个角度看，但斌的理想主义已经具备牢固的现实基础。

或许巴菲特的智慧能解开人们的疑团：“我们将继续对政治预

言和经济预言置之不理，这些东西对许多投资者和商人来说是代价昂贵的消遣。30年前，谁也没有预测到越南战争的大面积扩散、工资与物价控制、两次石油危机、总统辞职、苏联解体、道指在一天之内大跌508点，或是短期政府债券的收益率在2.8%至17.4%之间波动。但让人惊奇的是，这些巨型炸弹并未对本·格雷厄姆的投资原则产生丝毫不利的影响……而且，请想象一下，如果我们让对未知事物的恐惧使我们递延或改变对资本的运用，那我们的代价将是什么。事实上，我们通常在人们对某种宏观事物的忧虑达到顶峰时进行了最成功的收购。恐惧是追求时尚者的敌人，却是保守固执的基本面信徒的朋友。”

有人说，胸怀决定境界，眼光决定未来，魄力决定成败。对具有理想主义的投资者而言，应该有足够宽广的胸怀去坦然面对人们的种种质疑和责难；有足够长远的眼光去穿透迷雾、洞悉本质，看到伟大企业的美好未来；有足够恢宏的气魄“放弃那些金光闪闪的既得利益”，集中全力，果敢出击，把握住最核心的机会和利益。理想主义者要去实现在常人看来不可能的伟业，注定要经受各种困难和挫折的考验，如同唐僧去西天取经，要经历九九八十一个劫难。是真英雄自洒脱，真正的理想主义者，将能永远保持乐观、积极而又恬淡的心态。

我愿意以《幽窗小记》的一副对联与但斌兄及其他理想主义者们共勉：

宠辱不惊，看庭前花开花落；
去留无意，望天空云卷云舒。

2007年12月26日

序二
一个理想主义者

○ 吴晓兵

但斌先生是一个理想主义者，而且是我认识的人中仅有的一个理想主义者。

对于当代中国人来说，理想主义属于80年代。当时的氛围，几个人可以蹲在马路牙子上一边啃西瓜一边讨论诗歌，很多人在读《约翰·克利斯朵夫》。查建英总结，和80年代有关的关键词是“激情”、“热诚”、“浪漫”、“天真”、“简单”、“真理”、“使命感”，到了90年代，则摇身一变为“现实”、“利益”、“明白”、“世故”、“精明”、“焦虑”、“喧嚣”。80年代的理想主义者们，或者向现实低头，或者变得愤世嫉俗。进入新世纪，我们已经难得再见到意气风发的理想主义者，而但斌恰恰是这样一个人。

他是执著的，在以波浪理论作为分析工具时，数浪从唐朝开始，从中可以一瞥他对盛世巅峰的向往；他又是幸运的，在摸索中逐渐接受了巴菲特的价值投资，作为坚持一生的信念。

中国人善于变通，包括我，到这一刻仍然认为不必全盘接受巴菲特，不妨做点修正。由此可见，但斌的坚持难能可贵。

价值投资创造的不仅仅是物质财富。索罗斯说，“金融市场不属于道德范畴，道德根本不存在于这里，因为它有自己的游戏规则。”宗教人士则以悲悯的口吻谈论“交易所里那些受诅咒的灵魂”，难道追逐财富与追求“真善美”注定歧路？幸好有价值投资，巴菲特以其投资的成功和慈善之举，让我们看到了价值投资的“真善美”：追求真理，是为“真”；将财富增值与促进资源配置相结合，是为“善”；简单、和谐，是为“美”。这也许是唯一“有道德感”的金融市场生存方式。因此，价值投资是一种信仰，坚持价值投资是一种境界。

面对日益抬高的估值，许多人萌生退意，而但斌却认为一个大国正在崛起，他要用坚持价值投资迎来最辉煌的时代。老实说，对此我深表怀疑，毕竟价值投资在中国还没有经历过一次相当程度的经济和股市波动的考验。在中国能否照搬巴菲特，也许还需要几十年才能下结论，但起码已经有人在尝试，仅此，就值得我们心存敬意。有时我也会想，凭借经验、知识和信息所做出的判断真的那么可靠吗？也许我们的信念才是成功的根本。

假如“黄金十年”的预言真的实现，我相信但斌一定是坚持到最后的极少数人之一。而且我也衷心希望他取得成功。因为，与一个理想主义者大国梦的实现相比，一个人或一群人的看对、看错，以及是否在其中赚了些钱，根本无足轻重。

2007年8月28日

自 序

人的一生太短暂，有时候我们只能听从内心的呼唤，做现在力所能及的事情。我感受的人生，像璀璨的花朵，风吹雨淋，盛开随即凋零。

更多的时候，我喜欢寂静的田野、秋天里撒满落叶的萧飒的树林，和夜幕低垂、一轮明月高挂的港湾。

一个做投资的人，应该非常专注。但有时候也许不该只是自己孤独地前行。一种思想、一种精神、一种信仰，也需要我们通过公开的奋斗来宣讲。

我努力在寂静的黑夜中行走，但我也想用心灵歌唱。

宁静存在于我的内心，它是永恒不变的精神状态，永远不会被外界的纷扰所摧毁，但我也怕只在宁静中追寻生命意义和心灵源泉，却没有留下记录，可能会有深深的遗憾……

所以我努力在涌动着灵感的思想溪流中甄别，在自由驰骋的思想里寻觅，尝试着将自己的痛苦、欢乐、忧伤与向往，将精神世界里那些稍纵即逝的火花用札记、演讲、访谈等形式凝固下来。但愿我们的眼光足够深远，不会辜负上帝赐予我们的灵性、美德和坚毅，来实现我们对美好的追求。

目　录

投资札记之二：选股没有秘密

投资札记之三：投资最难的是什么

投资札记之四：给新股民的建议

投资札记之五：股市知与行

投资札记之六：资本的重担

投资札记之七：我们更应该对自己的国家有信心

投资札记之八：绽放我们的生命

第三篇　投资可以看得久远

一、投资可以看得久远

二、坚持是价值投资的核心

三、价值投资的内在逻辑

第四篇　东方港湾与私募基金的未来

第五篇　找寻巴菲特的足迹——带一双眼睛去美国

附录　巴菲特与价值投资

第一篇

时间的玫瑰

巴菲特之所以伟大，不在于他在75岁的时候拥有了450亿的财富，而在于他年轻的时候想明白了许多事情，然后用一生的岁月来坚守。

中国私人财富管理

——2007年3月4日在中国宏观经济预测春季年会上的演讲

在经济高速发展、社会资产全面膨胀的中国，如何进行投资，如何有效管理自己的财富，逐渐成为很多中国人关注的问题。成功的投资，可以改变自己的命运，也可以延续家族的财富。从这个角度讲，每一个投资者，甚至每一个人都应该认识到投资和财富管理在这个伟大时代中的巨大价值。

历史上的资产收益率

让我们看看过去200年各类资产的收益率（图1）。这是《投资者的未来》书上的一张图片，剔除通货膨胀的影响，1802年投资

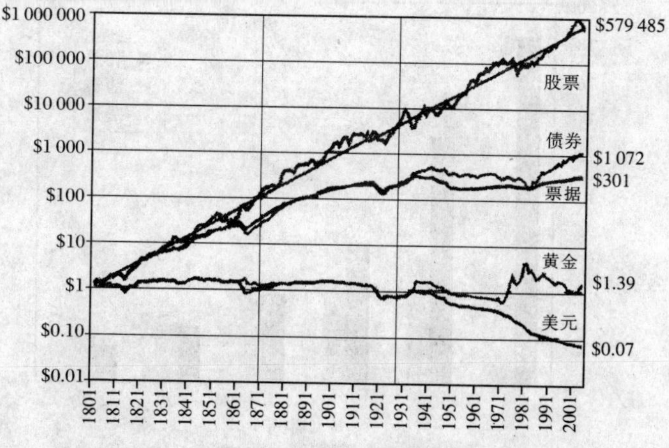

图1 1802~2003年总实际收益率指数

1美元在黄金、票据、债卷、股票上的收益率分别是1.39美元、301美元、1072美元、579485美元，我们可以看到同样的投资放在不同的资产上结果非常不一样。从杰里米·西格尔教授给我们的这个图中，我们还可以看到通货膨胀的累积效应是巨大的，在前130年当中美元的购买力没有太多变化，但是在过去的70年，1930年的1美元到2000年只有0.07美元的购买力了。假如说一个家族用200年的时间积累财富，前130年积累了1亿美金的财富，后70年如果处理不好就成了700万美金了，中国有句话说富不过三代，到第三代如果是纨绔子弟，钱也没有了。有的人说我挣到钱了，但是你下一代不一定就可以挣到钱，钱是长腿的，你挣的不一定就永远是你的。

股票市场的风险

当然，有很多人会说：我知道股票赚钱多，但风险也够大。让我们看看杰里米·西格尔教授还能告诉我们什么。图2展示了从1802年到2003年所有1年、5年、10年、20年和30年期的股票、债券和票据剔除通货膨胀因素后的平均收益率风险（以标准差来衡量），从中我们可以看到，随着持有期增加到15年和20年，股票风险落到了固

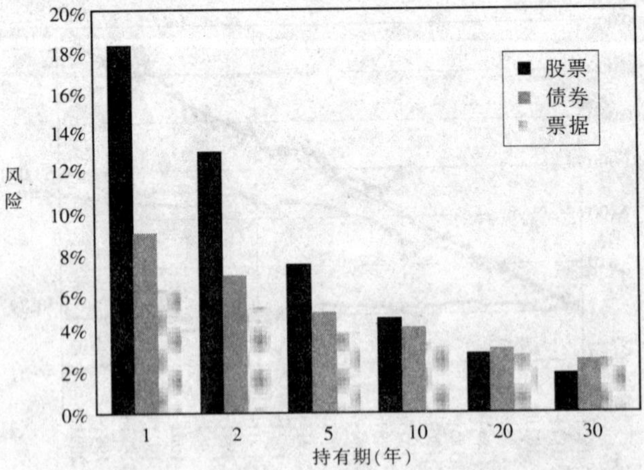

图2　除去通货膨胀因素后的平均年收益率风险

定收益资产之后。经过30年，股票风险低于债券和票据风险的3/4。

随着股票持有期的增加，平均股票收益率风险下降的速度将近固定收益资产收益率下降的2倍。而图3告诉我们，美国股票收益率高并非特例，世界股票平均实际收益率相较美国也并不远。国际性的研究也加强而非削弱了股票长期投资的优异和稳定的属性。

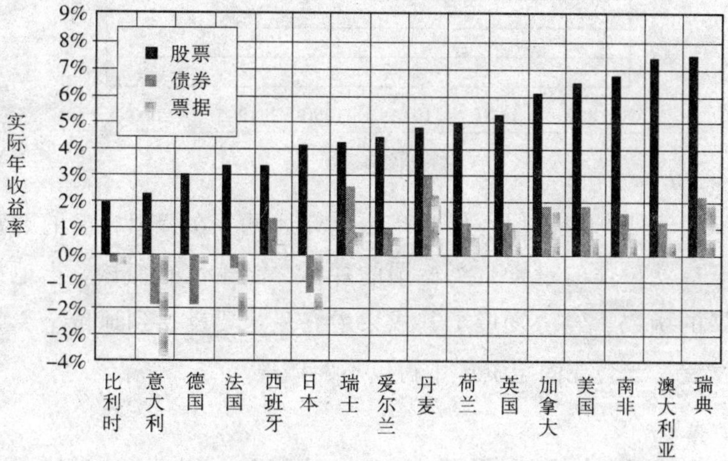

图 3　1990~2003 年国际股票、债券、票据的实际收益率

下图是过去200年来的中美GDP的比较（图4）。倘兰格罗宁根大学的经济史学家安格斯·麦迪逊教授指出，在19世纪，1820年清朝以前的大部分时间里，中国的GDP占全球的1/3，1820年时，美国的GDP只有3%；但过了180年美国的GDP占了全球的1/3，中国的GDP成了4%。从这里可以看出，哪怕你生活在一个从弱小到强大的国家，即便开始的过程中你的家族积累了很多的财富，但当你的国家达到鼎盛的时候，这个钱也有可能变没的。财富管理不仅仅是拿一笔钱做股票这样简单，它还有很多比人生更丰富的东西。

我们这一代可能很容易打理我们的财富，但是如果我们的后代没有能力怎么办呢？我们只需要教给他一样技巧，就是买城堡、土地、庄园、写字楼、商铺等等，英国传统贵族多能守业，因为他们大多会将财富投资在较易管理的稳定增长的物业上。这些我们可以看到的保值的固定资产，是一类很好的投资对象。德国历史上有一

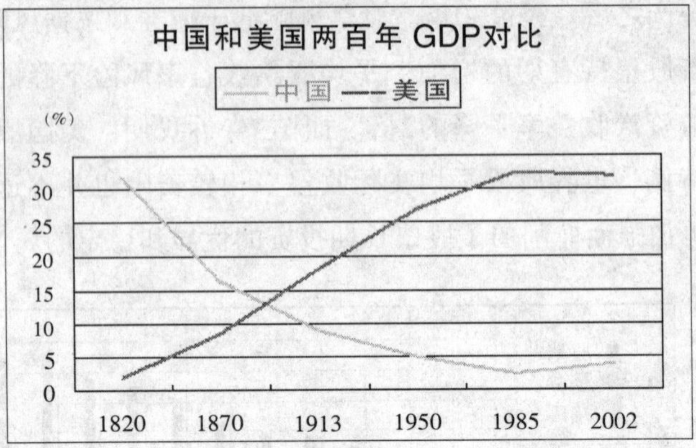

图 4

位铁血宰相叫俾斯麦，他不仅在政治上有远见，在管理自己的财富上也很有成就，他的投资是买德国的森林，能轮伐的森林。土地是经济发展的函数，经济发展了其成果最终一定要反映到地价上，整个经济发展一定会在固定资产中得以不断体现。

推动企业上涨的根本原因

从财富管理的角度，有人喜欢买房子，也有人喜欢收藏古玩、艺术品等等。但这都不是我们的专长，我们的长处是在股票投资。股票投资也有许多种方法，有中线、短线的，像我们做投资，主要是从长期的角度来思考，比如茅台，短期看股价的波动和业绩不一致，但是长期看是成正相关的。图5是沃尔玛过去30年的走势图，有的人说我做短线，就是从低点买进高点卖出，在1972年到1977年这五年间追求这点小波动还有点价值，但是放在历史的长河中是没有任何意义的。就算1987年的股灾，哪怕你前一天买入，第二天就跌了20%，就是这一跌，放在历史的长河中又能怎样呢？追求短期波动也是没有意义的！那么到底是什么推动沃尔玛在过去30年上涨了1343倍的呢？我们的理解：一个是业务规模，以1996年到2005年为例，沃尔玛从3054家店增加到6141家；一个是内生性增长，同店纯利从100万美元增加到179万美元，所以导致沃尔玛上涨这么多倍的根本原因，是业务规模和企业内生性增长，不是我们说的“庄家”，而是企业本身。

图 5

表一、什么推动Wal-Mart上涨？——业务的规模与内生增长

	1996	1997	1998	1999	2000	2001	2002	2003	2004	2005
门店数量	3054	3406	3599	3985	4189	4414	4688	4906	5289	6141
同店销售收入(万美元)	3433	3463	3824	4141	4567	4934	5216	5225	5393	5088
同店纯利(万美元)	100	104	123	143	150	152	171	181	194	179
股权资本回报率(ROE)	17.80%	19.10%	21.00%	22.10%	20.10%	19.10%	20.40%	20.30%	20.80%	20.70%

寻找伟大企业的轨迹

从美国过去50年统计的情况看，那些伟大企业都是我们耳熟能详的企业，比如说菲利浦·莫利斯、施贵宝、宝洁、可口可乐、百事可乐、惠氏制药等等，关键是看你能不能拿得住，时间是投资的函

数，投资在这些伟大的企业里面时间越长越有好的回报。我们每天都在看和寻找那些值得投资的企业，包括昨天忙了一天跟朋友在交流，都是在寻找伟大的企业。我们可以看到过去50年当中容易出现伟大企业的行业主要是消费品、制药、石油采掘；在过去的20年当中，是生物化学、服务、连锁零售、金融服务、房地产、保险；在过去10年当中，也有电子器件等等，但是我们目前比较确认的就是消费品、制药、石油采掘、房地产、金融服务、连锁零售、保险、银行等等。在我们的观念当中，能不能拿到好的股票是投资胜负的关键。

那些能经得起时光考验的企业会有多么不一样的未来！

当然还有更难的——耐心持有。1896年5月26日第一次发布的道琼斯指数，由12只大股票组成。如果那时有一位老爷爷将家里的1.2万美元平均投资在这12家企业当中，就算只剩下GE一家，按15%的年回报率，今天也有47亿多美金，绝对是富甲一方，而事实是这110年，两家公司被私有化（对投资这未必是坏事），只有一家几乎掌控了美国整个烟草业的企业美国烟草，因1911年反托拉斯诉讼被解体为美国烟草公司（后更名为富俊公司）、雷诺烟草公司、利吉特&迈尔斯公司以及英美烟草公司，你只要持有12家企业中的任何一个企业都可以拥有很大一笔财富，更不用说考虑风险因素后选择进行组合投资。事后看是这样，但如果真坚持了，那么这110年一个家族要经历什么样的折磨呢？1914年到1918年，第一次世界大战，股市下跌得没办法，只好关闭了5个月；1929到1933年股市跌了89%，那么这个家族能不能忍受得住？当然还有珍珠港事件、朝鲜战争、肯尼迪遇刺等等，让财富投资穿越上百年的时间是非常困难的，你知道赚钱，但是你能够忍受吗？所以投资最难的是坚持。我们每个月都给客户做一个投资通讯，2007年1月31日正好我在写1月通讯的时候，上证指数下跌了

表二、S&P 500 成份公司1985年~2005年涨幅统计

Name	行 业	公司业务	年回报%
AMGEN	生物化学	生物技术公司，研发细胞分子等领域，开发治疗癌症等产品	44.17
PAYCHEX INC	商业服务	为中小企业提供HR等外包服务	36.35
MEDTRONIC INC	健康护理	为不同疾病开发生产相关产品	32.88
DANAHER	电子器件	设计生产销售工商业产品，包括专业工具、行业工艺、零部件等	32.45
HOME DEPOT INC	连锁零售	房屋装修建材零售商，出售建筑材料、厨房用具等	31.17
GAP INC	服装连锁零售	零售商店，出售服装、附件、个人护理产品等	30.43
LEGG MASON	金融服务	全球资产管理服务	29.96
APPLIED MATL	电子器件	为全球半导体行业开发制作销售集成电路设备	29.92
LENNAR CP CLA	房地产	建造别墅、连排屋，提供房屋抵押贷款、保险、房屋附件安装	29.75
AFLAC INC	保险	销售辅助健康和人寿保险（美国，日本）	27.77
SLM CORPORATION	金融服务	教育信用贷款	27.21
GOLDEN WEST FIN	银行	零售银行服务	26.68
US BANCORP	银行	全球资产管理，交易销售，承销服务	25.8
LOWES COMPANIES	连锁零售	房屋装修建材零售商，提供装修、维护、翻新等服务	25.79
INTEL CORP	电子器件	半导体芯片生产，为计算通讯领域提供集成数字技术平台	25.74
WM WRIGLEY JR	食品	生产销售口香糖和糖食产品	25.35
ALBERTO CULVER	家用产品	生产销售健康护理、美容美发、食品等家用产品	25.33
WAL-MART STORES	连锁零售	沃尔玛	25.27
FANNIE MAE	金融服务	住房抵押贷款服务	25.05
VORNADO REALTY	金融服务	房地产信托(REIT)	24.67

表三、S&P 500 成份公司1995年~2005年涨幅统计

Name	行业	公司业务	年回报%
BIOGEN IDEC	生物化学	开发、制造、销售肿瘤、免疫等相关产品	54.73
APOLLO GROUP	教育	为工作者提供深层次教育服务(美国,加拿大)	47.81
MEDIMMUNE INC	健康护理	开发销售医疗护理产品(传染病,移植,免疫,癌症)	44.45
DELL INC	数据处理	信息网络基础,个人电脑、服务器、存储器等	41.22
GILEAD SCI	生物化学	开发销售医疗护理产品(抗感染类)	40.52
QLOGIC CORP	电子器件	设计生产半导体、接口及数据存储周边产品(硬盘等)	38.75
XTO ENERGY	能源	天然气生产商,勘探、开发石油,发展石油产品(美国)	36.79
WHOLE FOODS MKT	连锁零售	天然食品连锁超市(无添加剂),生产营养食品	35.71
QUALCOMM INC	电子器件	无线通讯产品及服务,CDMA 技术,卫星系统	35.37
LEGG MASON	金融服务	提供全球资产管理服务	32.15
LENNAR CP CLA	房地产	建造别墅、连排屋,提供房屋抵押贷款、保险、房屋附件安装	32.1
EXPRESS SCRIPTS	商品贸易	全方位制配套管理服务	29.64
WEATHERFORD INTL	能源	提供石油、天然气钻井设备及服务	29.42
SLM CORPORATION	金融服务	教育信用贷款	29.35
STARBUCKS CORP	连锁零售	品牌专业咖啡连锁店	29.12
BJ SERVICES CO	能源设备服务	石油压力输送装置	29.07
LEHMAN BROS	金融服务	投资银行业,承销,交易等	29.07
CAP ONE FINAN	金融服务	通过 capital one bank 发信用卡,为特定消费者借贷款	28.28
CENTEX CORP	房地产	建造房屋,个人抵押贷款	26.64
PULTE HOMES INC	房地产	建造房屋,开发成熟社区,提供抵押贷款、保险	26.3

162点，可能比2月27日大盘跌得少了一点，但是我认为有同样的冲击力。这一刻我在想，抛售股票的念头不知又充斥在了多少人的脑海里，但历史告诉我们持有并珍藏那些能经得起时光考验的企业会有多么不一样的未来！时间可以改变一切，每一代的财富传承者一定会面临比那一刻更艰难的时光。那么能否以镇静和平静面对亏损带来的巨大痛苦，是每一位严肃投资者和财富继承者的责任，想得清楚才能走得更远。实际上投资不是我们之间的比赛，是你自己跟自己比，你自己跟自己的内心比，你自己跟自己的远见比。

表四、道琼斯工业平均指数最初12家成份股的历史演变

初始	如今
General Electric(通用电气)	仍是道琼斯工业平均指数的成份股
American Cotton Oil Company (美国棉花油制造)	Unilever(联合利华)的业务部门
American Sugar Company(美国糖业)	Amstar Holdings"目前的经营主体"
American Tobacco Company(美国烟草)	1911年解体
Chicago Gas Company	1897年被Peoples Gas Light & Coke Co.(现在的Peoples Energy Corporation)收购
Distilling & Cattle Feeding Company	Millennium Chemicals"目前的经营主体"
Laclede Gas Light Company	The Laclede Group"目前的经营主体"
National Lead Company(国民锡业)	NL Industries"目前的经营主体"
North American Company,(Edison) electric company(北美爱迪生电力)	1950年代解体
Tennessee Coal, Iron and Railroad Company(田纳西煤铁)	1907年被U.S. Steel(美利坚钢铁)收购
U.S.Leather Company(美利坚皮革)	1952年解体
United States Rubber Company (美利坚橡胶)	1967年更名为Uniroyal,1990年被Michelin(米其林)收购

选择了一条人迹更少的路

未择之路 ——罗伯特·弗洛斯特	The Road Not Taken
黄色的树林里分出两条路	Two roads diverged in a yellow wood,
可惜我不能同时去涉足	And sorry I could not travel both
我在那路口久久伫立	And be one traveler, long I stood
向着一条路极目望去	And looked down one as far as I could
直到它消失在丛林深处	To where it bent in the undergrowth.
但我却选择了另外一条路	Then took the other, as just as fair,
它荒草萋萋，十分幽寂	And having perhaps the better claim,
显得更诱人，更美丽	Because it was grassy and wanted wear;
虽然在这两条小路上	Though as for that the passing there
都很少留下旅人的足迹	Had worn them really about the same.
虽然那天清晨落叶满地	And both that morning equally lay
两条路都未经脚步污染	In leaves no step had trodden black.
呵，留下一条路等改日再见！	Oh, I kept the first for another day!
但我知道路径延绵无尽头	Yet knowing how way leads on to way,
恐怕我难以再返回	I doubted if I should ever come back.
也许多少年后在某个地方	I shall be telling this with a sigh
我将轻声叹息将往事回顾	Somewhere ages and ages hence:
一片树林里分出两条路——	Two roads diverged in a wood, and I——
而我选择了人迹更少的一条	I took the one less traveled by,
从此决定了我一生的道路	And that has made all the difference.

美国一个伟大诗人写过一首诗，叫《未择之路》，大意是：森林里分了两条路，他认为这条路很好，那条路也很好，我想走这条也想走那个，但是很难选择。我想人生也是一样的，在重大的历史时刻你一定要选对路。有的人说我一半做长线，一半做短线，这就好像金庸笔下的周伯通左右手互搏，那么理论上说能做到吗？有可能做到，但实际上是非常非常困难的。实际上你只有一条路可选，要么做短线，要么做长线。正像诗歌中所描述：一片树林里分出两条路——/而我选择了人迹更少的一条/从此决定了我一生的道路。做长线，我的理解是你选择了一条人迹更少的路，能够抵御第一次世界大战和第二次世界大战，抵御世间纷繁复杂的状况是非常难的。我见过几位在香港管理家族财富的人，我问他们，你们持有的有没有先辈留下来的汇丰银行的股票？或者是否见过曾有家族有这样的远见？他们说没有。在香港买过汇丰银行的股票，能够一直持有，历经岁月沧桑、繁荣萧条并享受到巨大赢利的人还是非常之少见。所以时间是最有价值的资产，要为长期而买进！我们今天所买入的资产不仅仅是我们自己的，还是整个“家族”的，当然这个家族是打引号的，你可以设立一个家族信托回馈社会。巴菲特一生重仓过13只股票，7个股票赚了270亿美金。如果从现在开始让我们一生当中只能买卖20次，超过20次就拉出去枪毙，那么你每一次的选择都会很慎重，你会想这个企业能不能穿越整个周期，这说起来很容易，但是做起来是非常困难的。这需要内在的很深刻的东西。

历史的光芒也许可以照亮中国的未来之路

我们许多投资者生在中国，却对自己的国家深怀疑虑。中国的经济基础和企业治理结构是否一定能产生伟大的企业？中国能否产生像美国那样的好企业，这是在中国进行长期投资的基石。按我们的人生阅历以及对中国的理解，我们相信：历史的光芒也许可以照亮中国的未来之路。

按一般的判断实际上有一个共识：在未来20年到30年的时间里，中国如果没有大的动荡，那么中国的经济规模会超过美国再次成为世界上最大的经济体。那么在这样的国家投资，还是应该有胜出的概率。其实我们都是中国人，对自己的国家有基本的判断，活了半辈子，你的价值观和这个国家的未来应该基本上保持一致。在我们看来，中华民族存在有5000年了，这个民族发达过也衰落过，四大文明当中只有中华文明在重新崛起，从人类历史发展的角度来说，这应该是一个让我们比较自豪的事情，而且中国人从不缺乏创造和积累财富的能力。谈起“财富”，这是当代大部分人的精神寄托，只要有钱，中国人不管这个人品德如何，都会表达稍许的尊重。相当一部分中国人实际上没有什么价值观，就是“钱”。我们说英、美、法等国有一个宗教的情感，他们努力“以上帝的教导和原则”生活，但中国人还是最讲实际的，就是希望挣钱。所以创造积累财富的愿望非常强烈。中国很多人都知道巴菲特，为什么？有钱！世界第二富豪！我的同事去奥马哈巴菲特生活的镇上开股东大会，发现出租车司机不知道被喻为“奥马哈圣人”的巴菲特是谁！如果巴菲特是出在中国的某一个地方，我相信方圆几十公里应该是无人不知无人不晓。中国人就是谁钱多就向谁学习，不管这个人的人品怎么样，从这一点来说，我们从来都不担心中国人创造和积累财富的能力，唯一需要的是去完善法律和制度体系。在中国不断走向进步的大背景下，我们学习到的知识告诉我们，无论市场景气还是低迷，上涨还是下跌，长期持有优质企业的股票一定会有对子孙而言卓越的回报。

中国股票市场包产到户的历史意义

另外，我们还要强调的一点就是，中国股票市场正在发生类似1978年包产到户的变革。1978年，原来公社的一亩地一年打200斤粮食，承包给农民后打了1000斤，就是因为积极性调动了起来。那么现在的中国股票市场呢？正在发生什么事情呢？MBO之后，股权分置完成之后，像张裕几位主要高管MBO时他们持有的股票，差不多市值在1个亿，经过2006年差不多涨了五六倍，这些管理者的财富超过了六七亿。这个市场里面原来的游戏规则是——要想获得财富，最好浑水摸鱼，企业搞得越坏越有机会。但是现在只需要把这个企业做大做强，他们个人就会非常有成就和现实的收益。一个上市地产公司的高管曾给我打电话，让我给他推荐一个涨50倍的股票，我说你只需要买你自己的股票。我给他举例说，假如你有500万、1000万的股票，你现在只需要寻找愿意以8倍PE卖给你地的小房地产的企业主，宏观调控已让他们活得很艰难了，如果可能你可以采取以地换股的方式交易。二级市场看到你以这么低的价格买来好的资产，股票价格就会上涨，你涨高之后老百姓、企业（包括卖给你地的企业主）人人都赚钱，你现在要做的事，就是把社会上能够拿到的优质资源放到一个企业里面，不断地膨胀。你现在100多亿的市值，你做到6000多亿，就有50倍的回报了，但是这要取决于你怎么做这个企业。所以中国的市场实际上面临着一个非常具有历史意义的里程碑般的时刻。

如果这个推论成立，中国资本市场在未来10到15年会发生什么事情呢？我想会有很多企业的发展超过我们的想象。比如再说房地产调控，目前的调控我的理解实际上是国家在帮助中央的央企、龙头型的企业消除其竞争对手。另外行业龙头企业的诞生，一定是在行业处于困境的情况下才能产生，如果都赚钱了谁也不会破产不会转卖。之前有些企业虽然资金很紧张，但因为形势好，还在拼命地扩张，当政策来了之后他们做不了，只能把这个市场让给一流企业，所以我们可以看到，在这个过程中，会出现很大的企业，超出我们的想象。那么在这样一个未来20年到30年，有可能逐渐成为世界第一经济体的国家里面，我认为是金融投资的黄金时期。

千万不要让华尔街跳楼的戏言发生在我们的身上

顺着这个逻辑，我们现在说贫富不均，实际上再过10年到15年一定会更不均，因为这个财富一定会向着有智慧、有远见、愿意负责任的人手里面聚集。以台湾的情况为例，比如1985年的时候有三个家庭都有1亿新台币，到了1989年的时候，如果第一个家庭将钱放在银行里面基本上是1亿多一点；第二个家庭如果买了台北市中心最好的房子，那么涨了12倍，就是12亿新台币；第三个家庭如果买了我们说的国泰人寿，我不是说让大家都去买类似的中国人寿，我只是举例，如果这个家庭买了国泰人寿，4年的时间涨了130倍，就是130亿。所以你的钱放在不同的企业、不同的地方，产生的效果非常不一样。比如说买茅台赚钱的，一定是李驰先生这种少数的专业投资者，如果说招商银行赚钱了，那肯定是惠及大众的，因为一般人茅台不敢买，价格太高，但是招商银行的股票是属于大众的。像国泰人寿是属于大众的股票，我记得台湾当年有好几只股票市值高峰期都超过了花旗银行。在一个泡沫膨胀的时期，当你去尝试资产估值的时候，很可能会丧失很多的机会，但是即便如此我觉得还是应该很理智地判断。当年台湾股市上涨的大背景是货币升值，台币对美元从40∶1上升到24∶1，当然人民币从8.3∶1升值到4.1∶1也是有可能的；另外台湾当时资产膨胀的情况，和我们现在面临的一样；还有就是散户全面参与，我听说虽然前些天股市大跌，但是北京还是在排队开户，都有极其相似的背景。但即便如此，我觉得还是应该审慎为上，最好能选择那些能经得起时光考验的企业。

当然还有更重要的——假如我们真的处在我们所认为的黄金时代，或者说我们认为这种情况发生的概率很大的话（原来我在国泰君安研究所工作的时候，现在在坐的老同事莫言君先生，老说大概率事件，我对他印象最深的就是这个大概率事件），千万不要让华尔街跳楼的戏言发生在我们的身上。有一个华尔街的投资家在一个股票上赚了几百倍，然后很郁闷、跳楼自杀了，为什么呢？因为他只买了100股，愧对了这个时代。我跟很多的投资专家交流，他们老是担心市场调整等等，但又都认同黄金时代这样一种说法，如果真是处在这样的时代，实际上我认为就是买股不动，动也是换一个你认为更好的股票。我的考虑是没有第二种选择，除非是像我们李驰先生这样的投资家，可能有不同的选择。

你到底要拿什么样的资产伴随一生？

我们做投资，一般都是在三四十岁才真正开始积累了一定的财富。当你迈出这人生第一步的时候，你到底要拿什么样的资产伴随我们一生？我们希望或者是认同的价值理念是这样的——希望右手拿的箱子里面装的是你们家的房契、不动产、古玩、字画、珍珠、玛瑙，希望左手箱子里面装的是好公司的股权证，但是千万不要走两步就把这个箱子打开换些新的再装进去。你只需要在你人生投资迈出第一步的时候，很慎重地选择，然后持有它，保护好这两个箱子，伴随你一生就足够了。

我相信多看一本书，多读一篇文章，多看一份报告，多写一篇文章，多思考一些问题，这里面就有财富，就有多一点改变我们、我们的家庭甚至是我们从事的投资事业的可能性。

在我自己的国家里，四十年的艰辛岁月告诉我——如果你真的有才华，有广阔的胸襟，愿意努力奋斗，不忌妒他人的财富，不无所事事，不整天抱怨自己的生活，不找理由逃避责任，我们就有可能改变自己的命运与现状。资本市场是慷慨的，但她只惠及拥有智慧和善于利用他人智慧的人。

时间的玫瑰

——2006年4月8日在第一届私募基金与价值投资论坛上的演讲

“时间的玫瑰”是北岛一部文集的名字，这个名字很有诗意，用它来演绎投资我觉得也十分吻合——我们的人生短暂，就像玫瑰，花开一季，匆匆凋谢；因此，我们应该如何进行投资就显得尤为重要。它让我们认真去思考：我们一生积累的财富将会随着时间的飞快流逝而不断贬值，还是更加富足？我们要如何用这短暂的一生，去赢取投资事业的绽放？

发现伟大的企业，坚持价值投资

从某种意义上说，投资就是用时间和生命来换取财富。巴菲特之所以伟大，不在于他在75岁的时候拥有了450亿的财富，而在于他年轻的时候想明白了许多事情，然后用一生的岁月来坚守。最伟大的投资家会随着岁月消失，但某些投资的原则却亘古不变。我们如果越年轻的时候想得越明白，可能以后的财富就会越多。

从投资的角度看，对任何一个人而言，时间都是最有价值的资产。在香港买过汇丰银行的人很多，但是能够一直持有、历经岁月沧桑、繁荣萧条并享受到巨大盈利的人非常少见。投资要想胜出，我们就必须思考，到底是什么因素让汇丰在这几百年的沧桑岁月演变当中走得这么远，发展这么大？我们希望投资像皇冠上的珍珠一样的企业，而这样的企业必定能经受岁月的洗礼。

在思想上，格雷厄姆与费雪尔已经为我们指明了价值投资的方向；而巴菲特则已经将这些理论实践了几十年，并取得了辉煌的业绩。在中国，我们也完全可以实践这种理论，在其指引下分享价值投资所带来的丰厚收益。

投资要有长远的眼光

每一个人都能够理解价值投资的方法，但能够完全做到像巴菲特一样却是非常不容易的事。曾经有个从加拿大回来的朋友说：我在美国敢长期投资，在中国不敢。我说，如果你不敢在中国长期投资，到了美国你更不敢。为什么？假设1956年巴菲特募集10.5万美金，成立合伙人公司的时候，你有幸在这10万美金当中占了1万美金，到1962年越战开始，如果你觉得马上就要打仗了，赶快把钱拿回来，假设这6年间巴菲特帮你赚了6倍。到了1964年巴菲特收购伯克希尔公司，你发现即便打仗巴菲特还是做得很好。当然，你可能总结的原因主要是因为仗是在越南打的，即便死的美国人越来越多，反战的力量越来越强，但战争不会打到美国本土，巴菲特的投资不会受到影响，所以，这次你可以给他下个重注，比如买入100万美金的伯克希尔股票。但到1972年越战结束的时候，又将赶上1973年至1974年仅次于1929年至1932年的大衰退期，道琼斯指数由1051点下跌45%至577点，“顶尖50”下跌率达70%~90%。伯克希尔公司的股票价格从每股90美元跌至每股40美元。这时候你是否能坚守自己的投资?！即便能坚持，你也还要再经受以色列与阿拉伯的“赎罪日战争”，以及由此导致的石油禁运，石油价格由6美元上涨到23美元。如果还能坚持，你还要面对打核大战的可能，如果打核大战（通常认为冷战结束时间在前苏联解体之时，之前核战争理论上随时可能发生），美国就不会像越战时期本土不受到攻击，巴菲特的投资一定会面临极大的风险。按我们一般的理解，上述的任何一个原因都可能导致你决定卖出伯克希尔股票。假如你的跟随巴菲特的投资之路到此结束，那么比持有到今天其收益恐怕相差十万八千里。其实，当伯克希尔公司的股东们也不是一帆风顺的。除去在1973年~1974年的经济衰退期间受到的严重打击。1987年的股灾中，伯克希尔的股票价格从每股大约4000美元跌至3000美元。1990年~1991年的海湾战争期间，股票价格从每股8900美元急剧跌至5500美元。1998年~2000年期间，伯克希尔公司宣布收购通用再保险公司（General Re）之后，它的股价从1998年每股大约80000美元跌至2000年初的40800美元。

巴菲特所经历的沧桑岁月里面有什么？当然有人类的巨大进步，但也有战争、世界的动荡。至少4次以上的经济危机、2次石油危机等等，数不胜数的社会动荡。那么在今天看我们中国除了一些波折以外，20年来其经济一直是一路向上，平均GDP增长率都有9%，其境况可以媲美汉唐盛世。如果在这样的中国你都不敢做长期投资，你到当年巴菲特时代的美国怎么可能敢？所以在我看来，投资是比什么呢？是比谁看得远。你只有具备真正的眼光你才会坚定，如果你没有真正长远的眼光的话，你很难坚定。

正确的思考方式

我们一直认为，投资有点像孤独的乌龟跟时间竞赛。说到投资，大家都想到兔子跑得快，可以赚到很多钱，但在我们的理念中，我们不希望成为兔子（尽管它跑得快），我们希望成为乌龟。北方有句土话“千年的王八，万年的龟”。兔子跑得快，但是它只能活三年，乌龟爬得慢，但是它可以活千年、万年，它会一直爬下去，遇到风险头缩回来，没有风险我再向前爬。我们希望可以做到这样。

当然，长期投资最难的实际上是会遇到一些意想不到的事情，甚至是一些即便你想到但也必须经历的磨难。我打一个简单的比喻，比如说明年台海出现危机，或者说禽流感又爆发了，你的投资能不能坚持？这是非常难的。我们在顺境的时候很容易坚持，真正难的是碰到大的自然灾难或者大动荡的时候。我从内心非常敬佩巴菲特，为什么呢？因为巴菲特很年轻的时候就能够把这样深邃、影响人类生活的各种事件想清楚，并贯穿到自己的投资事业中坚守如一，这是多么困难的事！

投资中会有许多非常态的事件伴随我们，这就是风险。但对风险思考的角度不同，会带来投资相反的结果。风险会时常出现在你的投资生涯当中，所以我们也只能祈求上天赐予我们做出正确决策的智慧，然后做我们应该做的事情。比如说我们选择茅台，我们不知道是否一定会涨，但是我们选择的是一种正确的思考和行为方式，什么时候涨不知道，甚至也不重要。

所以，要想让投资更成功，我们必须学着控制自己的思考方式。当兔子的人都是希望活得精彩的，有几个人想当缩头乌龟？没有人想当乌龟，但投资就是要跟永恒的时间相抗衡。假设我们现在开始进行一个投资比赛，比赛终点是地球爆炸的那一刻，那么，你认为哪一种的选择会胜出？

投资像孤独的乌龟与时间竞赛

龟兔赛跑作为一个古老的寓言故事，对资本市场却有着特殊的意味。故事讲的是：领先的兔子，由于骄傲与松懈，让勤勤恳恳的乌龟最终赢得了胜利。

如果拿龟兔赛跑的故事寓意投资，就我的理解而言，兔子根本没有获胜的机会。因为投资是项长期的事业，有句古话："千年的王八、万年的龟。"兔子跑得再快，也只能活几年，而乌龟可以爬一万年。考虑时间因素，胜负自然分明。

就投资而言，我们所扮演的角色，实际上是在乌龟与兔子之间进行抉择。从哲学的角度，如果只能做一个选择，交易频繁的人只能是成为兔子，而类似巴菲特式的长期投资者更倾向于成为乌龟，在岁月的历练中成长壮大以至永恒。

投资像种树

我的一位极要好的朋友，看到了一段投资大师对投资比喻的文字。这位投资大师说：投资像种树！要想树长高长大，只能是天天浇水施肥，看它的根是否扎得深、扎得牢！而不是看着树干，只想着它长多高。

那些频繁交易的人们，恐怕是很少有耐心用几年、几十年的时间来对一个企业进行精心的研究与打理，它们只想着在有生的岁月里多拿猛跑，快速致富。只要那里有机会，哪怕道听途说也会迫不及待地买入。

大部分的人永远都无法保持理性，更不用说专注于长期目标，有耐性、订出计划并确实执行。听消息者、“只争朝夕”的人们根本不可能相信：还有脚踏实地打败市场这样的事。

要为长期而买进

我的一位朋友，1989年6月初的一天，在香港汇丰银行跌到4~5元港币的时候，拼命地买，100万股、100万股地买。当时他在一家日本的基金公司打工，这样做的时候他面临着巨大的压力，这样做完以后他面临着更大的压力。仿佛每个人都在找他，问他为什么要这样做，最后他只好关掉手机，来躲避老板的盘问。

这是他告诉我的故事。直到离开那家日本基金公司的时候，那些当年他买入的股票还放着。当然，公司为此赚了大钱。假如当时他是个人投资者能够按自己的意愿投资，500万港币买入100万股持有到现在，1999年1拆3，100万股变300万股，不算股利再投资，按照汇丰2003年12月均价116元港币算，市值有3.48亿，每年股息收入也有约1800万港币。我常跟他讨论的问题是：为什么他能做到这一点？更重要的是为什么有人能一直持有汇丰几十年的时间?!

我想在香港只要是玩股票的，可能超过80%的人买过汇丰银行的股票，在其上面赚几十块港币者也不在少数，但能够一直持有、历经岁月沧桑、繁荣萧条并享受到巨大赢利的人还是非常少见。

西方有一句古老的谚语：要为长期而买进！时间是最有价值的资产，我们今天所买入的股票不仅仅属于我们自己，还是整个家族的。我们应该为我们的子孙担负起此刻的职责。

和时间抗衡

2003年12月我们和一位合作者制订并完成了一个从现在开始的十年投资计划：现在买入，十年以后卖出。我们挑选了一些公司，希望十年以后它们还在增长发展。我们的投资是基于对国家和民族的信仰，是基于中国经济增长将拥有10至20年黄金岁月的判断。如果天佑中国！赢利了，我们约定：拿出一部分钱用于中国发展希望小学。

乌龟在千年、万年的爬行中默默承受着孤独，因为一切的过程都要历经岁月的磨练，甚至恐惧的事件，投资又何尝不是如此。我们只能祈求上天赐予我们做出正确抉择的智慧，然后做我们应该做的事，余下的交由上帝来完成。

生活中面临着许多抉择，从哲学（思考）的角度，如果你想让投资变得更成功，可能必须学着控制我们的思考方式。但有些抉择却是在开始时就必须明确的——成为什么样的投资者？选择寓言中的兔子还是乌龟？这之中的答案是唯一的，没有第二种选择。

也许从这里到永恒，我们只是在跟时间相抗衡！

长期的投资人请永远保持谦卑！

第二篇
投资札记

投资最难的是什么？我希望用我的文字，记录下我投资经历中的经验与教训，以及对投资事业的理解与感受，我希望这些略显零散的札记，能使阅读它的投资者有所启发和借鉴。

投资札记之一：偶然的投资人生

除非是神仙，绝大多数优秀的投资人，都有过失败的教训，他们的技艺增长与宝贵经验是靠白花花的银子换来的。我也不例外，一路走来，总共有四次重大挫折，让我受益匪浅。

偶然的投资人生

我的前半生充满偶然与奇迹，如果不是岁月巨大的变迁，我想我无论如何也走不上投资这条道路，它对我来说太偶然了。为什么说偶然，因为我大学的专业是体育，正常的生活轨迹应该是在高校当体育教师或者是从事与体育相关的事业，至少在我读书的时候，从来没想过与股票与投资有什么关系，但这一切又仿佛早已注定，准确地说，是生活的自然法则选择了我去从事投资事业。

1990年大学毕业，无处可去的我，只好到开封化肥厂供水车间当一名钳工，我们钳工班6个人，主要的维修任务就是修理工厂的进出水泵，进水泵工作环境尚可，但维修出水泵就要像消防员一样穿上防护装置，下到几十米深、污泥齐腰的地方，工作环境相当艰苦。还好工人师傅们非常照顾我，常让我干最轻的活，他们的乐观也感染着我。但有时候，当我一个人劳累之后躺在出水泵房的水泥地上，看着南去的白云，我在想：难道我一辈子就在这里度过吗？

还好有一位开明的父亲，和不少愿意帮助我的朋友，1991年南下到了广州，找到了在陶铸女儿陶斯亮手下工作的一位北大毕业的朋友，这位朋友义气慷慨，当年我们这十几号来自祖国四面八方的同命人，都聚集在他那距广州军区不远的房子里，他不仅管吃管住，还帮我们找工作，真不容易。在广州三个月，工作没少找但学体育的好像没有地方要，焦急的时刻，正好在艰难岁月中共过患难的朋友从北京打来电话，让我去北京帮他打理公司。到北京工作差不多一年的时间，他又派我到深圳帮他打理他的电脑公司。

1992年8月底我终于在深圳落脚。刚来的时候，正好1992年8月份的股票风潮刚过，听朋友言语间讨论，才知道什么是原始股与股票，才知道股票这个东西能挣钱。也是偶然，就在我刚到深圳不久，共过患难的社科院的陶永谊博士等几位朋友也来到深圳，他们没地方住，也就和我一起住在桑达新村北京朋友的房子里。他们几个正好在深圳新兰德投资咨询公司搞股票培训，有这个便利我就开始学习股票投资，还开了个股票户口用来交易。

1993年2月，北京朋友要撤离深圳，我也就进入陶博士承包的深圳新兰德投资咨询公司培训部担任证券分析师，开始了正式的投资生涯。

现在很能理解大时代背景下，人生的起伏与波澜。如果没有历史机缘，我绝不会走上投资这条道路；如果没有北京朋友的帮助，我可能不会到深圳；如果没有陶博士，我可能只是业余从事投资；如果没有一次次的挫折与总结，我也不会走上价值投资之路。我的投资人生充满奇遇，一个环节的选择，都可能导致不同的道路与不一样的人生。

四次重要挫折

除非是神仙，绝大多数优秀的投资人，都有过失败的教训，他们的技艺增长与宝贵经验是靠白花花的银子换来的。我也不例外，一路走来，总共有四次重大挫折，让我受益匪浅。

1993年2月北京朋友要撤离深圳，他拿出50万元人民币让我帮他做股票。从1993年的2月到9月，当我把股票市值做到了70多万元，有一个很好的回报以后，其他一些朋友，觉得能挣钱，也拿一些钱来。那时候本金加上盈利，好像差不多有250万。可就在此刻我犯了第一次致命的投资错误。1993年9月牛市接近尾声，恰好得到一个著名股评家的消息说深深房有大机会，就投入了所有资金，结果本金也亏了一半。直到1994年10月，经过11个月才弥补亏损小有盈利。

1995年做多国债期货是我遭受的最大挫折。当时内地很多机构都在做国债期货，我向所在营业部的老总建议能不能也做国债期货，他说可以。那时正好有个朋友贷款做股票一百多万还剩下十万，钱都快亏光了，俩人合计做期货吧，我们跟着多头一路做多，赚了很多钱。

1995年3月23日，我本想退出市场，但第二天早上又决定再做一把多头，结果遇上因万国证券总裁管金生砸盘的“3.27”事件，我被强行交割，协议平仓，结果不管之前赚了多少钱都吐了回去。

后来，我们又投过华工科技这样的企业，由于对这个行业不了解，对这个企业也没有研究透，结果投入的资金亏了一半。

再后来投格林柯尔，也是一次危险的投资经历。虽然最后死里逃生了，但是却给了我一次深刻的教训。当时2元港币左右买格林柯尔的时候，公司老总称公司每年能出口10万吨制冷剂，但是当我们到海关去调查时，发现根本没有这么多。我们及时卖出了股票，稍后股价跌到最低0.5元左右，现在已退市。

在早期投资生涯中遭遇的这些失败经历，给了我宝贵的经验教训：1.不要轻信；2.要遵守操作纪律；3.重视行业的选择；4.重视实地调研。

第一次经验告诉我：不能听消息！第二次经验告诉我：如果有明确的投资计划，严格遵守操作纪律，就不会损失如此惨重。第三次经验告诉我：选择什么样类型的企业投资是一个很严肃的问题。如果对企业研究不透，又下了重注，最后就会造成毁灭性的影响。第四次经验告诉我：评估管理团队，深入细致的实地调研，能够让我们真正了解企业的经营情况，规避投资风险。

正是这一次又一次的亏损与磨难，以及其他一些人生机缘，让我开始走上了价值投资的道路。

冬天播下的种子静待春天发芽

——投资经历的重要转折期2000~2003年

1992年年底开始股票投资的时候，我和大多数人一样最先使用的是台湾版的乾龙软件，因此也就开始学着画线，做技术分析以及波浪理论研究，后来常用宏汇分析软件，做一些市场的周期性分析与研究。

回顾已走过的15年投资之路，2000年之前的八九年的时间基本上用在了关注市场涨跌的技术分析之上，当然也因此项“技艺”有机会进入到君安研究所负责市场分析方面的工作。当时《君安财经快讯》与《国泰君安财经快讯》的第一篇文章常常由我来主笔，并经常在《中国证券报》上发表市场分析文章，甚至还开过一段时间的专栏，以至2000年8月因《B股——十年磨一剑》与《新千年一月股市大逆转》等文章预测市场的准确，并支持公司领导做出了正确的战略选择，而获得了国泰君安董事会颁发的国泰君安证券投资研究奖励基金一等奖（这好像是至今为止以国泰君安董事会名义唯一颁发过的一次奖励，为此非常感谢当时在任的姚刚总裁与金建栋董事长，感谢他们对我工作的认可与鼓励，更感激他们在我离开国泰君安到大鹏时的盛情挽留）。

当年，我相信技术分析的眼光可以极为远大，能否做到在人不而在工具本身。我相信波浪原理能够预先揭示出与下一个时期社会进步或退步有关的重要因素。为此还写过《技术分析的眼光兼评中国历史》一文，下面是其中的一段描述：“如果以波浪理论来白描中国历史，按记载的历史，1浪的起点为夏（约前21世纪~约前16世纪），1浪经过商（约前16世纪~约前1066年）、西周（约前1066年~前771年）、东周（前770年~前256年）、春秋时代（前770年~前476年）、战国时代（前475年~前221年），顶点应该在秦朝（前221年~前206年）统一中国与西汉（前206年~公元23年）和东汉（公元25年~220年）时达到；2浪调整经历了三国（魏220年~265年；蜀221年~263年；吴222年~280年）、西晋（265年~316年）、东晋（317年~420年）、十六国（304年~439年）、南北朝（420年~581年），3浪顶点为隋朝（581年~668年）唐朝（618年~907年），此刻，东方文明盛极一时。之后4浪调整历经了五代十国（907年~979年）、宋朝（960年~1279年）、辽（907年~1125年）、西夏（1038年~1227年）、金（1115年~1234年）、元朝（1279年~1368年）；5浪顶点可能在明朝（1368年~1644年）到达，1→2→3→4→5构成了中华民族第（1）波文明史。从中国第（1）波文明结束开始，也由于新大陆的发现，文明的中心逐渐西移，中国开始了漫长的（2）浪调整时期并日益感受到强大的世界历史的挑战。（2）浪其间经历了清朝（1644年~1911年）、中华民国（1912年~1949年），历时约360年。

“线性历史观告诉我们：一系列价值坐标出现在线性历史观中，进步是文明、创新、发展，相反者是野蛮、落后、停滞和衰退。从理论功能看，以发展为核心的线性历史观是事实和价值有机统一的分析框架，任何国家和民族的存在样态及其独特价值，都要受到线性历史观的框衡和责询。波浪理论认为人类历史是自然法则的一部分并呈现螺旋上升，今天的此刻——上下五千年的中国历史，与中国现代的民族-国家建构息息相关的是它的冲动、梦想和超越自身的努力。巍峨的殿宇楼阁、逶迤连绵的长城和烽火台，静谧地矗立在中国的地平线上，中华民族巨人般的（3）浪3的步伐正在向前迈进。”

看着这些用青春激情写下的勾勒中国历史的文章，还能感受到“当年被称为欺骗之术的嘲笑”，当年绝大多数研究员不认同技术分析。其实，对技术分析就我的理解：它并没有严重到“人生的歧途”这么极端。一位香港朋友曾送我一本香港版的《安东尼波顿教你选股》的书，这位采用逆向投资策略的欧洲首席基金经理人，曾在25年的时间里管理富达旗舰基金，也就是富达特别基金，年均回报19.9%，即便到了规模扩大了1000倍达到36亿英镑，这位被誉为“欧洲林奇”的人依然出色，而且尽管声誉卓绝，年轮渐增却依然在从事投资事业。

在素以倚重深入的基本面分析，来缔造始终如一业绩而闻名于世的富达公司里，安东尼波顿依然以“股价走势图来辅强传统的基本面分析，波顿至今仍保有这项兴趣”。（《安东尼波顿教你选股》第27页）波顿说：如果你想胜过其他人，那么，你必须拥有跟别人不一样的东西。不知他拥有的看图表的能力是否是其中之一？巴菲特在研究过10年图表后，是再也不感兴趣了……你可以像巴菲特一样，也可以像安东尼波顿先生一样，你选择谁，完全在你自己。

巴菲特和索罗斯的投资方法也有巨大的区别。索罗斯的方法是基于变革寻找社会漏洞，这可能与他少年时的经历有关。他幼年直至少年生活在匈牙利。当时匈牙利的很多犹太人认为德国不会入侵，但他的父亲很有远见，认为德国入侵是迟早的事情。于是整个家族换了身份、变卖了房产，德国入侵后全家移居到美国。少年的索罗斯，经历了如此极端的社会变化，不可能不对他的人生观与价值观产生影响。我们说“三岁看老”。巴菲特出生在美国中部一个保守的中产阶级家庭，他的父亲是议员。他身上有很多土生土长美国人的特点，如乐观、积极、比较理想主义。我觉得理想主义对投资很重要，特别是对长期投资。只有成为一个理想主义者，才有信仰，有信仰才会坚定，碰到大的挫折甚至是社会巨大的变迁时，才能坚持下来。所以，选择什么样的投资方法，完全是基于自我的本性与人性。你可以从自己的经历中寻找到适合自己人生轨迹的投资之路。

技术分析在我看来，其实是一种直觉艺术，制定战略需要大量的数据，纵览全球股市发展史，这一过程是属于个人的，为了取胜不仅要拥有智慧，更要有不屈不挠的精神。幸运的是，我是一个愿意思考和学习的人，在全国当时最好的证券研究所工作的这一段经历，使我在“我的技术分析专业”之外，对企业分析有了基本的理解和判断。酸涩的青果之味，随着秋收的到来，会转为甜美之果。在2000年底到大鹏证券从事资产管理业务以后，仿佛深藏在心里的“价值投资”方法被渐渐唤醒。经过2001年香港市场的自我洗礼以及在大鹏资产管理公司负责股票组合投资的实践，终于我有了巨大的转变，就像巴菲特也是在画了10年图表以后，才渐悟投资之道。

2000年到2003年是我投资生涯中最关键的三年，秋冬转春夏，改变这一切的是时间，是我们自己的思考。2003年始，转眼五年多时间又过去了，脑海里盈满了属于秋天的成熟气息，希望这是真正成熟的果实，值得用心去品尝一辈子。

走上真正的投资之路——选最好的企业

在20世纪90年代，内地券商的主流手法是操纵股价。在君安证券时，对券商做庄等行为就很不认同。后来大鹏证券因做庄五矿发展、广电网络、国投原宜等股票而倒闭，进一步印证了我的想法：不符合常识的事情必然会垮台。何谓“不符合常识”？假如一个庄家每次都赢，理论上它可以把所有人的钱都赢光。但这是一个不可能延续的游戏，所以南方、大鹏都失败了，接下来，更多的券商也倒闭了。

我真正转向价值投资是21世纪初投资香港股票这段时期。

2000年到2001年，美国纳斯达克市场发生股灾，股指从5000多点一路跌到1000多点，当时凭着技术分析的功底，我认为一个历史性的大机会来了。问题是投资什么。我们所熟悉的在美国上市的中国企业，就是互联网公司。那时候，身边的人比如我女儿已经开始应用网上教育，我便觉得互联网公司不错，于是，我让一位客户拿了100万美元去香港到美林证券开户，准备买在美国上市的中国互联网股票。但在香港美林证券，一个高级财务顾问建议我的客户别买，认为这些中国互联网都得完蛋，其实当时如果按我们事先确定好的计划买了网易、新浪、搜狐，现在就变成了几千万美元。

错过了买入互联网股票的最好机会，后来我们索性直接投资在香港市场上市的内地上市公司，如同仁堂科技、宁沪高速、沪杭甬、深高速等几只股票，买入的价格靠业绩增长及分红，几年内收回成本应该没有问题。当时，除了它们股价很低之外，像同仁堂科技4元、宁沪高速1.4元、沪杭甬1.8元多、深高速1.5元，我们也是通过仔细分析企业的基本面后才买进的，结果深高速赚得略少点，只有两倍多，其他股票都赚了四五倍。这次我们很安全地赚到了一些钱。

这段在香港的投资经历也促使我更积极地思考，并坚定了我的投资理念——要选最好的企业投资。

投资札记之二：选股没有秘密

我们选择企业的标准：长期稳定的经营历史；高度的竞争壁垒，甚至是垄断型企业，最好是非政府管制型垄断；管理者理性、诚信，以股东利益为重；财务稳健；负债不高而净资产收益率高，自由现金流充裕；我们能够理解和把握的企业。

选股没有独门绝技

看武侠小说，大侠似乎一定要拥有什么独门绝技，才能横行天下，那么投资选股有什么独门绝技让我们受益终身吗？

在我理解，投资选股其实没有什么秘密，也没有任何一门绝技让你傲视天下，那些“皇冠上的明珠”一样的企业就在你的面前，比如说，可口可乐，很多人都喝；吉列，男人都刮胡子；麦当劳，很多人都在吃；茅台好，全中国人都知道。这些都是很简单的例子。选择股票的标准，书上都有，很简单，至于我们如何从这些企业中挑选出中国上市企业的明珠，也是结合中国的国情在考虑这些问题。比如有人对茅台有异议，认为茅台不可能像可口可乐一样的增长，但是在长达10~15年的阶段内，茅台这样的企业是有可能获得非常好的回报的。又比如说招商银行，至少在我们看来，目前它确实是中国金融业中最好的企业之一。而且过去100年已经证明，一个银行如果有很好的文化、好的制度，企业的持续竞争力能够长期维持，银行业是容易做大的行业，如此，我们就挑了这个行业中我们认为最好的企业投资。我们是顺着这个逻辑在走，不依靠什么独门绝技。

通常我们主动投资一家公司，看好的是其产品及市场竞争力，欣赏的是公司管理团队，并以合理的价格买入。

一、选对行业。

首先要考虑的问题是，你所选企业所属的行业能否长期生存下去。比如银行业，以英国为例，100年前行业比重占15.5%，100年后占16.5%，这种行业是可以长存的。1900年，英国铁路业占49%的市值，100年以后只占0.34%；纺织业当时占5%，百年后变成0%。如果选择一个行业，100年前占20%，100年后这个行业变得比重很小或消失了，那么这种投资就容易失败了。有些行业变化很快，比如说高科技企业，它的发展周期很短，在这种行业当中投资就非常困难。另外，周期性最好是弱周期性的，就是说经济好的时候，它有不错的销售，当碰到差的环境时，它还有很好的回报。投资这种行业中的企业，胜算应该更大。

行业的发展趋势也决定了企业的成长性。从当前的情况看，中国企业的成长性都很好。比如说招商银行、万科、平安保险等等，至少从财务报表看，增长都十分迅猛，更重要的是，这些企业能够持续增长，这一点很关键。

二、选对企业。

1. 所选企业必须有一个广阔的市场，有足够的广度和宽度。比如消费品行业，周期很长。如果中国经济持续发展二三十年，那么消费品特别是奢侈品的周期就会有二三十年。而且，越是高档奢侈品，它的增长就会越快。

2. 要能够抵御通货膨胀。投资的企业它的产品一定要能够提价。能否提价，这是竞争胜出的关键。很多世界级的老品牌都会定期提价。如果提不了价，那么你的投资可能会发生很大风险。茅台一般两年就会提一次价，70年代卖六七元一瓶，2007年中的市场零售价是600元上下30年时间涨了约80到100倍。贮存15年的茅台酒三千多元一瓶，80年的大概八万多人民币一瓶，这种企业容易长期生存。

3. 是某种意义上“不死的企业”。一千多家企业摆在你的面前，你需要判断哪些企业能够长存下去，或者尽量地长存下去。当然，所有生命都有生命周期，企业不会有不死的，但是我们挑选的企业最好是能够穿越足够长的时间。这是非常重要的一个标准。假设茅台能够存在100年，我们就买它。一方面它存在的概率很大，另一方面它最近10年能高速增长。这就是最好的投资对象，长期看没有风险，短期看增长很快。

4. 企业要有足够的净利润，最好是轻资产型的。比如说像茅台，原料基本上是用当地的高粱加赤水河水酿造，成本大约每吨9万元，现在每吨要卖71.6万元，加上老酒，平均每吨80万元。企业不需要持续很大的资本投入，又有不断地现金流来，这就是一个好企业的标准。

5. 是行业中的龙头企业，有很高的行业壁垒。这种企业护城河足够宽，产品的垄断性足够强，是长期竞争之后生存下来的强势企业，比如沃尔玛、可口可乐。它们都拥有别人无法复制和替代的独特技术和核心竞争力。

6. 企业有很好的ROE（净资产回报率）和ROE上升的能力。ROE是衡量企业盈利能力的一个重要指标，我们选择的企业应该是没有负债的，现金流均为正值，比如贵州茅台这样的公司，别说负债没有，账目上都是预付账款，有巨额的真实收益。当然，处于扩张期需要大量现金的企业，比如万科和招商银行，需要另行分析。从字面上解释，ROE是股东投入所获取的回报。

三、选对团队。

巴菲特挑企业，挑管理层，是挑他希望他的女儿能嫁给的这种。可见他对企业团队的重视程度。一个好的企业，必须要有一个好的管理团队，好的领袖，好的文化，然后能够让企业的文化不断地传承下去。企业领导层必须诚信，具有专业能力，勤奋，战略正确，并愿意为股东创造价值。

企业如人，个人的优秀品质，比如天真、质朴、待人真诚也应是好企业所具备的。好的企业必须拥有一些质朴的东西，一些理想主义的东西；相反，老谋深算的企业总存在着问题。

这些品质体现了企业的透明度，好的企业不怕给大家看，不好的企业则惧怕透明。

四、选对价格。

尽量从低点买入。但是，这通常是可遇不可求的。比如我们前面提到的沃尔玛，30年时间涨了1343倍，我们要在其中等一个低点，是很困难的。所以在我看来，在上述四个选股标准中，选对价格这一点是最为次要的。因为对于长期投资来说，如果一个企业足够伟大卓越，什么时候买入都是好机会。只要我们能够买到伟大的企业，就拥有了足够抵抗风险的能力，高PE也能够变为低PE。

在中国未来20年当中，房地产业找一些龙头企业，银行业找一些龙头企业，保险业找一些龙头企业，消费品业找一些龙头企业，金融服务业找一些龙头企业，垄断行业找一些龙头企业，做一个组合，持续投资，我认为这样胜出的概率应该非常大。

我这样理解华侨城

中国今天以及未来最紧缺的可能就是可供开发的土地。中国的平地面积仅占国土面积960万平方公里的12%，且90%可供利用的平地面积集中在沿海地带。从20世纪90年代至今，中国已经失去了1500万公顷的土地，到2005年中国农耕地的面积只有1.22亿公顷，政府表示一定会守住1.2亿公顷的底线。

如果守不住会出现什么情况？中国的人均平地面积不到900平方米，如果中国将进口农产品的比率提高到70%，中国粮食进口总量将是目前国际粮食贸易总量的2倍以上，因此中国不可能把更多的耕地转化到工业化建设方面，所以谁能拥有最好的可持续经营的优质土地资源，谁就能在长期的经营当中胜出。

我们来看看华侨城怎样经营他们拥有的土地。深圳华侨城持续用20年时间来开发经营5平方公里的土地，至今已产生100亿左右的利润，以后还将通过旅游、酒店和地产产生更持久的赢利。如果我们换一个房地产公司，它可能盖完房子卖掉算完，在全国的房地产企业中，有谁能够像华侨城一样持续经营好土地？也许，正是华侨城持续经营宝贵土地的能力，才有了后续的北京欢乐谷、上海佘山与成都项目，也才有了8平方多公里的东部华侨城的建设。东部华侨城，据估计在未来15年内可增加275~315亿的综合收益，物权法的通过可能将使这些土地能作为有效率的经营性资产长期的运行下去。

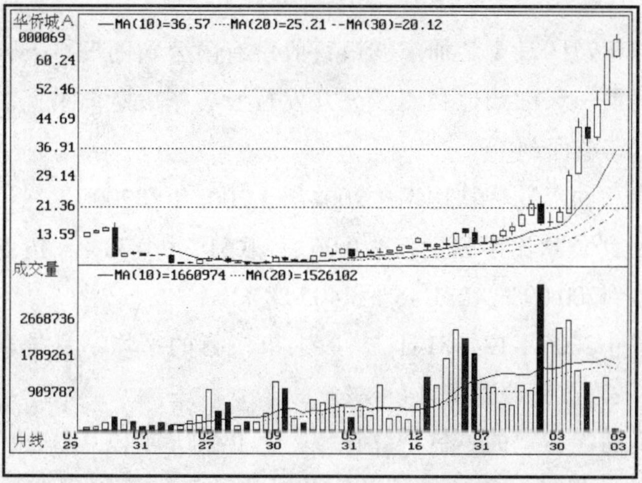

华侨城股价月K线图(2003年1月~2007年9月)

从持续经营土地的角度华侨城已是让人尊敬的好公司了，我们再看看它所拥有的这些土地的长期价值。目前中国的平均城市地价在每平方米1200元人民币上下，到2030年人口高峰时，中国完成工业化，城市人口将可能超过12亿。如果中国为保住基本农产品供应，则在未来可继续占用的平耕地面积仅有0.02亿公顷左右。如果到2030年中国的年均经济增长率达到8.5%，GDP的规模将扩大近8倍，中国城市房地产价格及大城市中心地带的地价上涨幅度还会更高。而华侨城能持续经营的土地全在中国最核心的城市，有些项目本身就是地王所在，是实质性的财富增值之所在。

如果我们的投资想持续20年甚至更久，华侨城无论如何，都应该纳入我们的视野。

[备注：本文不构成买卖股票的建议，特此声明！]

2007年3月14日

宁波银行招股意向书有感

2007年7月9日要参加宁波银行股份有限公司的发行人预路演推荐会，提前一天细致地翻阅了公开发行股票招股意向书，对其中的几个数据印象深刻。

一是总的不良贷款比率。2004年、2005年和2006年三年的宁波银行的不良贷款比率分别仅为0.96%、0.61%和0.33%，拨备覆盖率则分别达到200.69%、271.48%和405.28%。

而截止2006年12月31日，A股上市银行的平均不良贷款比率为3.02%，平均拨备覆盖率114.40%。

二是高端客户的不良贷款比率。截止2006年12月31日，“个人VIP”、“白领通”和“贷易通”共为宁波银行贡献贷款46.5亿元，占全部个人贷款的57.2%；不良贷款比率仅为0.06%，低于个人贷款0.28%的不良贷款比率。同时，这三个品种还为该行带来了8.7亿元的存款，占全部个人存款的9.4%。

三是盈利能力。宁波银行2006年加权平均净资产收益率为23.79%，资产收益率为1.28%，远高于上市A股银行的平均17.33%和0.65%的水平。

四是股权结构。宁波银行管理层和员工持股比例高达19.4%。该行第一大股东宁波市财政局持股比例13.17%，第二大股东华侨银行持股比例12.2%，其他股东持股比例均未超过10%。

五是跨区域经营的第一站就是上海。银监会已批准设立上海分行，实现了宁波银行的跨区域经营。

为什么宁波银行的不良贷款比率相比A股上市银行平均比率为低？我们有一些亲身感受。东方港湾的客户分布区域主要在珠三角和长三角，与我们早期合作的几个客户中就有一个宁波的客户，从这位重要客户开始，我们陆续与不少的宁波企业家合作。我们自己切身的感受是，宁波的企业家非常懂得经商之道，严谨细心，一旦确立合同，都会严格执行，从没出现开始掷地有声，到最后却不愿履行合同的事情。宁波的商业环境与信用环境应该是全国最好的地区之一。据说中国城市金融生态环境最佳的城市是上海，宁波第二，我想深圳应该能排在前几名，我们从自身业务角度感受的情况，也大致如此。

在我们寻找合作伙伴的过程中，我们发现宁波的民营企业家比例有可能是全国五个计划单列市中最高的，换句话说在中国核心城市中，宁波有可能是亿万富翁人数比例最高的城市。截止2006年6月，宁波的民营经济实体占全市37万余户各类经济主体规模总数的96%。2005年，民营经济对宁波市GDP贡献率达到84%。我和同事在宁波的时候，曾有人开玩笑，我们每碰到10个人，或许就有一个亿万富翁。这也许就是以主要服务中小企业及个体私营业主的宁波商业银行表现得如此有活力，赢利能力卓绝的原因。

宁波银行管理层和员工持股比例分别为2.1%与17.3%，这种持股比例使宁波银行上市后一定会造就多位千万、亿万富翁。据说由于一些内退员工没有从中享受到利益，有人开始质疑高管在股票发行中有违规行为，并提出高管的持股量违规翻番的问题。不过我们认为，这些问题如果严格放在聚光灯下，很可能存在。但历史地看，民营银行上市，实行股权激励，总该有第一次。因此，宁波银行的高管持股问题，只要合规，不违法，就不应该穷追猛打。

宁波银行的这种股权结构，在国内上市公司中非常少见。在我们关注的几家主要上市公司中，完成股权激励的张裕与烟台万华的股权结构与此类似。

关于这个问题我曾经思考良久，为什么烟台出现过这么多好企业？为什么张裕与烟台万华的股改相对茅台、云南白药等企业较为顺利？

在烟台的时候，我曾到明代狼烟墩台的所在地烟台山，参观了1862年烟台开埠后，英、美、法、日等16个国家相继在烟台山上和山麓建造的领事馆、教堂和邮局。看着三面临海的烟台山前的港湾，我在想，可能就是因为烟台自唐代以来便是我国通往国外的重要港口，是我国东渡日本、朝鲜的三大出海口之一，是中国同日本、朝鲜海上“丝绸之路”的起点；1862年烟台被辟为商埠，由此，烟台人也许才变得达观、开明、包容、清爽、进取。

孙中山先生在1916年曾描述宁波人：“凡吾国各埠，莫不有甬人事业，即欧洲各国，亦多甬商足迹……”能让中山先生如此称颂宁波人，可能与宁波人吃苦耐劳、敢冒风险、忠于职守、勤劳敬业的美德与据此成就的事业有关。在历史上曾负有盛名的十大商帮为山西、徽州、陕西、福建、广东、江西、山东、苏州，还有浙江的宁波、龙游。宁波帮为什么经久不衰并能够演变成现代商业文明？这可能与当地的地理、历史、人文、工商文化传统底蕴及重商、亲商等传统价值观有关。

据说很多上海人的祖籍在宁波，我们最早期合作的宁波客户就是随父亲闯荡上海后，又回到宁波开创事业。溯根逐源，宁波银行跨区域经营的第一站就取道上海，这里有胜出的先机。

[备注：本文不构成买卖股票的建议，特此声明！]

2007年7月8日

招商银行的未来

没有事物是永恒的，招商银行也一样无法确定自己的未来。但有一点是肯定的，只要有人类存在，银行业就会一直发展下去。某种意义上，“银行业的未来就是人类社会的未来”（见亨利·英格勒、詹姆斯·埃森格《银行业的未来》）。

过去100年，银行业变得越来越重要。按照2005年晨星公司的数据，在2005年按资产排名的10家最大的公司中，其中有8家是金融集团企业。2006年中国上市公司中资产最大的10家公司中，有9家是金融企业。过往的常识也告诉我们——银行业有着与生俱来的优势，投资顶尖的银行会有丰厚的回报。

金融支柱地位始终如一

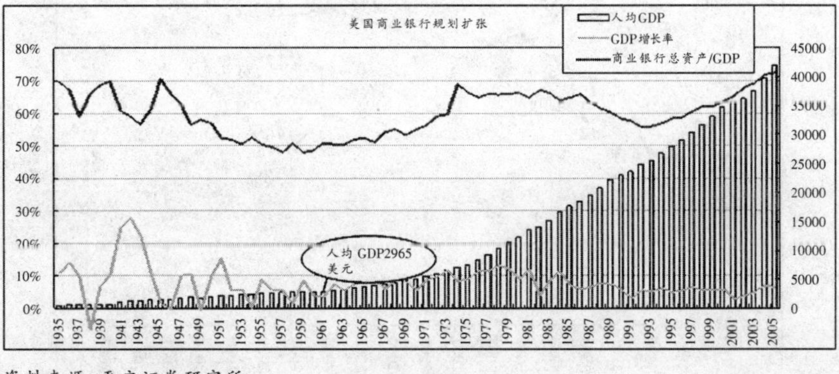

资料来源：平安证券研究所

那么，对我们而言，最重要的就是判断国内哪一家银行是最优秀的，找到其中的冠军，也就等于成功了一半。

以我们的角度，无疑招商银行是其中的佼佼者。银行业是靠信用和信誉生存和发展的行业，源于招商局悠久历史文化的招商银行，有一种在中国我们能直接感受到的力量。而招商局旗下的招商局国际、招商银行、招商地产、招商证券、赤湾、中集以及早前的平安保险等等，都是在各自领域中名列前茅的企业，一家好不说明问题，但如果一个企业群中绝大多数出色就很能说明问题了。

招行作为国内最先实现业务转型的商业银行，得益于扎实的个人客户基础、先进的IT平台和优质的客户服务，在国内个人业务和中间业务中品牌优势显著。国外成熟市场中间业务的占比为30%~40%，花旗银行80%的利润来自中间业务，恒生银行为40.26%，法国兴业银行达到43.62%，而招行为国内最高的10.1%左右。在最信任银行的排名上，中国中高端商务人士最为青睐中国银行、招商银行和工商银行，其次才是汇丰、花旗、渣打三家老牌外资银行。对于银行提供的理财产品，高端人士最为看重这家银行的信誉，其次是理财产品是否带来高收益以及理财人员的专业化程度，再次才是风险和高质量的服务。

美国金融服务业收入结构中非息收入的比重上升趋势

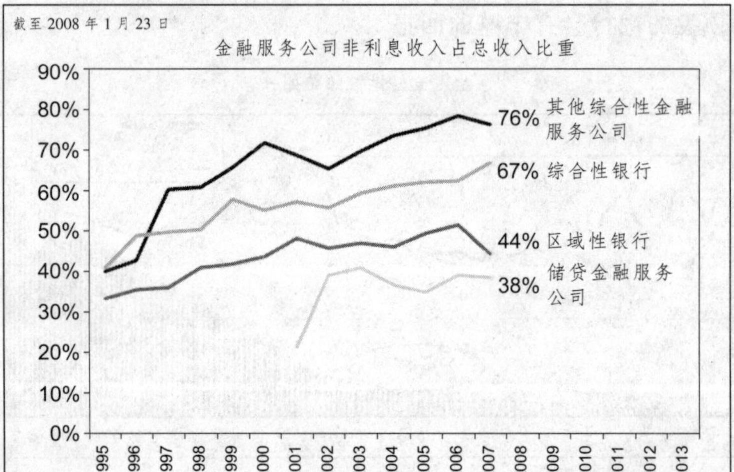

资料来源：高盛

对未来中间业务贡献最大的是信用卡业务，麦肯锡提供的数据也支持这种分析与判断。从全球来看，信用卡业务愈来愈成为银行的核心业务和主要利润来源之一。花旗银行和摩根大通等是目前主导美国信用卡业务的金融服务巨头，目前花旗银行的信用卡业务收益已占纯利润的1/3。而美国另一家主业集中于信用卡业务的公司——美国运通公司（American Express Company）发行的“运通卡”

利润已达到占公司全部利润的70%。2006年，招行信用卡发卡量比2005年翻了一番，超过前三年的总和。招行流通卡占发卡总量的70%以上，其中每个月使用一次信用卡的持卡人占到45%~50%。从2003年到2006年间，招行信用卡刷卡消费每年都要翻一番，2006年当年超过了前三年的总和，创造了单月消费额超过80亿元人民币的纪录。据统计，招行白金卡客户的月均消费2.5万元，金卡客户和普通卡客户的月均消费分别为3000元和600元，每卡平均月消费金额近1200元人民币；招行信用卡客户中超过35%的人月收入达到8000元人民币；乐于透支消费的21~30岁的年轻人占据了持卡人总数的62.7%，其中绝大部分人都是大专以上学历。目前，招行信用卡的呆账率不到1%，低于国际同业4%~6%的平均水平。

美国第一资讯国际公司2007年初公布的一份调查报告称，国际金融机构对中国电子支付方式的前景表示乐观。参与调查的152家银行高级管理人员，85%的受访者看好中国信用卡市场前景。目前，有超过10亿张银行卡在中国市场上流通，仅在2006年，中国就发行了超过2亿张新卡，其中约5000万张信用卡，信用卡数量上升了39%，而招商银行2006年发行1034万张，占据了信用卡市场20%的份额，这种趋势支持了招商银行的领先地位。“快速的发展和优异的成绩，使招行信用卡成为颇具影响力的金融品牌，近年来在VISA、MasterCard、胡润财富调查机构等各类权威调查中屡获‘最佳双币卡

中国居民家庭钱包10年将增长3倍 单位：元

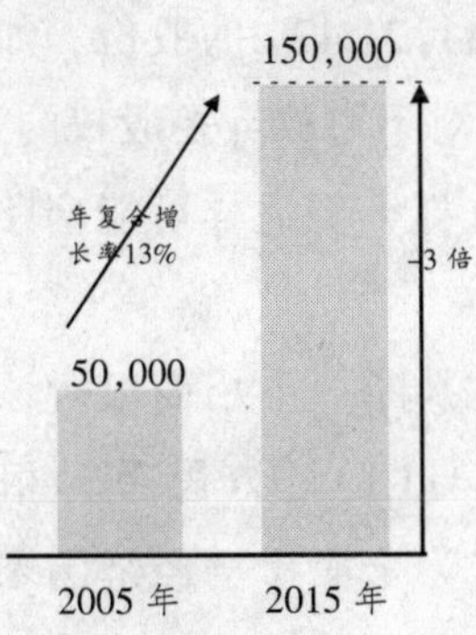

中国金融产品利润分布 单位：亿元

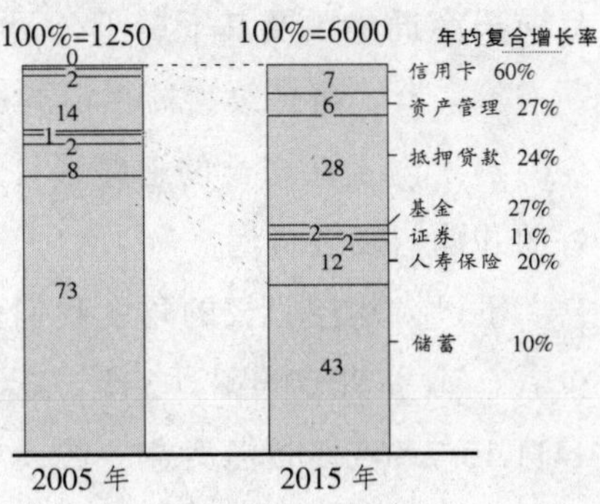

资料来源：麦肯锡分析

成长奖'、'最受欢迎信用卡'、'最佳信用卡营销案例'、'最佳服务精神奖'等殊荣"（见马蔚华《以国际智慧抒写中国精彩》）。目前中国银行的此类业务盈亏平衡，而招行2006年信用卡业务已盈利约一亿人民币。麦肯锡估计，到2013年，中国的消费者信用卡利润可能达16亿美金。

金融业综合经营是大势所趋。某种意义上银行业是一种周期性行业，"逃脱周期性陷阱的唯一办法是拥有多样化的收入流，如果业务的一部分出现不合理变动……我们只需简单地把资源转向竞争环境比较合理并能产生稳定的收入的业务领域即可"（见《银行业的未来》）。中国银行业的混业经营路途艰难、遥远，最终招行的竞争力可能取决于涉及银行、保险和资产管理等多方面的业务能力，招行具备实现综合经营的潜质。虽然"招商银证通"业务受到影响，但招行与招商证券合作密切的"招商受托理财计划"较好地展现了招行强大的个人银行业务和市场营销能力。2005年12月13日，招行收购招商基金管理有限公司30.1%股权在证监会已获批。招行上市前曾通过新江南公司间接持有招商、长城两家证券公司和多家基金管理公司股权，为了更好地突出主业形象，招行在上市前已将上述股权剥离。目前招行正在选择与美国保险公司合作，重新打造一个核心品牌。不过，招行也存在扩张不足的风险。我曾向一位担任招行支行行长的朋友请教——招行怎样才能成为中国的汇丰？他回答说：首先要脱离招商局，规模扩张和溢价融资是银行业的主要投资要点。目前招商局集团及其下属子公司共持有招行21.47%的股份，如果不断溢价融资，将持续摊薄招商局股权，而对不愿放弃控股权的企业，少融资走内生性增长的道路也许是最佳选择，但这样可能会贻误最好的并购与发展机遇。

不过，从控股权的角度我们可以简单判断一下招商银行该值多少钱。截止2007年8月3日，招行市值4411.13亿人民币，相当于4411.13/7.565=583亿美金，假设中国能成为全面市场经济国家，外国资本能相对宽松地收购中国的金融企业，一个国外的金融集团只要

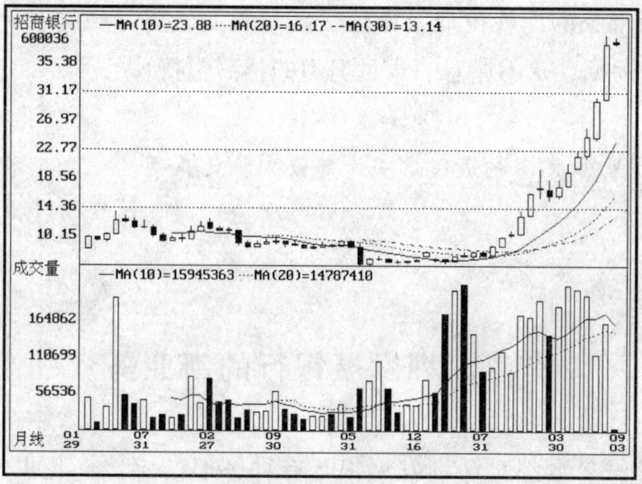

招商银行股价月K线图(2003年1月~2007年9月)

拿出120亿美金，就能控股中国第六大、未来20年中国可能发展最好、盈利能力最强的商业银行。这个价格至少在我看来是非常低廉。

当然，从另外的角度，如果2007年比2006年利润增长一倍，从PB的角度短期看可能招行是高估了。简单推算：2006年扣除非经常性损益后的纯利是70.12亿人民币；2006年股东权益是550.98亿，如果2007年相比2006年纯利增长一倍达到140.24亿，并且不派发当期股息，那么股东权益达到550.98+140.24=691.22亿；按照A股2007年8月3日收市价格33元计算的总市值是4411.13亿；那么P/B=4411.13/691.22=6.38倍。

汇丰控股过去10年的PB——最低1.7倍、最高3.6倍，我没有更全的数据，不知道处于腾飞期的汇丰市净率的数据情况。目前的中国备受世界注目，而我们中国经济的强劲增长有可能在未来相当长时间得以延续，在这样一个大背景下，如何估值中国的商业银行及其在每次金融危机中的表现对每一个从事投资的人，都是严肃的挑战。

当然，对“力创股市蓝筹，打造百年招银”的银行家来说，上述估值的问题也许不会困扰他们，他们肩负的是重建中国金融生态环境、解决沉重历史问题、推动金融体系转型、推进商业银行信息化、资本化与国际化等更为重要的历史重任，他们需要努力工作以迎接不断来临的严峻挑战，而这也正是我们希望看到的——面对困难，高瞻远瞩、永不懈怠、永远努力的招商银行！

[备注：本文不构成股票买卖建议，特此声明。]

2007年8月3日

有感深圳发展银行的新业务

老股民多数都对深圳发展银行有种怀旧的感情，我也不例外，1996年也在000001身上赚了些钱。许多深圳人靠着它攫取了人生第一桶金。前些天一个想与我们合作的“准客户”来，很自豪地告诉我，他还有深圳发展银行的股票原始凭证……

近些年，没有投资发展银行，但“旧情”让我们持续关注它的业务发展。2004年年底，当美国新桥投资（Newbridge Capital）最终以12.35亿元的代价获得深发展17.89%相对控股权时，我们寄希望它获得新的发展机遇。

所以，只要有时间，每次深发展开投资者见面会与股东大会，都会去。一方面是关注企业本身的业务进展，另一方面是关注一个国际化管理团队，怎样面对内外的竞争？怎样思考中国银行业的未来？

对法兰克·纽曼先生——深圳发展银行董事长和首席执行官印象深刻，温文尔雅、内敛、智慧。每次见面会，老人都颇有耐心地向投资者答疑，我们的问题则集中在他怎样思考中国银行业的未来。

深发展国际管理团队上任伊始，首先提出的就是“One Bank”理念。其要诀是深发展要做一家统一的银行，总行和各分支机构要处于统一的管理平台上，遵循一致、标准的控制体系。与此适应，深发展实施了内控制度的变革，构建垂直化的财务和风险管理模式。另外也灌输平等的精神与意识，听在深发展稽核部门工作的一个朋友介绍，原来在深圳中心区发展兴苑的房屋分配是按照级别，新桥来了后，改为抽签决定，所以他们这层的员工觉得工作着有希望。

深发展在变化。2005年9月，深发展与全球消费金融巨头GE Money签署了《认购协议》和《战略合作协议》。根据协议规定，GE Money将向深发展投入总认股金额1亿美元，占股近7%。牵手GE，可能为深发展提供更强劲的动力。

以前的印象，新业务招商银行比较超前，但新桥入主的这几年，至少在深圳，你能明显感受到深发展的炯炯逼人之势。

如深圳发展银行正式推出的前景广阔“面向中小企业，面向贸易融资”的“供应链金融”服务，力求打造“贸易融资专业银行”形象。“供应链金融”是基于对供应链结构特点、交易细节的把握，对供应链单个企业或上下游多个企业提供全面金融服务，以促进供应链核心企业及其上下游配套企业“产-供-销”链条稳固和流转畅顺，有利于供应链核心竞争能力的提升，以金融资本与实业经济的协作，构筑银行、企业和商品供应链互利共存的、持续发展的、良性互动的产业生态。

2006年2月28日深圳发展银行借鉴国际惯例，推出的“双周供”的房贷业务。“双周供”，即每两周还款一次，由此可以节约利息支出。以50万元住房按揭贷款为例，按30年贷款期限、6.12%基准利率计算，按照传统等月本息还款方式，每月还款额为3036元；如选择“双周供”，还款1518元，在月还款额相同情况下可以节约115186元的利息支出，节息比高达19.42%；总还款期也从30年减少到只需24.7年。这款旨在降低个人还贷总额、减少还款时间的房贷新品，势必让深发展立于深圳房贷市场房贷客户争夺战的有利位置。它不仅可以使深发展加速本金的还款频率，缩短还款期限，节约客户对银行资金的实际占用，还可以吸引到其他银行的客户。

2006年10月27日，由GE Money搭桥，深发展与全球最大的零售商沃尔玛合作推出双币种联名信用卡——沃尔玛畅享卡，并由GE Money为该卡提供支持系统，而沃尔玛正是GE Money全球零售卡项目的合作伙伴。这个周末，2007年9月8日去深圳山姆会员店购物，买单处看到工作人员在长长的人龙前推销沃尔玛畅享卡。1%的现金回馈，还是吸引不少人去开卡。深发展已经在与GE Money进行包括房贷集中化项目、财富管理等多个项目的合作。同时GE Money已经参与到深发展银行管理系统的整合之中，深发展的内控与稽核系统已经提高到业内最高水平并得到了监管部门的肯定。

美国新桥投资是一个由得克萨斯太平洋集团和布兰投资公司发起设立的私人权益资本。对权益投资公司而言，在短的时间获取高的投资回报可能是其最高目标。但从深圳发展银行展现的面貌来看，新桥管理团队是有战略眼光、丰富经验和极高的管理水平，他们也为深发展确定了向零售银行业务转型的发展方向。

我们从新桥与GE Money身上，看到了外资致力于结合中国市场的特点、在产品设计与创新方面进行的有益探索。但从竞争的角度看，当外资银行全面进入中国的时候，当金融服务领域真正的战斗打响时，中国的商业银行能否及时应变，不断擎出自己创新的产品与武器以适应新的竞争与挑战呢？

[备注：本文不构成买卖股票的建议，特此声明！]

2007年9月10日

参加平安保险2007中期业绩公布及分析师午餐会引起的联想

2007年8月17日10点15分坐上去往中环的船。从海上回望深圳，高楼大厦鳞次栉比，其繁华远超过对面的香港天水围。想当年，追求幸福生活的偷渡者正是从蛇口下海，经过眼前的这片海域游往屯门，而如今这已成为一个时代的记忆。如果是晴朗的夜晚，在香港天水围从深圳湾遥望深圳，你也许会对这个不停产生巨大变化的城市充满惊奇与眷恋。

从跨海大桥香港处遥望蛇口

11点15分到中环码头，本想一路走一路看香港的景致与人文，香港的路牌非常清楚，城市设计极为人性化，问路一般人们都会很热情地帮助你，但耐不住朋友谢先生的盛情，只能坐车让他送我到港岛的香格里拉酒店。到5楼B厅，正好遇到在平安保险相熟的朋友，未登记她就帮我拿了一个同声翻译器，步入会场落座。不久陆续人到，与2004年参加股东会情形完全不一样的是我们这一桌大陆来的投资者占了一半还多，不像早年孤零零仿佛就我一个外人。中国的金融业相比贸易、三来一补的企业以及做实业的应该是开放较晚的。以研究报告为例，目前我们很少能读到境外大行的中文研究报告。随着中国经济规模与股票市场市值的增长，相信不远的将来，我们也会像日本的投资者经常读境外大行的日语报告一样，读到专门用中文书写的重量级研究报告。当然，这样国内的股票研究机构，将面临直接而严峻的挑战，充分竞争总是会给最终产品的使用者带来收益。

12点20分平安保险的高管就坐主席台，主席台除马明哲是土鳖外，其他全是喝过洋墨水的。平安保险高管构成应该是马明哲先生深思熟虑的结果，一方面可以提高管理的水平，另一方面也可以防止道德方面的风险。马明哲先生应该是中国金融界比较早放眼看世界的人，当然，他能在平安贯彻他的想法并能坚持实践，也与他对中国官僚文化的领悟与把握密不可分。他身处中国巨变的大背景下，20多年不倒，能如此游刃有余又持有理想，非常不容易、让人极为敬佩！

平安2007中期业绩公布及分析师午餐会12点30分开始，非常准时，不像我晚上刚刚与会的联办组织的“中国证券市场18周年庆典”活动，说是17点30分开始，推后了差不多1个小时。在“守时”方面，我们确实有很多值得改进的地方。12点30分平安保险的高管开始进行2007年中期业绩的发布会，马明哲先生用流利的英语发言。我的一个君安同事，早年和马明哲先生是一个车队的，据他说，还是他将马明哲先生招进车队开车的。如果属实，也可以从另一个侧面证明马明哲先生是多么的了不起。马明哲先生能从一个司机成长为中国最具国际视野的保险公司的董事局主席，所面临的挑战、付出的艰苦努力甚至被怀疑与妒嫉，是一般人难以想象的。每次听到平安保险的司歌——“……诚实、信任、进取、成就，我们的心愿永远不变。让每一个早晨与平安相见，人生拥有温馨的家园，让每一颗心灵与平安相连，生命书写辉煌的诗篇……越过了多少风风雨雨，踏平了多少坎坎坷坷，群星已汇成灿烂星座，明天的拼搏是永恒执著。啊，相聚在今天，啊，群星正闪烁……”我都很有感觉，歌词中的某些句子也许正是马明哲先生的人生追求与写照。从马明哲先生，也让我想起从未接受过正规高等教育，但并未妨碍他执掌世界上规模第三的金融巨头的汇丰前任董事局主席庞约翰先生，在清华大学听过一次他的EMBA班演讲——从轮船的服务生开始他灿烂的职业生涯。持续努力学习，保持梦想，永不放弃，命运的惠顾，这可能就是人类中极少数人如此有成就的原因。绝大多数人遇到逆境挣扎一番，不行就会颓废，只有有信念、有追求、有梦想的人才能有新的生命、新的开始，才有人格魅力让我们敬仰。

这个会在香港召开的同时，也在浦东香格里拉酒店上海厅进行同步视频会议。提问环节，我们可以看到香港与上海两地人员的差别，以前没有机会让我们比较：提问题的角度、方式（上海方提问题的口头禅是领导如何)、着装、修养、幽默程度等等，随着更多的“海龟”股回游中国，这方面的交流一定与日俱增。

而今天香港这边有意思的是快到下午2点，我们这桌的香港人几乎走光。股市连续大跌，让他们魂不守舍。这次会议安排在12:30~14:00这段时间召开，不知是否与美国次级抵押贷款引发的全球股市危机有关。听香港的朋友讲，这样的下跌肯定会让做窝轮、透支与垃圾股交易的人倒下一批。遇到这样的事，透支盘容易引发连续止损交易，对面临不断赎回的各类基金挑战显而易见，甚至由此引起的信贷紧缩，将冲击各类依赖低息贷款的活动，从私人股本并购到对冲基金的举债交易战略。不过，这都是金融岁月不可避免的一部分，相信这不久又会成为历史，人类有很强的创新与修复危机的能力，危机总会过去，我深信！而对没有用金融杠杆的投资者来说，持有最优质的企业与稳定的心态或许就是渡过难关的保障。

14点10分从金钟开始往深圳走，上地铁下地铁，一个小时左右的时间就到了2007年8月15日开通的深圳福田口岸。据说益田路地下的枢纽工程搞好后，深港两地旅客一地两检，坐上高速列车仅需30分钟即可互达市中心区。从深圳到香港，从香港到深圳，你可以感受到这世界变化真快。最近有香港媒体报道，香港特区政府已向中央政府申请，向为数约200万的所有深圳户籍人口，发出可多次赴港的电子入境卡，让深圳人可随时使用e通道赴港旅游消费，消息称若申请得到中央支持，最快可于今年10月的特首施政报告中宣布，分阶段付诸实施。让深圳户籍人口自由赴港，等于把深圳变成香港的后院，全中国尖端的企业家和科技人才目前已会聚在深圳，他们若可以手持电子卡用e通道随时赴港消闲、购物、投资、置业，建立人际网络，一有机会便可透过专才、优才或投资移民等计划，正式融入香港，香港的竞争优势将可和深圳结合起来。

当年，许多人宁愿失去生命也要泅海偷渡，当年的小渔村——深圳今夜的灯火与中国660个城市一样璀璨。也许20年后，港深一体真的会成为全世界最大、最富裕的城市之一，那时候我的祖国又会成为什么样呢？愿上天祝福我们！

[备注：本文不构成买卖股票的建议，特此声明！]

2007年8月17~18日

关于茅台事件的理解

2007年5月31日一位朋友给我留言："茅台在投资界已经深深地贴上了您但总的标签，但是这段时间茅台传言纷纷，真希望能看到您的文章，为我们答疑解惑。"

我想说明的是：长期持有茅台的朋友很多，如林园（他也时不时打电话问我茅台的事）、盈信创投公司、百山创业公司，还有我的老同事陈戈的基金等等，所以不能说"贴上了但总的标签"，当然，我们与前述三者可能最重大的区别在于：在这几年中，我们一直在持续地买进它，至今依然如此。但同时我也想说，不仅仅是茅台，我们在招行、万科、招商地产、华侨城与烟台万华等等股票的投资上也是如此，只不过，我们最愿意拿茅台说事。为什么？因为它一直以来都是中国股票市场价格最高的股票之一，无论熊市还是牛市。熊市的时候，给朋友推荐，他们说：你怎么给我推荐价格这么高的股票？牛市的时候，除去说价格高，他们还会说茅台跑不过垃圾股。你问他们茅台是不是好股票？他们说是！但如果让他们自己决定，可能永远都会找出不同的理由不买这样的好股票。这就有点像巴菲特的股票，在他长达几十年的投资生涯中，每年都会有职业投资人比他当年的业绩出色得多，但他几乎每年都赚，累积下来，就是不得了的回报，但有多少人敢几百、几千、几万、十几万美金的价格买伯克希尔·哈撒韦公司的股票呢？每年都赚、稳稳地赚，赚得少不怕，这是商业；大起大落，赚得多跌得快，过瘾，但这是赌博！我们在股票市场积累财富到底是想按商业逻辑还是按赌博的逻辑行事呢？这其实是个很严肃的问题，甚至是一个哲学问题。

至于为什么我们这样看好茅台？因为它像液体黄金一样珍贵！金山还有挖光的一天。只要中国人的白酒文化不变，用当地红高粱加赤水河水酿造的成本极低的茅台酒，就能像永动机一样源源不断地提供现金流，更何况它目前正处于高速成长、扩张的历史时期。此刻，正在茅台开2007年股东大会的钟兆民先生给我发了一条短信："季克良在会议上正式宣布了发现两平方公里的新地方可再生产两万吨酒。"这又会让茅台酒有一个飞跃的发展。茅台酒不是担心生产多了卖不出去，而是没有足够多的酒卖。

茅台在商业领域有足够宽的护城河，经营壁垒足够高，这保证了茅台垄断性的企业特点，这样的企业就像经营码头、机场和高速公路的企业，一旦平台搭好，傻子都会经营。所以，茅台不像充分竞争性行业里的企业，一个领导就能决定企业的生死。茅台仅领导人而言，一定比乳业的伊利股份的抗冲击能力强，伊利股份的一把手出事都没问题，茅台三把手出事，更不会有问题。另外，这次茅台出事后，贵州省采取的先调走、再处理的行事方式，也足以说明茅台还有中国的国情下更高的壁垒，就像有武警中队为茅台酒库站岗一样。至少，这样处理有问题高管的方式，在中国的上市企业中

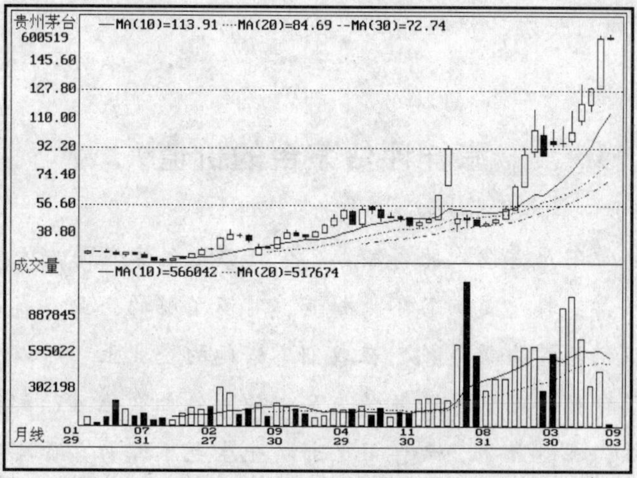

贵州茅台股价月K线图(2003年1月~2007年9月)

还是第一次，虽然现代企业制度并未发挥作用，但愿下不为例。

当然，我们在选择企业的时候，早早地就考虑到了要选择有坚强的商业壁垒的企业，但同时我们也不会放松对企业管理团队的考察与跟踪，实际上，每年例行的股东会为什么要去？就是要观察高管之间的互动，哪怕相互之间的一个眼神、一个动作、一句话，都需要你用心洞察。

实际上，第一次去茅台，坐在一位高管的旁边喝酒，听他不停地赞美另一位高管，而只字不提另一位主要领导人，心里就咯噔一声……去年股改，在深圳格兰云天大酒店与这次出事的高管沟通了一个多小时，听高管抱怨贡献大收入少，心里就想快点股改、股权激励快点完成吧，否则……

至今，我的办公室还放着茅台股改大会时，7位高管给我签字的一瓶酒，这是见证茅台历史时刻的唯一一瓶酒，今天，想起它有些遗憾。中国有多少优秀的企业家，闪念之间，就告别了他本应大展宏图的舞台。此刻，在昆明，我想起了玉溪的红塔集团……中国的改革、资本市场的改革还需要更快，不是吗?!

[备注：本文不构成买卖股票的建议，特此声明!]

2007年5月31日

怎样评估茅台的价值?

我非常不愿意向人推荐股票，包括亲近的家人与友人。他们问我什么股票，我总是回答不太知道，对不了解的企业，我也确实不知道。我们的精力就是投射在我们感兴趣的企业上。所以，我只能说投资了什么，而不像巴菲特先生，你问他什么他可能都会说不知道。当然，在这点上，要学习巴菲特先生也不容易，你要有决绝的心态与不愿分享的态度，哪怕就此冷淡一些亲情与社会关系。

当然，我是愿意分享投资智慧的人，但我希望投资者最好是在兼容并蓄中，寻找你自己认同的一些观念和想法，进而对自己的投资有帮助。我想交流的是一种理念和方法，甚至是一种思考方式，而不是买卖什么、如何买卖。请珍视你自己的理智、智慧、思想、洞察力和判断力！

2007年11月4日，一位友人问我怎样评估茅台的价值？

我反问了一句："茅台在国民革命战争末期是0.8元~1元/斤。30年前茅台酒是7元/斤［20年前（80年代初）国家放开白酒价格，茅

北京市历年最低工资标准（1994年度~2006年度）

生效日期	月工资	小时工资	文件依据
1994 年 12 月	210 元/月	1.10 元/小时	京政府[1994]25 号令
1995 年 7 月	240 元/月	1.40 元/小时	京劳资发字[1995]597 号
1996 年 7 月	270 元/月	1.60 元/小时	京劳资发[1996]161 号
1997 年 6 月	290 元/月	1.70 元/小时	京劳资发[1997]88 号
1998 年 7 月	310 元/月	1.80 元/小时	京劳资发[1998]93 号
1999 年 5 月	320 元/月	1.90 元/小时	京劳资发[1999]82 号
1999 年 9 月	400 元/月	2.30 元/小时	京劳社资发[1999]90 号
2000 年 7 月	412 元/月	2.46 元/小时	京劳社资发[2000]117 号
2001 年 7 月	435 元/月	2.60 元/小时	京劳社资发[2001]164 号
2002 年 7 月	465 元/月	2.78 元/小时	京劳社资发[2002]86 号
2003 年 12 月	495 元/月	2.96 元/小时	京劳社资发[2003]215 号
2004 年 6 月	545 元/月	3.26 元/小时	京劳社资发[2004]82 号
2005 年 7 月	580 元/月	3.47 元/小时	京劳社资发[2005]86 号
2006 年 7 月	640 元/月	3.82 元/小时	京劳社资发[2006]93 号
2007 年 7 月	730 元/月	4.86 元/小时	京劳社资发[2007]111 号
	年均复合增长率为+10.06%	年均复合增长率为+12.11%	

台酒是8元/斤。20年来茅台酒价格的变动情况：1986年零售价为8元加120张侨汇券；1987年用侨汇券核成零售价为128元；1988年国家核准的零售价为140元；2001年8月提价18%后的出厂价格为218元；2003年10月出厂价提高23%，为268元；2006年2月10日出厂价提高15%，为308元；2007年3月1日出厂价提高16%，为358元；2007年三季度零售价已经突破600元，有些地方已接近700元。（部分数据来源：华夏酒报·中国酒业新闻网）]，过去30年茅台酒价格上涨了80到100倍，你认为未来30年茅台酒价还能上涨80到100倍吗？”她说：“不可能涨这么多!”我又问：“那涨50倍有可能吗？”看她迟疑的样子，我知道她有点怀疑这种可能性。“那20倍呢？”她说她回答不了这个问题。

我给了她一个提示与答案。

据说，750毫升法国路易十三在法国的零售价格低于法国最低工资标准。季克良说按茅台的定价原则，“要让连打工族也能一年喝上一瓶茅台”。我们可以以此为依据，根据北京市最低工资标准的涨幅为参照，来判断茅台酒今后可能的价格轨迹。

我们以茅台酒现价600元为例：

一、按照季克良所阐述的，能够让大城市最低工资标准的人群承受的原则：

1. 按同比8%的价格调升幅度（低于北京最低工资标准上涨幅度）：

$600\times(1+8\%)^{30}=6037$（10倍）

2. 按同比10%的价格调升幅度（大致等同北京最低工资标准上涨幅度）：

$600\times(1+10\%)^{30}=10470$（17倍）

工资是否按照10%的既有速度调升，这可能和GDP增长速度有关系，也应该和CPI有关系。所以以30年的角度来看这个比率，需要考察GDP和CPI的幅度。经济是否能够按照10%的速度增长30年，是工资涨幅的关键因素。如果茅台的定价增速参考工资幅度，那么经济增速就是最终决定因素了。这个从逻辑上也并不矛盾。当然到了经济高度发展的阶段，茅台的整个品牌和运作，似乎已经可以一定程度上脱离经济本身的增速，有自身的发展策略。当然，考虑工资变化，还要考虑中国是否面临“刘易斯拐点”（劳动力过剩向短缺的转折点）。过去30年中国经济发展长期处于劳动力过剩阶段，一旦面临“刘易斯拐点”，劳动力成本与工资上升将是经济发展的必然结果。

二、如定价原则不再遵循上述逻辑，更着重向奢侈品牌发展：

1. 按同比12%的价格调升幅度：

$600\times(1+12\%)^{30}=17976$（30倍）

2. 按同比15%的价格调升幅度：

$600\times(1+15\%)^{30}=39727$（66倍）

如果茅台不再坚持既有的定价策略，更多参考实质的通涨水平(涵盖房价等更广义的物价水平)，则以类似15%的较高速度提升价格也是可能的。

评估茅台价值需要综合考量，此处我们只是从酒的价格出发来考虑一个侧面的问题，不考虑出现极端通涨的情况下（例如战后德国出现过的极端高涨的通涨水平）。

过往30年不到的时间中，中国经济的发展模式，从计划体制向市场化转变，极大的释放了生产力，创造财富的速度是极其惊人的，消费承受能力的提升也是同等量级。未来的中国经济发展，更大可能是目前市场化的深化，但是经济发展的基数已具备一定规模，产业到达一个阶段，是否与此前的经济增速保持一致，也是另一种思考角度。

不过，当我问上文提及的朋友“你认为未来30年比过去30年，通涨率是更高还是低”时，她不再犹豫，她说：“一定会更高。”这也是一种思考角度。

我们也可以采用某种形式的贴现现金流（DCF）方法，最核心的问题是：根据茅台的经营情况，对其未来10年的复合增长率提出合理假设，基于新增产能的投产，茅台酒出厂价格的合理提价幅度。

利润的复合成长速度的推导如下：

(1) 产量的提升

茅台酒厂在2006年之前每年新建产能1000吨，2006年开始每年新建产能2000吨。茅台酒2007年全年销量预测9600吨，2008~2010年此三年从酒成熟度考虑，每年新增量应该至少1000吨，而2006~2010年产能建设的10000吨，在2015年释放成产量，那么2015~2017年的估计总产量为22000吨。

茅台酒产能释放时间表

年份	新建项目	释放年份	当年总产量
2001	1000吨茅台酒改造	2006	7000
2002	1000吨茅台酒改造	2007	8000
2003	700吨项目	2008	9500
2004	700吨项目	2009	11000
2005	1000吨项目	2010	12000
2006	2000吨项目	2011	13000
2007	2000吨项目	2012	15000
2008	2000吨项目	2013	17000
2009	2000吨项目	2014	19000
2010	2000吨项目	2015	21000

备注：由于生产效率会高出实际产能，预计2017年的实际产量会是22000~23000吨。

(2) 价格的上涨

53°贵州茅台2001~2008年涨价历程

时间	调整后出厂价（元/瓶）	提价幅度（元/瓶）
2001年8月	218	40
2003年10月	258	40
2006年2月	308	50
2007年3月	358	50
2008年1月	438	80

出厂价的年均增幅在11.65%，略高于北京等城市居民最低工资的年增长幅度。

考虑到农产品和家庭生活整体成本的上涨速度，在未来时间中有加速迹象，城市居民最低工资的年增长幅度，有希望上升为12%以上。茅台酒在未来10年中维持12%以上的年价格涨幅，有很大机会。

(3) 销售收入的净利率

由于茅台酒的价格提升速度，会超过原料成本和各项费用的上涨速度，以及考虑年份酒的销售占比提升，2008年的所得税率下降，广告费有可能的税前抵扣等带来的影响，未来的净利率仍有上升的空间，假定为从2007年的35%左右上升至45%。

利润的复合增速

$$\sqrt[10]{\left(\frac{22000}{9600}\right)\times(1+12\%)^{10}\times\left(\frac{45\%}{35\%}\right)}-1=24.78\%$$

我们推断2009年到2018年茅台复合增长是25%，terminal value (期末价值) 取2019年每股盈利的25倍，贴现率为8%，茅台每年派发当年净利的30%作为红利，在上述假设下，茅台的合理价值为283元。需要注意的是，模型中关键参数的合理调整，就会导致估值结果的较大变动。另外我们也没有考虑茅台有更多产能的情况，有次我去开股东会，请教茅台最多产能达多少吨？高管说："茅台镇所有的地拿来酿酒，能酿10万吨，比较确定的是约5万吨。"

当然，还有其他一些估值方法评估茅台的价值。价值投资是一个具有巨大包容的投资流派，拥有鲜明的原则和底线不代表呆板和缺乏创新，打开我们的"天灵盖"思考投资很重要，同时审慎对待估值更有利投资。我们只是提供一种理念、一种思考的逻辑和一种分析思路，请让我们具有成熟的心智取向和宽厚的包容精神。

[备注：本文不构成买卖股票的建议，另部分内容由周明波先生协助完成。特此声明！]

2007年11月15日

感受格力电器股东大会

本来计划2007年6月29日上午10点去香港参加味千（中国）公司的股东会，下午赶到珠海参加格力电器的股东会，因为证件原因，香港未成行，只能专注格力的股东会。

下午两点，到达格力在金鸡西路的厂区，厂区后面有一座郁郁葱葱的大山，办公楼无论外观与内饰均透着现代气息，让人感觉好像不是在一个工业厂区而是身临写字楼。

两点稍过，股东会开始。原想这个股东会与我经历的大多数股东会一样，听听然后看看翟敬勇先生或其他人的股东大会记录就可以了，但随着问答环节的持续进行，我有点遗憾没有带周明波先生来，他有时用录音笔记录主要的问答环节，协助其整理和思考。

如果有录音笔的帮助，我一定付出哪怕再多时间与精力，也要让尽可能多的朋友分享这精彩的两个小时。当然，精彩是由具有人格魅力的格力董事长朱江洪先生与总裁董明珠女士带来的，他们两人的搭档可谓天作之合，普普通通的问题经他们珠联璧合的回答，顿时充满智慧、思想与感召力。这是我在国内参加这么多股东大会，经历的个人认为最精彩的问答环节。

伟大的公司一定有让我们能感受其人格力量的领导人，这是我们在中国所投资皇冠上明珠式企业所能感受到的，这也是中国的福气，中国应该为拥有这样一批让人尊敬的企业家而骄傲。而作为投资者，能找到将财富交于我们信任的人来完成持续的积累与创造，也是一件幸运的事。

让我们来看看，能给我们带来价值与财富人的思想、境界与那优美充满力量与智慧的语言：

制造业要有“工业精神”——

董明珠女士：“在制造业中，如果商业精神占据主导地位，将

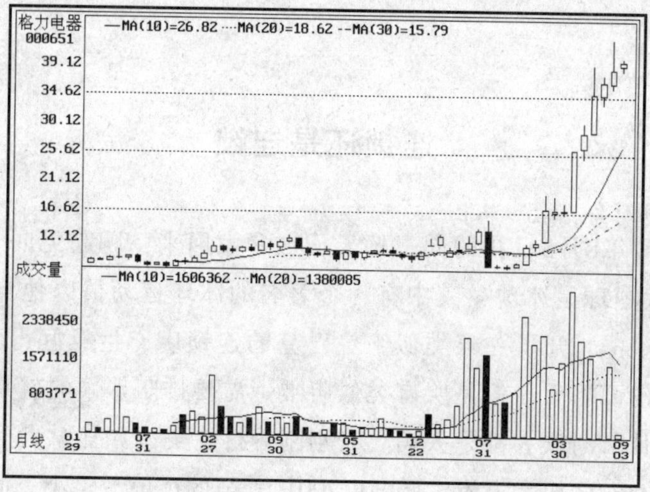

格力电器股价月K线图(2003年1月~2007年9月)

会使企业的生存发展远离工业精神，使得工业家们也像商人一样行事，其结果必然是工业行业的短期化和商业化。就会更富于投机性，更短视和产生更多不正当的竞争。”

朱江洪先生：“工业精神就是要有吃亏精神、奉献精神和对社会的高度责任感。”“一个没有创新的企业，是一个没有灵魂的企业；一个没有精品的企业，是一个丑陋的企业。”“制造业需要以诚信为核心的工业精神。”

走访上市公司是幸福的，伟大的公司是相似的，不好的公司各有各的不同。你在伟大企业身上感受的有时候不仅仅与财富有关，它还和人们的思想、境界、信念、远见、坚强、执著、奉献等等相关联，它是每一个时代生生不息循环的一部分，也是让人感动心灵的一部分！

[备注：本文不构成买卖股票的建议，特此声明！]

2007年6月30日

连锁还是连锁

2007年8月3日我的同事杨云从加拿大回来，聊起见闻。他说："加拿大国球是冰球，其中有一个著名的冰球运动员以他自己名字Tim Hortons，开了一家类似于星巴克的连锁店，生意好得不得了，每家店门面不大，但是所有类似店唯一需要排队等候的就是它，而且好像什么时候去都是人满。它刚刚分拆在美国和加拿大上市，目前市值约60亿加币，相比星巴克200亿美金的市值，略小。但感觉星巴克受到的威胁更大些，现在星巴克与Tim Hortons都在相互向对方地盘渗透，但相较下Tim Hortons比星巴克价格便宜、亲和力强。在加拿大人们有点把Tim Hortons当成第二个家、像家里客厅的感觉，而它多数的店就开在社区里。"

杨云说，还有一家Applebee's的连锁企业，在全美有2000家左右的连锁店，10年来稳定增长，2006年销售收入增长9.9%，市值19亿美金，被一个基金以21亿美金、1.2倍的PEG收购。这让他想起味千拉面。

我们关注味千拉面、小肥羊等企业也有一段时间了，因为按中国的人口数量、城市基数，类似的企业应该有胜出的概率。比如味千拉面，公司在招股日拥有122家店铺，截止2007年6月29日股东大会日拥有152家。公司开店的基本策略是每50万人一个店（上海南京路上的四家店，例外情况）；富裕地区（珠三角和长三角），一般30~40万人口一个店；中国有660多个城市，公司目前只进入了30个左右。

不过，"虽然内地市场随着经济的迅猛发展以及居民消费能力的不断提高，国内特别是城市的生活节奏不断加快（下厨时间的不断减少），消费者尤其是白领阶层，更愿意选择一个环境优雅的餐厅加大外出就餐的开支，为味千等快速便利经营商提供了巨大商机"

中国快餐店公司以收入计排名

	2004	2005
1	中国百胜餐饮集团	中国百胜餐饮集团
2	北京小土豆企业(集团)有限公司	麦当劳中国有限公司
3	德克士食品开发有限公司	德克士食品开发有限公司
4	西安市饮食服务(集团)股份有限公司	北京吉野家快餐有限公司
5	马兰拉面快餐连锁有限责任公司	上海领先餐饮管理有限公司
6	河北千喜鹤饮食股份有限公司	真功夫餐饮连锁机构
7	上海领先餐饮管理有限公司	马兰拉面快餐连销有限责任公司
8	上海弘奇食品有限公司	大娘水饺餐饮有限公司
9	上海上岛餐饮连锁经营管理有限公司	丽华快餐有限公司
10	苏州迪欧餐饮管理有限公司	深圳面点王饮食连锁有限公司

(见《味千（中国）控股有限公司招股章程》)。但看看2004年与2005年前十名快餐连锁企业的排名表的变化，北京小土豆、西安饮食、河北千喜鹤的收入排名滑落，也可想见这个领域竞争的激烈程度。

杨云说：“我在香港机场的foodcourt吃午饭，有大概五六家快餐性质的餐厅，其中就有味千。在两个多小时的时间里，只有味千一直是排队的，一张单一个号，12点的时候，我的号是536号，我据此测算，这家最多50平方米大的店，一天的营业额能做到10万港币。香港机场南来北往的客人，应该说各色人等，非常具有代表性，这充分说明了消费者对它的认可程度非常之高。”目前味千大陆的翻台率是6~8次，香港已达到10次甚至15次（香港已经没有提升空间，虽然很多地方还在排队)，这说明杨云在香港机场foodcourt的感受，估计是一个普遍现象。

有分析师认为味千中国类似yum集团的年轻时代——百胜餐饮集团是全球餐厅网络最大的餐饮集团，在全球100多个国家拥有超过

34000家连锁餐厅和85万多名员工。其旗下包括肯德基、必胜客、塔可钟、A&W及Long John Silver’s（LJS）五个世界著名餐饮品牌，分别在烹鸡、比萨、墨西哥风味食品及海鲜连锁餐饮领域名列全球第一。2005年百胜全球营业额达93亿美元，其中包括直营和加盟费收入。

快速便利行业的成功更多地取决于品牌知名度的推广以及口味独特性、注重营养健康、良好的服务以及舒适的进餐环境，这些方面味千一直在进步。味千中国今天的市值约87亿港币，但它要想真的成为百胜餐饮集团这样的公司，不知还有多少艰难的路要走。甚至味千中国这个有点“日本”味道的名字［味千是在英属殖民地开曼群岛注册的香港公司，在中国大陆经营日式产品（糅合中国饮食文化元素）的企业］，也让人怀疑它在中国能发展成大企业吗？

不过，从味千中国到其他快餐连锁企业，还是有机会在中国这么广阔的市场中获得长足发展的。

［备注：本文不构成股票买卖的建议，特此声明。］

2007年8月3日

押斗胜的鸡王

2007年8月10日，中欧学院教我们《市场营销学》的柏唯良（Burgers Willemp）教授在给我们授课的过程中提到不断上涨的中国股市，他用“鸡笼里的鸡”做比喻，形象地解释了股市为什么上涨的道理。

如果将100只鸡关在一个笼子里，开始的时候一定天下大乱，只有等打斗的局面结束，有死去的、有柔弱的，最后取得平衡的时候，强者才更强。处于蛮荒时代的企业竞争是非常残酷的，目前中国企业的市场竞争，龙头企业基本成型并已渐渐走向品牌经营的时代，能留下来的企业开始有了好的收益与业绩。2007年6月30日以前上市的1364家公司，上半年实现净利润1897亿，较去年同期增长79.12%。这个业绩的取得，也许部分跟产业集中度的趋势有关，这也许是支持股价上涨的一个原因。

这也是分析问题的一个角度。以房地产行业为例，国务院发展研究中心、建设部政策研究中心、全国工商联房地产商会及中国经济年鉴社近日共同发布了《中国房地产企业竞争力研究报告》。《报告》称，尽管我国房地产市场近年炙手可热，但我国房地产企业的规模化程度不足。美国最大的5家房地产企业在全国住宅市场的份额占到了15%，其中最大的房地产企业普尔特公司占全美住宅市场份额的4%。香港最大的10家地产集团的开发量约占香港总开发量的80%左右，市场集中度更高。我国房地产公司数量达到5万余家，排名前10位的房地产企业的市场份额加起来不超过6%，最大的房地产企业万科在全国所占份额不过1%。地产业有竞争和淘汰，宏观调控必然使许多小房地产企业倒闭，以后能有一定市场规模的企业很可能不超过100家，而这100家企业中的翘楚，将占有最大的市场份额，有最好的利润。未来20年内，中国可能是全球房地产领域内规模最大、增长最快、购买力最强的市场。

类似房地产行业变化的趋势，在各行各业中都有表现，最后，各行各业都会有斗赢的公鸡，这个过程也少不了“外国雄鸡”加入战斗。谁是最后斗胜的公鸡，谁是鸡王?！也许谁就是未来最大的赢家！

2007年8月10日

中国核心城市的房价有可能世界第一

房价的长期趋势与我们的投资休戚相关。常有朋友问我对地产股如何看的同时，会顺带问我对房价怎样看?我通常回答：长期看，中国核心城市的房价有可能成为世界第一。为什么？

导致房价上涨的根本原因，在于经济的发展与供需结构的变化。经济发展必然导致地价的上升，地价是经济发展的函数，最终一个国家的经济发展了，其结果一定会通过土地与房屋价格的变化反映出来。2007年7月19日，中国国家统计局公布了上半年国民经济运行情况，同时也公布了修订后的2006年GDP现价总量为21.0871万亿元，比初步核算数据增加1464亿元。许多经济学家预测，中国在2007年年底会取代德国成为仅次于美国、日本的全球第三大国家经济体。中国经济能在不到15年的时间里，连续赶超世界传统诸强，从世界第十一位奔到第三位，这个意义是重大的。

30年来，中国已由低效率单一低水平的经济体，逐渐演变成一个新兴经贸产业大国，这从根本上改变了中国和多数中国人的生存状态。一个世界共识是——中国正在急速融入世界，其正站在“大国之路”的出发台上。根据日本经济研究中心对世界经济的预测，到2020年，中国的经济规模将超过美国成为全世界最大的经济体。从有记载的历史看，如果中国真有此成就，也并非新鲜事。据高盛公司研究预测，1825年中国和印度在世界经济中所占的份额约为40%，与高盛公司预测的2025年两国在世界经济中所占的份额相同。而据专家以可超越国家和时代进行比较的“国际美元”推算，中国在世界生产总值中所占比率，从公元前2000年到19世纪中叶，一直占20%多至30%多，后因战乱等原因，20世纪中叶降到了4%左右。从历史的视角看，占据了全球五分之一人口的大国，“重归超级大国”的行列，应该是情理之中的事情。在一个经济持续发展速度达到两位数的较长的经济周期内，出现加息周期和通货膨胀的可能性几乎是一种必然，而经济发展速度达到两位数，几乎不可避免地要伴随地价和楼价的上涨，这是客观规律。

从中国房地产需求的角度，抛开政治化的房地产讨论，影响国内房地产市场的基本因素，还是需求。联合国人口基金公布的《2007世界人口状况报告》指出，中国有660多个城市，几乎其所有的工厂都位于或邻近城市，不像美国有许多大公司总部就在乡村小镇子上。按有关计划，在不到10年里，中国人口的一半以上约8.7亿人将成为城市居民；届时将出现83个人口在75万以上的城市，但其中仅有6个城市能为500万以上的居民提供住房。到2005年底，中国的城镇人口为5.6亿，在未来十年内中国将新增3亿多城市人口。联合国的报告估计，每年有1800万农村人口将转为城市人口。而中国大学生人数增长速度也十分可观，这些学生中有相当比例的人要留在中国的核心城市发展，这也是房屋需求的力量。据统计，2002年大学毕业生人数是145万，2003年为212万，2004年增至280万后，2005年突破300万，2006年又突破400万。教育部长周济在2006年大学毕业生就业工作会议上说，“十一五”期间，全国将有2500万以上的普通高校毕业生需要就业。这意味着未来5年中，每年至少有500万人从大学毕业。这些新增的城市人口，将会成为国内房地产市场增长的巨大动力，这是影响中国房地产市场价格的一个基本因素。

从房地产供给的角度，中国国土面积960万平方公里，仅次于俄罗斯与加拿大。据统计，中国实际耕地面积约20亿亩，位居世界第三位；有林地面积19亿亩，居世界第六位；草地面积约60亿亩，居世界第二位。与土地利用紧密相关的河川径流量2.7万亿立方米，居世界第六位。但按人口平均，中国人均占有耕地1.65亩，仅为世界平均数的1/3；人均草地5亩，为世界平均数的1/2；人均林地1.5亩，仅为世界平均数的1/6；人均水资源2300立方米，为世界平均数的1/4。到21世纪中叶，中国人口达到15~16亿时，人均占有实际耕地面积将下降到1.1~1.2亩，占有淡水资源也将下降到1800立方米，水土资源供求将处于危急状态。另外中国水土资源分布不平衡，北方地多水少，南方地少水多，组合错位，加剧了资源的紧缺性。据联合国粮农组织统计，目前全球蔬菜的48%、猪肉的47%、水产品的33%、粮食的22%都被中国人吃掉了。2007年猪肉与食品价格的上涨，也许是中国从农业国转向工业国家的一个重要信号，如果中国无法避免这种转制，保证土地、水资源的可持续利用与农业的可持续发展，也许会有越来越多的农产品需要进口。考虑未来，如何保证庞大的人口群和高速的经济社会发展对土地、水资源的需求，将是中国经济社会发展过程中的一个严重挑战。当然，还有环境因素的挑战，仅华北地区每年就有1506平方公里耕地将变成沙漠。

因此2006年中央提出一定要守住2020年18亿亩耕地的红线，如果能坚守，那就意味着未来14年时间，中国年均可减少的耕地面积仅为200万亩（1333.4平方公里）左右。按照中金公司的统计数据，即便减少的耕地全部用于城市建设（2005年耕地减少542.5万亩，其中59%用于城市建设；2006年耕地减少460.2万亩，其中84%用于城市建设），在面积上也仅相当于每年增加1个北京市，或者1.5个上海市，或者3个重庆市。目前我国人口年均增长约为1600万，如果按照2006年城市人口密度估算，每年将需要新增314万亩（2096平方公里）的城市建设用地，用地缺口114万亩（2006年城市人口密度131平方米每人，314万亩，缺口114万亩；国家规定人均合理建设用地87平方米每人，208万亩，缺口8万亩）。这就是中国房地产市场供给的现实情况，中国地价、房价上涨的根本原因——除去经济高速发展的原因外，核心问题从“供需角度”分析——也是需求远远大于供给。

我们再来看看深圳的情况，据广东省统计局最新人口分析报告，由于大量流动人口聚居珠江三角洲，使2005年珠三角人口密度达到了1035人/平方公里，而广东省常住人口最多的是广州和深圳，2005年的人口密度分别达1277人/平方公里和4239人/平方公里，广州1500万人口，深圳约1200万人口，两个中心城市的常住人口已逼近“临界点”状态，达到人口承载的极限。深圳现任市委书记李鸿忠先生在2005年一次城市规划会议上说：“土地资源紧缺消耗严重，五年后深圳可能无地可用。”深圳市土地总面积1953平方公里。其中，974平方公里为基本生态控制线，属于必保用地。在发展最快的十几年里，深圳年均增加建设用地近30平方公里，而在近千平方公里的可供建设用地中，已有800多平方公里用完，剩余不过200平方公里，而且已经几乎没有可供成片开发的土地，按照目前这种态势，“十一五”期间，全市的建设用地就将消耗殆尽。这就是深圳土地资源的现实情况，但与此同时，深圳的经济发展二十多年跨了五大步。自1979年开始，用了18年的时间，使社会生产总值达到第一个千亿元，第二个千亿元用了5年，第三个千亿仅用了两年，第四个千亿用了一年，第五个千亿用了一年。2006年深圳市实现GDP 5813.56亿元，经济总量直逼6000亿元的新台阶。“十五”期间，深圳本市生产总值年均增长16.3%，未来10年，深圳的GDP总量将肯定超过万亿元。深圳政府也制定了一个2010年人均GDP要达到1.2万美元的目标。从数据上看，深圳将在2008年，成为人均GDP首次超过1万美元的中国内地城市。广州和上海也预计将在2010年达到人均GDP超过1万美元的目标。按照世界银行的衡量标准，人均GDP超过1万美元是公认的从发展中状态进入发达状态的标志线。日本人均GDP是在1984年超过了1万美元，香港、新加坡、我国台湾和韩国的人均GDP分别是在1987年、1989年、1992年和1995年超过了1万美元。也就是说，不远的将来，深圳人将像24年前的日本人一样进入“发达地区”，而这才刚刚开始。最近由多名香港前官员提出的《建构“港深都会”》的研究报告提出——打造中国第一个顶级国际都会构想，报告估算，若“深港都会”CDP保持午均约8%的增长率，到2020年，“深港都会”的经济总量将达到1.11万亿美元，超过伦敦、巴黎、芝加哥和洛杉矶，仅次于纽约、东京，跻身世界城市带第三位。

一方面是土地资源的竭尽，一方面是经济的高速增长和需求的不断提高以及国际都市化发展的趋势，这也许就是深圳房价与洛杉矶的豪宅比肩的原因。在美国的时候，我也想过类似的问题，如果中国的房价不断上涨，为什么我们不能搬到加拿大、澳洲、美国去生活？可惜我们是中国人，也许骨子里流淌的血液已适宜了这块土地，让我搬去洛杉矶华人聚居区，我还是不适宜那里的人文和环境，更别说无法融入美国的上流社会，只能在华人圈子里打转转，远不如火热的中国生活来得热情、奔放、刺激、满足、更有心得与收获。

美国富豪们喜欢以大片土地作其游乐场，并以此作为身份的象征。网上零售商亚马逊创办人贝索斯多年来收购了多个牧场，令他以30万英亩地占美国地产月刊《THE LAND REPORT》地主榜第23位。年近七旬的时代华纳前副主席特纳现于全球7个国家拥有15个牧场，占地200万英亩，更是美国最大私人地主。美国农业部数据显示，2006年当地农业用地价格比2005年锐升15%，至每英亩1900美元。但美国3亿左右的人口生活在与中国的国土面积相近的937万平方公里的土地上，而中国与之不可比的是美国的国土面积中适宜耕作的面积高达90%。国土辽阔，耕地广阔，气候温和，这是人类居住和产业发展的基本条件，美国的人口和产业分布几乎可以不受土地条件的制约。如果中国人的居住方式，也像美国一样，我跟朋友开玩笑："上海人恐怕要住到南京，南京人要住到合肥，合肥人要住到郑州，郑州人要住到西安，依此类推很大一部分中国人要住到沙漠里了。"所以，中国要发展只能集约土地，高密度、向空中发展，这是一个必然的趋势。但对那些想住类似美国大宅的朋友，只能花费比在美国甚至欧洲多得多的钱了，这恐怕也是一个接力赛的过程与结果。因此，十年、十五年、二十年以后，中国核心城市核心地段的房价有可能达到世界第一，也没什么可奇怪的。

伦敦就曾以优惠政策吸引全球富豪积聚城市财富。伦敦豪宅价格曾在2007年2月创下28年来最大的月涨幅，达31%。当地房地产商莱坊国际物业（KNIGHT FRANK）编制的每月房价指数显示，2月伦敦豪宅的平均价格较去年同期增加31%。莱坊所指的豪宅是价值超过300万英镑（约4561万人民币）的独立屋，或超过150万英镑（约2281万人民币）的住宅大厦。莱坊住宅研究业务主管贝里说："过去两年伦敦市中心房价的上涨速度，比英国其他地区高出两倍，这种涨势主要限于市中心区。如果今年上涨20%，我也不会惊讶。"美国《新闻周刊》2007年3月19日一篇文章"全球大城市楼市缘何高烧不退"一文中曾描述："10年的牛市使超级富人的队伍明显壮大，以至在巴黎和布宜诺斯艾利斯'收藏'临时公寓，就像富人收藏汽车或美酒一样。热门城市对豪华住宅的需求超过供给，价格自然贵得吓人。这在豪华地段尤其明显，那里的增长率往往是整个城市平均水平的两三倍。仲量联行住宅调查部负责人休·福克斯利说：‘这里存在一个有趣的矛盾：这些买主不会守在某个地方，而在全球各地飞来飞去，但他们的购房范围大概只在100条街道里挑选。’穿行于世界各大城市的商界精英喜欢在工作的地方优雅地生活。在上海这样的城市，银行和保险等高档服务业非常集中的地方房价直线上升……同样的情况也出现在印度，商业中心孟买黄金地段的房价2006年猛涨90%……”

“维持一个比较高的房价限制进去城市的门槛，西方经济学认为这是一个规律性的东西。”相比我们靠户籍制度、靠行政手段人为改变不同人命运的方式，这个选择也许更文明更符合自然规律。试想如果中国能真正做到迁徙自由，北京、上海的房价可能又要上一个新台阶。同样的分数一个可以上北大、清华，一个只能上普通本科，为了孩子的未来，中国的富翁一定会聚集上海与北京；得小病可以在小地方治疗，但得大病还要到北京与上海；还有艺术欣赏等等。世界级富翁他们有着自己独特的文化品位和消费要求。如果中国二十年后真成了全球最大的经济体，如果富裕人口能达到20%，就等于美国整个国家的人口，中国的核心城市如北京和上海，也许二十年后能有这样的魅力推动城市集聚财富，走向世界。当然这需要中国走好关键的每一步！

2007年7月29日

由中石油思虑我们的未来

2007年10月25日，同事给我发来短信：“巴菲特已沽空中石油，假如我们的客户再来港币，我们再买，我无法说服自己，你如何思考？”

我回复：“油价如何？是否能上涨这是关键！供求关系决定油价上涨是根本……学老巴不能太机械！我们要学习的是巴菲特的价

值投资的思想和坚持，而不是他买卖什么，何时买卖。”

根据公开资料，巴菲特先生卖出中石油的理由是，“他在油价30美元一桶时，能判断到75美元一桶，但现在80、90美元一桶的价格，他判断不了油价的趋势”。东方港湾从2004年到2007年一路买进并持有中石油与中海油H股，并不仅仅基于巴菲特先生的投资，也是源于油价的判断。

世界石油产量什么时候达到顶点？有说到2030年会减半，也有说全球石油产量已在2006年达到顶点。世界石油峰值研究会（ASPO）主席Kjell Aleklett通过研究得出世界石油最高峰值将出现在2015年左右，中国石油大学（北京）副校长庞雄奇指出，继美国之后，世界上已经有63个国家进入或者已经越过了石油峰值期。剑桥能源咨询公司分析了811个油田的产量。2007年全球生产的320亿桶石油中，190亿桶石油是由这811个油田生产的，其中包括沙特阿拉伯的盖瓦尔等大油田。马修·西蒙斯曾在《沙漠黄昏》一书中说沙特的几个大油田在1981年就已经达到峰值。但不管怎样判断共识是：不远的将来石油产量在达到顶点后将急剧下降。德国的能源观察学会估计全球石油蕴藏量的官方数字大约为12550亿桶，以目前的消费量可供应42年，但是实际蕴藏量只有这个数字的三分之二。目前全球日产油量约为8100万桶，到2030年将降至3900万桶。

如果以上对石油峰值与产量的预期正确，那么不远的将来，石油价格可能还会更高。国土资源部油气资源战略研究中心博士景东升认为，中国的石油高峰期会出现在2020年以后，峰值产量大约在2.2亿吨。这将对中石油与中海油非常有利，它们还将有13年左右的幸福时光。所以，在石油股上再坚持几年也许会有更好的回馈，当然我们也在比较中石油与中海油哪个更好。

不过，如果石油价格真的达到比如说150美元一桶，对公路的使用也许会通过定价进行管制。当然，更严重的是四五十年对人类来说实在是短暂的一瞬。如果上帝祝福我们有足够的生命力——能活到八九十岁，也许我们会看到和今天非常不一样的世界。没有了原油与矿物资源，今天的工业将面临革命性的变革。那一天来临的时刻，也许我们家家户户的阳台上要架着一口口利用太阳能的大锅，房顶上支起一个个发电的风车。我们的能源从哪里来？100年、1000年后以及更久远的岁月，也许只有太阳能、风能与水力发电。当然，不知道是否有一天，人类能发明将海水变成可用的燃料？

不过，由中石油思虑我们的未来，中石油与中海油需要积极占领新能源的制高点，大力开发包括生物能源和生物化工等产业。中海油已提出向综合性能源公司转变，也将建成第一个海上的风能发电站。未雨绸缪，中石油与中海油的这些准备一定需要大量的资金投入，当然也增加了不确定性，它们的好日子也许还能持续十几年，但就长期的确定性来说，水利发电企业也许是最好的替代投资对象。在所有眼下能看到的能源中，水力发电成本最低，持久性最强，能源供应的持续、及时、可靠和价格均可承受。当然，没有水也就没有了人类。

[备注：本文不构成买卖股票的建议，特此声明！]

新的投资想法来自哪里？

投资永远不会一成不变，我们也希望发现未来最有价值的好企业，那么这些新的投资想法来自哪里？我想首先是阅读，阅读非常重要。学生时代阅读的许多著作，现在都成了我的宝贵财富。现在我的阅读能力对我也非常重要。巴菲特尽管十分努力在阅读，但还希望上帝能让他阅读的速度更快一些。我们应该学会与“死去的伟大的人”打交道，为什么？全世界曾经和正生活在这个地球上的有上百亿人，但是真正可以留下著作，能让一代代人汲取思想、智慧与营养的非常之少。你看一晚上这些伟大的思想者留下的著作，与他们进行精神上的交流，收获一定非常大。这里面蕴藏着取之不尽的财富，也是我们智慧的源泉。

另外，我们也注重当下的东西，来源会有很多种，如常识以及经济类（也包括很多非经济类）的杂志和报刊；与投资行业、其他行业的专业人员交流；参加各个行业的研讨会等等，都可能给我们以启发。我们并不是争取抓住所有的机会，而是把握能够把握的机会，这需要敞开心胸去倾听，观察社会和人群的变化，而不是固执己见。

我们不会去讨论当前的热点板块，因为我们的投资将持有足够长的时间，买得比人家早，或者晚一点，根本不是决定结果的因素。巴菲特现在才买入Wal-mart，就是个例子。

例如，我在好几年前观察到，尽管女儿还很小但已经开始频繁使用互联网，个别朋友已经把QQ号印制在名片上。这促使我去关注互联网公司，现在我们持有香港股市中的腾讯控股。

之所以投腾讯，因为它是一个互联网消费型企业，不是一个互联网企业，不是要靠互联网技术更新取胜的企业。它是一个互联网消费平台，是一个通路型企业。我们从全面的角度来理解这个行业，如果真是波动很大，我们也不会投。比如说一个大学生在深圳读大学，暑假想去上海玩10天，可以在腾讯上花两毛钱挂一个广告，看有没有人在上海出租一个铺位或者是一个房间，只租10天。这个平台可能部分代替房地产中介的作用，在这个平台上会有无数眼睛，最后就是在这个平台上进行交易。它可以做很多增值业务。

好企业永远不会枯竭，但它需要我们用心寻找、用耳聆听，用积累的知识和经验甄别。互联网给了我们一个平等竞争的平台，善用它也会提高我们投资信息的来源。

读《气凝胶，改变世界的神奇材料》有感

2007年8月21日晚，看到一篇8月19日发表在英国《星期日泰晤士报》被新华网等媒体转载的文章《气凝胶，改变世界的神奇材料》。文章中说“气凝胶轻得被称为‘冻结的烟雾’，却可以抵御炸弹

爆炸；它是最好的保温材料，能够隔绝极端温度；它又是‘最佳海绵’，可用来过滤污水。它就是气凝胶，几乎可以应用于任何领域。”

从我们投资烟台万华的经验看，如果新材料有更好的性能、更广泛的适用性并适合于升级替代旧产品、更环保经济，其技术又具有高度垄断性，那么我们就应该密切关注此材料的动向，如果某家或少数几家公司拥有这项专利，而且壁垒足够高的话，那么财富就会在行业出现足够多的竞争对手前滚滚流向独享专利或者经常“开咖啡会议”的寡头企业联盟。

现将英国《星期日泰晤士报》8月19日发表的文章——“科学家称气凝胶将是改变世界的材料”，转摘如下：

进入21世纪，有一种神奇材料将能使你的房子抵御炸弹爆炸，它还能清除水中的污染物，甚至帮助人们飞上火星。

这就是气凝胶，世界上最轻的固体之一。它能承受1000公斤炸药的爆炸冲击波，还能隔绝1300摄氏度以上的高温。

科学家正在开发这一材料的各种新用途，从新一代的网球拍到能帮助人类登陆火星的超级保温太空服。

相比过去发明的神奇材料———如20世纪30年代的酚醛树脂，80年代的碳纤维，以及90年代的硅等———气凝胶的出现又将是一大突破。美国西北大学化学系教授迈尔库里·卡纳齐季斯说：“这真是一种神奇的材料。它是人类已知的密度最低的产品，然而用途却又极其广泛。我认为气凝胶几乎可以应用于任何领域，像过滤被污染的水，隔绝极端温度，甚至制作珠宝首饰等。”

气凝胶又称“冻结的烟雾”，它是从一种硅胶中抽去水分，然后注入二氧化碳等气体制成的。这样的材料能够隔绝极度高温或低温，并吸收石油等污染物。

其实，一位美国化学家早在1931年就发明了这种材料，但早期制成的材料非常脆弱，而且成本很高，因此使用只局限在实验室中。直到10年前，美国国家航空和航天局（NASA）开始对这种材料产生兴趣，并赋予了它更多实际的用途。

1999年，NASA为“星尘”号太空探测器配备了一个充满气凝胶的尘埃搜集装置，为的是捕获彗星尾巴中的尘埃。去年，这个探测器带回了丰富的样本。

2002年，NASA创建的阿斯彭气凝胶公司生产出了一种耐受性和柔韧性更强的气凝胶。它现在正被用来制作太空服的隔热保温衬里，以便为2018年的人类登陆火星计划做准备。

该公司一位科学家说，18毫米厚的气凝胶衬里就足以帮宇航员隔绝零下130摄氏度的低温。“这是我们见过的最棒的保温材料。”

目前，人们还在进行用气凝胶制造防爆房屋和装甲车的试验。在实验室中，一个涂了6毫米厚气凝胶层的金属盘在炸药冲击波作用下几乎毫发无伤。

气凝胶还有环保用途。有科学家把它称作“最佳海绵”，因为它表面的无数个小孔对吸收水中污染物是最理想的。

在日常生活中，气凝胶也有多种用途。邓禄普运动器材公司已经开发了一系列使用气凝胶材料的壁球和网球拍，据说这样能增强击球的力度。

今年初，66岁的鲍勃·斯托克成为第一个为房屋加上气凝胶保温层的英国人。他说：“房子的保温效果好多了。我把暖气都调低了5度。这种变化真是太大了。”

登山爱好者也开始选用这种材料。去年，英国登山爱好者安妮·帕门特在攀登珠穆朗玛峰时所穿的靴子和所用的睡袋都填充了气凝胶材料。她说：“当时唯一的问题是我的脚太热了，对登山者来说反倒麻烦。”

尽管气凝胶被归类为固体，但其中99%的物质都是气体。科学家说，由于材料上有无数的小孔和皱褶，如果把1立方厘米的气凝胶全部展开的话，它就能覆盖一个足球场。

2007年8月22日

企业的生命周期

所有的东西都会消亡，这是自然法则，但在股票市场上，投资又要求我们挑选出尽量长存的企业。这是一个矛盾点，也是一个难点，但它恰恰关乎投资的长远收益。据统计，全球500强企业平均寿命为40岁，而美国中小创业企业的平均寿命为5年。1970年位列《幸福》杂志“全球500家大企业”排行榜的公司，在1983年时已有三分之一销声匿迹。在20世纪初的世界最大型企业中，至今仍能位居世界500强之列的只有3%左右，那么到底是什么因素导致曾经辉煌一时的商贾巨子风光不再？又是什么原因让硕果仅存的企业永葆青春？对投资者而言，如何能在比例高达97%的企业衰败过程中避免损失并追求到3%的最大利益呢？

企业作为一个组织，具有生命周期，就像人出生、成长、衰老、死亡的过程一样。所有的企业都有利润的生命周期，在早期的发育阶段，企业的销售额加速增长，赢余出现。在高速扩张阶段，销售额持续增长，赢余急剧增加。当企业进入成熟阶段，销售额的成长速度开始减缓，赢余开始减少。最后一个阶段，走向衰退的过程，总收入下降，同时利润的盈余随之而降。我们投资股票，当然希望在企业的成长期买入，在衰退前卖出。那么如何判断这一点呢？又如何判断一家处于迅速扩充阶段的公司，能承受年复一年的利润增长的考验？对于运用成长股票法作为投资策略的投资者而言，准确无误地判断出一家企业处在生命周期的哪个阶段，是投资成功的关键，但又是最艰难的挑战。这可能要借助以Ichak Adizes为代表的企业生命周期论。该理论主要从企业生命周期的各个阶段分析了企业成长与老化的本质及特征。该理论较适于企业诊断的运用。在生命周期理论中，麦迪思用P（Performance of the purpose of the organization）和A（Administration）分别表示企业追求短期效益的执行功能和短期效率的行政功能；用E（Entreprenearing）和I（Integration）分别表示企业追求长期效益的创新能力和长期效率的整合能力。PAEI这四种功能在企业的的孕育期、婴儿期、学步期、青春期、盛年期、稳定期、贵族期、官僚化早期、官僚期、死亡期中每个阶段各自所呈现的大小不同。因而，从四种功能分别所显示的大小可推断出企业所处的阶段以及在每一阶段应采取的对策。

企业生命周期论论述了企业的生命周期现象，但由于它停留在企业实践的层面而并没有从根本上寻求产生生命周期特征的原因。因此需要从更微观角度解释企业的生命周期特征。细胞学说与进化论、能量守恒定律被并称为19世纪三大发现。而20世纪分子生物学的快速发展更是从微观基础上对生物的生物学特性如遗传和变异等作了深刻的剖析。分子生物学认为，控制生物性状遗传的主要物质是脱氧核糖核酸（DNA），DNA的结构为双螺旋结构，这种基本结构构成了生物个体遗传与变异特性的基础。于是，我们就可以由此引申出企业生命的基本模型：

L链为人力资本链，由一个个市场化的人力资本单位串接而成。C链为实物资本，由一个个市场化的资本单位串接而成。L链和C链组成双螺旋链。连接的因素分别为企业家（Entrepreneur）、治理结构（Institution）、技术（Technology）、文化（Culture）。企业家作为创新的主体，在市场中获得市场化的人力资本和物质资本，并通过获得一定的技术供给、合适的制度安排，形成相应的企业文化来对市场化的人力资本和物质资本组织和排列而形成企业。由于排列方式的千差万别和连接方式的千变万化而导致了企业的广泛多样性，同时由于其具备生命特征，所以企业具有不同的生命周期。

从企业内部系统来看，在企业生命模型中存在着四个要素：企业机制、企业家、技术、文化。这就使企业内部的非线性相互作用成为可能。自组织理论认为，在远离平衡的开放系统中，随机涨落有可能被放大为巨涨落，从而破坏原来的结构，形成新的有序结构，即耗散结构。企业内企业家、机制、技术、文化四因素之间的相互非线性作用，形成企业的涨落与创新，并且通过创新扩散，不断地推进企业的成长。总之企业自组织的变革应来自企业内部，由外力推动的变革当外力消失后变革就可能自动停止。所以，好的有生命力的企业，通常面临迅速变化的环境，不仅能主动予以适应，而且还能建立起各种激励机制与约束机制，来为企业的改革提供内在驱动力。[①]20年前有人说电脑能取代书，虽然今天看来它还不能取代书，但它有可能取代书店老板（我们买书已可以通过互联网）；数字化时代；还有网络蔓延效应等等，当所有的价值链分崩离析的时候，伟大的公司会问——当成本消失的时候，钱会到哪里？我要如何改变？

从企业生命模型的上升趋势看，在企业创立的初期，企业家作为一种能够替代价格机制来优化配置资源的特殊资源，在企业生命模型中占据着最重要的位置，但随着企业的发展，企业的机制与文化在企业生命价值链条中逐渐占据了更重要的地位。这可能是所有具有生命力企业的共同特性。好的企业文化能减少企业内个人的信息处理要求，补充正式的控制制度，促进合作并减少讨价还价成本，因而不仅提高了企业的代理效率、技术效率，也是企业创新和创造价值的动力源泉。因此，无论是20世纪初期发明电灯、电话的“贝尔公司”，稍后由烟草进入啤酒行业的“菲利浦·莫利斯”，还是20世纪中期将人类送上蓝天的“波音公司”，长期处于盛年期与稳定期的秘诀可能就在这里。所以，它们也就当之无愧的成为了那个时代人们投资的最好对象。

2007年8月21日

① 参阅：周晖博士《企业发展战略研究》。

投资札记之三：投资最难的是什么

投资，最难的事是什么？我的阅历告诉我——就是在最艰难的时刻在正确的方向上坚持！

坚守的回报

对于充满致富渴望的无数投资人，巴菲特正是他们的精神领袖。价值投资是本·格雷厄姆和菲利浦·费雪尔的核心思想。这是缔造财富的一个流派。格雷厄姆的学生最终都变得很富有，只不过巴菲特是最杰出的。

“一鸟在手胜过百鸟在林！”这是巴菲特在其旗舰上市公司——伯克希尔·哈撒韦公司的年报里，引用的《伊索寓言》中的谚语。在从1965年开始的投资生涯中，巴菲特通过长期持有为数不多的股票，击败了华尔街的投机炒家，证明长期股权投资是一条可以走向成功的可选择之路。

早期收购伯克希尔公司、政府雇员保险公司（GEICO）和华盛顿邮报，巴菲特亲历亲为去拜访公司管理层。以后的收购行动则较少这样做。为什么会有这种转变？巴菲特比较认同数据背后的真相。你怎样才能看到这个企业长期的竞争力，这个难度是比较大的。也就是说，定量的方法不是投资当中最关键的，定性的东西才是。

1987年10月，美国股票市场暴跌，巴菲特手中仅持有三种股票，分别是价值10亿美元的美国广播公司、7.5亿美元的GEICO以及3.23亿美元的华盛顿邮报。将20亿美元的投资全部集中在三只股票上，这在当时的机构投资者中相当少见。幸运的是，巴菲特有足够的智慧，挑选并拥有好的企业，以抗衡各种各样的危机。

“如果我们不愿意拥有一家股票十年，那就不要考虑拥有它十分钟。”这是巴菲特选择企业的原则。对长期股权投资者来说，深入了解一家企业是最核心的问题。巴菲特所认同的正是那些个人利益与股东利益相一致的管理人员，并尽可能与之建立私人友谊。20世纪90年代逐渐风行的“关系投资”理念，巴菲特是最好的身体力行者。他认为成功的投资应该是股东、管理者、客户共赢的结果。因此，挑选优秀的管理者，与他们长期坦诚地合作，是股东当仁不让的职责。

巴菲特的投资哲学和其他人比较，开始的时候没有什么太大的差别，但是走得远了差别就出来了。作为人生来说，你在某一个时刻或者对某一个方法来说你只能选择一条路。

选择价值投资，实际上是选择了一条人迹罕至的路。这种一以贯之的、深入灵魂的坚守障碍重重，是最难的。投资碰到危机的时候，最简单的解脱办法就是卖出股票，一卖了之。但这就永远达不到彼岸。也有很多人都宣称自己是价值投资者，但为什么做不到巴菲特这样突出的成绩？

拿巴菲特和索罗斯做一个比较。两个人都从事金融投资，业绩都很出色。如果我是导演，要拍一部投资大师的电影，通常都愿意拍索罗斯。因为索罗斯的投资生涯很精彩，跟英国政府斗，跟香港政府斗。整个人生经历跌宕起伏、绚烂多彩，充满了戏剧冲突。但是拍巴菲特就很不容易，要想把巴菲特这个人物很完整地表现出来，需要很高超的导演技术。比如说，在越南战争开始的时候，在1962年古巴导弹危机、苏美两个核大国处于紧张对抗的时候，巴菲特怎么处理他的长期投资？在那样一个历史关头，他的内心世界是怎么样变化的？巴菲特没有写过自传，一个导演要把这种内心世界的波澜起伏拍出来很难，要反映人物精神世界的变化是非常困难的。

投资中有许多非常态的事件会无时无刻伴随我们，这就是风险。对风险思考的角度不同，会带来截然相反的投资决策和悲欢结局。巴菲特的伟大不在于他70多岁的时候赚了多少钱，而在于他很年轻的时候明白了投资的道理，然后用一生的岁月去坚持，并善于在历史的关键时刻认真思考和做出交易抉择，这非常重要。

2007年4月25日

投资最难的是什么？

投资，最难的事是什么？

那些在市场里蹦蹦跳跳的人会说，也许是对大盘与个股高低点的预测和把握。但谁能准确地告知我们这一切？如果有这样的人，能告诉我们明天开盘后，股市一定怎么走，他不是上帝就是在冒充上帝。

那些价值投资的信奉者也许会说，关键点在选择好的企业。但同样的好企业，今天可能估值市盈率（PE）30倍，下一个阶段可能PE估值15倍，再一个阶段PE又可能估值到50倍。你怎么能判断出PE50倍的企业就一定不能投资？如果超过50倍PE不能投资，那么之前低PE时，买入的股票是否又要卖出？如果超过50倍PE不能投资，而早期的头寸又因为“高估”不再坚持，我们如何在像沃尔玛、星巴克、微软、GOOGLE等等伟大企业身上赚取足够多的财富？价值投资是否也要进行“荡秋千式”的高市盈率抛出低市盈率买入的游戏？

如果认同这种“荡秋千式”游戏的话，我相信绝大多数人内心实际上是这样想的，哪怕他（她）口头上自称坚持什么，当然，这样想也没错。但如果我们真的按这种——我相信也是绝大多数人采取的游戏规则做，我们最终可能与那些有史以来最伟大的企业失之交臂，骑上“黑马”容易，但走完全程就非常困难了。

沃尔玛在1972年到2006年，三十四年的时间投资回报率达到了1343倍，从有记载的历史资料中，我们同样可以看到那些伟大的企业在相当长的岁月中始终保持着高PE的特点，特别是在企业的高速成长周期的阶段，而越是好的企业，经历的这个周期越长。长长的岁月当中，总要经历经济与股票市场的繁荣与萧条，但无论怎样艰难的日子，伟大企业的竞争力总是会在恰当的时刻显示出魅力，但我们有可能在开始的某个阶段，因任何一个原因，让自己身处恐惧中，早早迷失我们的洞察力与判断力。

现实生活中，哪个国家的经济都有弱点，哪怕是全世界最伟大的企业也会有弱点，哪怕我们处于太平盛世中，也有太多的理由，自己吓自己，卖掉我们曾拥有却在未来岁月得以证明的伟大企业的股票。

长期投资的难点，其实是在对未来久远岁月不确定事件的判断上。但有一点是确定的，如果我们或一个家族用足够长的岁月来坚持做一件正确而有前途的事情，回馈是相当惊人的。

以投资为例：博格尔发现过去100年美国股票市场的平均年回报率10.4%，1000美元，100年的投资收益=1000 × (1+0.104) 的100次方=19811043美元；如果是一个家族1842年开始投资，100美元，年利率12%，今天的财富（未考虑遗产税）=100 × (1+0.12) 的165次方=13212157451美元；如果一个英国家族在1368年开始在欧洲投资（相当于我们的明朝），10英镑，年利率6%，今天的财富=10 × (1+0.06) 的639次方=148063463502813000英镑，这是一个天文数字。

当然，至今为止的人类历史中，还没有这样的财富故事发生，以后也不可能有这样的奇迹出现。不过这个数字游戏告诉我们，长期来看取得超越5%的年回报率都是相当困难的。短线交易者理论上每天、每月、每年多次交易，等于放大自己的生命，但为什么精彩的生活，没有给他们带来足够的财富？

世界100强的企业，似乎没有一个是靠投机胜出的。它们胜出的原因，是靠在一个或几个领域里持之以恒地坚持数十年，甚至上百年经营的结果。它们并没有在经济或企业高潮的时候卖出它们的事业，然后在等经济或企业低潮再买进。这些企业的领导者关注的是企业长期的竞争力，至于经济周期的变幻，就像正航行在海上的轮船一样，风高浪急，你也必须前行。当然，开始的时候，你可以将自己的船建造得更坚固一些，最好像诺亚方舟，但是，你一旦航行起来，你需要选择一个浩瀚的海洋作为你事业的基础，虽然不时遇到旋风和台风，但它可以给我们更广阔的市场。惊涛骇浪你也一样要坚持，而坚持本身就非常非常困难！

投资，最难的事是什么？我的阅历告诉我——它就是在最艰难的时刻在正确的方向上坚持！

2007年7月17日

穿越周期 穿越企业 穿越历史

我看到衬着蓝天的高山、春天里的一片嫩叶……我感到爱永不止息——献给两位友人。

2005年4月8日，我的一位友人打电话给我，希望将他留给妻子和孩子的钱交我们理财，期限是20年。感动之余，有些惊讶！不仅是因为委托时间的长久，而是这个朋友本身从事的也是投资事业，他在国外学习多年（持有美国绿卡），目前也在国内一家投资机构做投资经理，从专业上，是我非常敬重的一个人。没想到自己做投资的人，竟然也会委托别人打理其家庭财富，而且是留给自己妻子和孩子的。

我无从探究其委托我们理财的真正原由，只是他说：在国内我找不到第二个人，让我如此信赖！这让我非常非常感动！委托理财投资不就是“为了这份信任，奉献回报吗！”2005年4月23日，另一位友人，可能同样出于为孩子们的未来着想，交给了我一份更加沉甸甸的责任！接电话的时候，语言已经难以形容我的感动，泪水好像就要流淌下来……

每次，和新的合作伙伴签约开始投资的时刻，我都要说一句话："如果投资亏损了，一定是因为我们的专业技术，而绝不会是因为我们的人品。我保证！"我和我的搭档，钟兆民先生和张敏女士，有同样的信仰：我们相信一个融合了善意之心和社会良知的企业能够走得更加久远！如果我们真的能成就一个伟大的企业，那一定是上帝假借我们之手回馈她——永不止息的爱！

穿越周期

一位让我极为敬仰的朋友，在近两年的汽车股的投资里有了很大的起伏，而之前他的投资极为成功。有人评价他：一定会成为中国最有钱的一类人，我深信！他为人极其坦荡、爽朗，我视之为良师益友。我们讨论其投资业绩的波动时，我说，巴菲特曾说过：带轮子的股票不能买，这自然包括了汽车和航空类的股票。我也曾在汽车股上有过损失，那么，我们为什么不选择经营周期相对长的行业中的企业投资呢？

以他的专业能力，研究透一个企业不难。如果数次地深入，能研究到一个好企业，而其又能保持十年甚至以上的高成长，这比每隔一二年又要重新选择，不知要提高多少效率。穿越周期非常的不易。但为了对我们的客户及受托的资产负责，我们必须这样想，而且这样做。好的企业像王冠上的珍珠一样稀有、珍贵！穿越周期——是让我们试图找到它们并珍藏！

穿越周期还意味着我们要想人类社会所经历的几百年的苦难和繁荣，当我们面对人类的不幸——诸如战争等等事件时，我们如何在恐惧中处理我们的投资，让我们的家人和后代，因我们的远见而惠及他们自身。这也是此刻，我在处理两位友人交付我的责任时，正在思虑的问题。

穿越企业

2003年春天，我和钟兆民先生一起去参加一家我们一直关注的企业的股东大会。这家企业从许多方面看，都是非常难得的好企业，而且事实也证明，至少到今天为止，他们的确运营得非常出色，也让投资者在自2001年始的大熊市中有了极其出色的回报。但开完股东大会，我们始终没买这支表现出色的股票。为什么？

我们希望我们的投资能穿越企业。对该企业的领导人，我们始终放心不下，虽然他头顶有各种光环。巴菲特说，“我希望与我喜欢、信任并且敬重的管理人员共事。”我们也一样。我们希望我们所投资企业的管理者能让我们发自内心尊重！而凭直觉，虽然可能有失误，我们对他少了这样一份信任。

如果两家企业，业绩同样好，而随着领导者自然更替，我们更倾向于投资能保持企业稳定经营甚至有新气象的公司。我们对枭雄式人物领导的企业有种天生的担忧，我们希望一个最好的企业是有一个具有道德感的领袖来经营。希望他“不喜欢不义，只喜欢真理”（圣经）。

长期投资，需要更加严格的挑选公司。虽然我们性格中有某些理想主义的色彩，（庆幸岁月并没有将它们抹平），但我们也不失沉着和冷静。天真和质朴、待人真诚，这是一个个人和好企业最长存的价值，我们竭尽所能在广阔的市场中寻找他们。找到他们我们也就将能承担起此刻的责任！

穿越历史

才能、远大的眼光和识别大好机遇的天赋，是成就伟大事业的基础，也是你们寄予我们厚望的基石。

灿烂的星光来源于亿万年前的闪烁，我们的生命只是短短的一瞬，有幸在穿越历史长河的此刻，得到你们的友谊和信任。就这一点，已经让我们感动！

2005年4月27日

投资其实是追求小概率中的大概率事件

2007年4月20到23日封闭四天学习《管理数量方法》，学习的过程中有一节——“衡量不确定性：概率函数”，这让我联想起股票市场的概率问题。

什么是概率，我的简单理解就是用数量表示某个事件可能的程度。绝大多数投资者来股票市场投资是为了赚钱或存续财富，但在股票市场连续变化的不确定状态中，其概率有多大？换句话说，在股票市场里赚钱到底是小概率事件还是大概率事件？

上证指数在2006年大涨128.7%。《中国证券报》举办的2006年度投资者收益情况网上调查显示，70%的投资者盈利在10%以上。其中21%的被调查者获利10%左右，30%的人收益率为20%~50%，14%的人获利50%~100%。此外，5%左右的被调查者收益率超过100%，从而跑赢大盘。大盘上涨不等于投资者均能获利。在调查中，14%的投资者表示不赔不赚，7%的人亏损10%左右，亏损20%~50%的占7%，亏损超过50%的占2%。

从股票市场已有的历史数据看，指数在一年里大涨128.7%，与70%赚30%亏的比例，这都是小概率事件。如果没有指数上升128.7%的结果，正常的盈亏比例关系按过往的经验看，应该是：5%跑赢大盘、10%赚钱、15%不赚不亏、70%亏。

当然，上述是以年计的概率事件。在一个特定的时间，比如说100年，90%以上的企业可能是要死亡的，即便是大企业的寿命在充分竞争的市场里面，也很少超过人类寿命的一半。依Royal Dutch/Shell的估计，大型企业的平均寿命不及四十年，约为人类寿命的一半！为什么70%甚至更高的比例的人最终会损失金钱？如果投资的企业有90%的概率注定在100年内消失，对大多数人而言亏钱是常态。

股票市场的市值最终是由那些能剩下的蓝筹企业来支撑的，对于那些想穿越周期积累并延续财富的人，能否投资到幸存下来的5%~10%企业中就成了问题的关键。这5%最优秀的企业，也不可能避免波动，甚至在股票市场危机来临时还会大幅下跌，但重要的是——经历了停滞之后它们能恢复生机，并进入一个新的高度。

从这个角度着眼，投资其实是追求小概率中的大概率事件。

2007年4月25日

1000股万科的故事

2007年6月28日在珠海见一位初中同学。谈到投资，她说这么多年来，不仅没有赚多少钱还亏了不少，每次赚一点就卖，套牢了就放在那，还是做实业踏实。她这么多年来，主要从事贸易和实业投资。视股票投资为一项长期事业的想法她似乎很难接受。

因多时未见，我们聊到1990年大学毕业她去佛山工作的事，没想到年纪轻轻的她，刚去不久就通过房地产赚到了她人生的第一桶金——20万人民币，这在那时候应该是一笔不小的财富。谈到这，她想起，她用这笔钱的一部分1991年花一万多买了500股深宝安；1993年花二万多买了1000股万科。

当年，买完股票就跌，加上人从佛山移居珠海，如果不是见到我，提起往事，她几乎忘了她在佛山还有股票的事。过去，我只是通过媒体知道某某人持有股票多少年赚取多少倍，而今天无意中，我身边竟出现了这样一个故事。当我告诉她，万科的一个股东刘元生1988年投资了400万，现在市值大约有20亿人民币，而她的这笔投资现在至少有几十万，如果每次配股不放弃，包括股改给的权证，应该至少上百万人民币。她感到非常惊讶，觉得有点不可思议。

她告诉我，回去她找找原始凭证，2007年7月2日她要去一趟佛山。我特意请她——打一份对账单出来，时间越久越好。2007年7月3日晚和同事吃过饭给她电话问询此事，她告诉我：她去了，原来开户的国投已经不存在，现在的名称变成了广发证券营业部，因营业部已经几易其主，听里面的员工讲，已打印不出14年来的对账单了。现在的市值宝安1.4万左右，万科36万，工作人员讲如果每次配股与股改的权证都要的话，大概是72倍的回报，接近150万。

我的这位聪慧无比的同学，昨晚谦逊地告诉我，她的一生总是这样，也许是傻人有傻福，不过通过这件事，她好像对金融有些开窍了，她准备多拿些钱用来长期投资像万科一样的好股票。我开玩笑：那就买完还忘了它！

2007年7月4日

万科历年数据

年份	总股本	应付普通股股利(元)	每股红利(分)	年终收盘(元)	派息率(%)
1991	76,970,509			12.3	
1992	92,364,611	30,383,062.90	32.9	24	1.4
1993	183,546,916			17.95	
1994	242,955,336	84,870,458.00	34.9	6	5.8
1995	288,225,136	69,174,032.64	24.0	3.49	6.9
1996	317,047,649	31,704,764.94	10.0	10.48	1.0
1997	450,857,423	115,185,760.51	25.5	14.11	1.8
1998	495,943,165	49,594,316.50	10.0	8.4	1.2
1999	545,537,481	94,645,791.15	17.3	9.75	1.8
2000	630,971,941	113,574,949.38	18.0	13.99	1.3
2001	630,971,941	126,194,388.20	20.0	13.35	1.5
2002	630,974,713	126,194,942.60	20.0	9.65	2.1
2003	1,395,849,444	135,379,994.00	9.7	6.54	1.5
2004	2,273,627,871	75,787,595.70	3.3	5.26	0.6
2005	3,722,687,670	341,097,070.95	9.2	4.31	2.1
2006	4,369,898,751	591,747,769.65	13.5	15.44	0.9

司机给基金经理上投资课

在云南昆明参加中信证券组织的企业调研活动，一行30余人，多数是基金经理或研究员。

从云南铜业调研出来，到云南白药时间还早，中信证券的组织者建议沿着昆明最好的地方游车河。大巴行驶到翠湖边的“云南陆军讲武堂”前停车、休息。

大巴车司机问：“你们是干什么的到公司参观？”一位基金研究员回答“我们是研究股票的”。司机接话：“股票！上午股票大跌200多点，是买入的好机会。这个时候有多少钱都敢买，抵押房子都可以……我看，到奥运会之前不会有什么问题……我买了一个ST股票，1块多买涨到8块多，还有一只没有ST之前就是不涨，带上ST马上涨了三个停板。”

“那你拿住了吗？”我问。司机回答说：“如果我拿住了，我早回家开宝马泡浴池，谁还开什么大巴！”“你炒股票几年了？”一位原来君安的同事，现在某基金任基金经理的朋友问。司机回答：“我炒股票十年了，但一直亏，差不多亏了一个房子（估计是按昆明标准），这波牛市回来了半个房，还差半个，估计今年能回来。”

司机的半套房能回来吗？我心里想。

2007年5月30日

估值的艰难与挑战

职业投资者只要思考投资，每天萦绕脑海的可用两个字来概括——“估值”。

2008年2月15日晚，与几位朋友吃饭。在座一位非常喜欢估值万科并将全部投资额的90%买入万科的朋友，说他只能对两个企业估值，一个是万科一个是茅台。我认同他的“企业整体价值的评估不应是某几项资产简单的叠加，是建立在对企业真正了解基础之上的一种对企业资产综合体的整体性、动态的价值评估”的说法。

但即便如此，这一过程也充满着挑战。从长期看，股票市场的价格是由上市公司内在价值所决定，但“价值”与“内在价值”本身也是充满了主观估计色彩的概念。18世纪法国重农学派的代表人物杜尔阁说，商品具有客观价值和主观价值，前者由市场决定，后者则取决于让渡自己物品的人对物品的主观估计。英国著名经济学家马歇尔也说，“价值”这个词是相对的，表示在某一地点和时间两样东西之间的关系。

理论上内在价值的定义很简单，巴菲特在《写给股东的信》中说：企业价值等于某家企业在其剩余的企业寿命中所能产生的现金，经过折价后的现价？如果投资真是如此简洁，我想会计师与精算师应该是这个世界上最富有的一群人。但事实不是如此，而且巴菲特先生也从来没有在如何评估企业价值方面给出我们任何一个独创的数学公式，一个葵花宝典式的秘笈与我们分享。巴菲特在一次和投资人的见面会上，侃侃而谈内在价值，其身边与他合作近四十年的伙伴芒格，忍不住插了一句：“我和巴菲特合作的这几十年里，从来没有看到过巴菲特用他所说的现金流折算过他说的任何一个公司的内在价值”。被当众揭穿的巴菲特顺势幽了一默，他说：“你知道内在价值的计算和评估是多么的重要啊，我是不可能在白天当着外人计算任何一个公司的内在价值的，如此重要的工作，我都是安排在夜深人静的晚上，一个人悄悄地计算公司的内在价值。”那世上真有这样一个靠评估企业价值成为世界级富豪的秘笈吗？

国际上评估企业价值的基本方法是以现金流量折现法（DCF）为核心的基础价值估值法，其基本原理是如同巴菲特先生所述的一家企业的价值等于该企业预期在未来所产生的全部现金流量的现值总和。还有一种相对估值法，认为企业无所谓内在价值，而只有相对价值才有实际意义。我们在企业估值的实践中常常根据企业估值方法的计算特点，将企业估值方法分为五类：（1）资产负债表估价法，包括账面价值法、调整帐面价值法、清算价值法、重置价值法和市净率法；（2）损益表估值法，包括多因素分析法、市盈率分析法；（3）综合估值法（商誉估值法），包括经典商誉法、欧盟方法、会计专家方法；（4）现金流量折现法，包括自由现金流折现法、股权现金流折现法、红利折现法等；（5）价值创造法，包括EVA、经济利润法、现金价值增加法。在证券投资实践中我们熟悉的PE估值法、PB估值法、PEG估值法、EV/EBITDA估值法都属于主要采用乘数方法的相对估值法。现金流量折现方法、期权定价方法等则属于是主要采用折现方法的绝对估值法。各企业情况不同，复杂程度不一，针对不同的估值方法的特点，在运用上一定有其不同的效应和结果。

以估值万科为例，我也认同几乎将全部身家重押万科朋友的说法，不赞成用PE估值法，而应该用账面价值法、调整帐面价值法结合现金流量折现方法来估值。

这位朋友第一步是定期将万科的每一块土地与各项资产的价值相加计算基于资产的企业价值。但这里值得我们重视的一个概念是沉没成本，我们应该知道：账面价值所反映的是历史成本，多属于沉没成本，在财务管理上，它与投资决策无关。仅靠此做股票买卖的决定是一种机械的运用。

第二步，他用企业价值模型（DCFM）计算万科基于现金流量的企业价值。企业的未来现金流量以及把未来现金流量折算成现值的折现率，是决定企业价值的两个非常重要的参数。他非常强调重视折现率。因为折现率是一个反映风险程度的指标，企业风险通过影响折现率影响着企业价值的大小，风险越大，投资者的预期收益率就越大，企业的资本成本也就越大。他说他集中思考的一点就在折现率的多少。

第三步，他强调只有站在系统的角度，才能够看清楚万科的价值所在。企业价值还存在于与其他企业互补互换的关系之中，万科的每一次并购重组都是这种系统论哲学价值原理的体现。与许多投资者相比，我的这位朋友无疑是下了很大功夫在研究企业上，我们的工作与他类似，东方港湾的杨云与周明波先生等同事，主要的工作就是做这种细化的研究。但就万科而言，基于选择权，即万科期权如何影响企业的价值，我们也在认真思考。

聊天的过程中，我的这位朋友曾说:他的工作就是通过适当的分析方法和技术，对公司价值进行估值以求无限的逼近它最真实的价格。我想这也是所有职业投资人所共同追求的事业。但我内心也有一种疑惑：理论上说企业价值等于企业未来现金流量的折现值，如果属于自然物理意义上的，这种确定性容易把握，但企业生长在政治、经济、社会环境的变化中。单就经济环境而言，竞争对手的行为、管理决策的行为、运营效率的高低都会随机影响企业的“未来”。折现率也会随各种风险状态和经济环境处在不断的变化之中。“未来”和折现率的不确定性及不可预知性，某种意义上决定了企业价值本身的不确定性和不可预知性。

谈到这点我给这位朋友出了一个考题。我说我们现在不估值万科就估70年代罗杰斯先生花费10万美金买进，1500万美金卖出的那所房子。房子是静态的属于自然物理意义上确定性高的事物。请你用所有能找到的估值方法，站在70年代的角度来估值这所房子30年后的价格，还有就是你自己现在住的房子，也请估出它30年后最真实的价格，我希望你能无限的逼近。

我不是倡导企业估值的不可知论，但我们确定一所物理意义上的静态房子的真实价格都如此困难，更不用说“确定”影响因素繁杂、随机变化中的企业的价值，这实际上更是估价者的一种主观认定和评价，是一种预测和期望。企业估值是一个非常深邃思考计算的过程，对任何人来说，它都是一种挑战，需要付出艰苦的努力。要达到极致非常的艰难！

忧虑、希望和梦想

读书的时候，常和同学一起讨论中国的未来和希望……

1991年和许多怀抱希望和梦想的青年一样只身南下广东，1992年到了中国改革和开放的先锋城市——深圳。

几乎是到了深圳，就开始从事投资事业，而某种意义上一个投资者的未来，其根本取决于一个国家的未来，因此，对中国未来的思考从来没有间断。

早期的投资虽然基于技术分析，但在敢不敢长期持有股票这一点，其实交织着一种深深的矛盾。当年，生活在深圳的我看到的是日新月异的变化，但回内地看到工厂倒闭、职工下岗，问题与矛盾重重，又心生忧患与疑虑。但中国就是在这种彷徨和坚定中一路走来，并迎来了改革开放的第30年。彷徨的人，来来去去；而坚定的人有了真正的未来。

2007年12月，在我尊敬的许小年教授上《宏观经济学及政策分析》课的时候，我很用心地听了许教授关于宏观经济的逻辑推理过程，特别关注了长期分析中的新古典增长模型、中国经济增长的可持续性、新增长理论，以及制度与长期经济增长部分。

对新古典增长模型，我非常认同他的索罗模型的深层见解：不可能仅依靠增加储蓄和投资来维持增长；资本收益递减法则将发挥作用；当资本收益率降至零，增长就停止了；实现持续增长的关键是技术进步。中国目前的困难在于固定资产投资占GDP的比率已突破40%，并呈现继续上升的势头，中国经济增长的可持续性面临重大的挑战，需要转换经济增长模式。

他谈到新增长理论：一是与新古典增长模型的区别。（1）技术进步不再是外生变量；（2）投资于技术而不是产能扩张；（3）技术进步突破要素边际收益递减的制约；（4）生产函数线上移而不是提高储蓄率。二是技术进步的含义。(1)劳动力效率的提高，教育和培训；(2)资本效率的提高，新技术和生产方式，研发和管理；(3)资源的更有效配置，市场经济制度。三是促进技术进步的政策。(1)财政：消减预算赤字，增加教育和基础研究投入；(2)制度改革和制度建设。

在这部分，他认为“西方的兴起”，是因为界定和保护产权的结果。英国“光荣革命”确立的议会制政体。国王剥夺臣民的权力被消弱并受到限制，纳税者控制议会，产权保护得到信赖，产权制度得以确立。产权保护推动了私人投资的发展，为金融革命奠定了基础，刺激了储蓄和投资。尤其是知识产权保护：(1)没有知识产权的保护，企业家就无法得到研发投资的全部收益；(2)1624年“垄断法”包含了专利法，英国为世界上第一个形成完整专利制度的国家；(3)1698年塞弗伊申请了蒸汽驱动的抽水机专利，用于矿山排水；(4)在专利的保护下，瓦特于1760年代对蒸汽技术做了一系列改进，1775年瓦特成功地将其专利延期25年，并于同年开始蒸汽机的商业化批量生产；(5)到1830年左右，英国基本完成了工业的蒸汽化，一越成为世界头号经济和军事强国。

他提醒我们思考：持续增长的关键是技术。技术提高了投入要素的效率，但为何一些国家有更先进的技术，而另一些国家的技术却相对落后？

制度决定技术。“四大发明”在中国的遭遇。火药：我们放炮仗，洋人造枪炮（鲁迅）；罗盘：我们看风水，洋人用于远航；纸张与活字印刷术：二千年间刊印四书五经，禁锢思想；在西欧成为大学和文艺复兴的技术支持。（备注：熊彼德发明与创新的区别：发明为技术上的突破；创新为技术的大规模商业应用，对人类的生产和生活方式发生重大影响。）

在制度与长期经济增长部分，许教授引入了威廉姆森的4个制度层级：一是非正式制度：风俗、传统、宗教、文化，其变化频率100—1000年；二是正式制度（博弈规则）：正式规则：宪法、法律、产权；政体、法律、司法、政府，其变化频率10—100年；三是治理（博弈执行）：公司治理、政府治理、交易治理，其变化频率1—10年。四是短期的社会资源分配制度。较高的层级对以下的层级施加限制。

然后，他引用了韦伯关于非正式制度对经济影响的观点：一是近代资本主义发展的地理路径。荷兰、英国、瑞士、法国、德国、美国，均信新教。二是《新教伦理与资本主义精神》中所论述的。(1) 信徒直接面对上帝，获得解救之路在自己手中；(2) 职业为上帝指定，职业成功增加上帝的荣耀因而自己获救的机会；(3)“贫穷是对上帝荣耀的贬损”，“以赚钱为天职”，“赚钱就是职业美德和能力的表现”；(4) 追求财富不是目的，而是为了增加上帝的荣耀；(5)“以合理而系统的方式追逐利润”；(6) 禁欲主义为资本积累创造了条件，同时准备了一批有节制的、尽职、勤奋、把劳动视为上帝所希望的生活目的的现代工人；(7) 合理化的信徒生活需要法律规范。上帝将主权赋予国家和社会各阶层，两者关系的界定也需要法律。

为什么资本主义没有在中国出现？按韦伯《儒教与道教》的论述：(1) 儒家对营利的鄙视（“君子喻于义，小人喻于利”，“存天理，灭人欲”）；(2) 君子追求“修、齐、智、平”，赢利的技术手段为“奇技淫巧”；(3) 不择手段地逐利，享受奢华生活，而不是理性化地为增加上帝荣耀而经营；(4)“政治资本主义”，而不是靠精细的计算和理性的经营增加财富；(5)“世界上罕见的不诚实民族”，信用缺失。

还有就是社会结构、观念与资本积累的差异：(1) 士农工商的社会等级，商人赚钱后买地、建房、捐官，提高社会地位；(2) 均平思想，诸子平分遗产，日本为长子继承制。

我对韦伯的“‘世界上罕见的不诚实民族’，信用缺失”的说法，持不同的看法，中华民族能持续5000年一定有原因，如果它能再次崛起于世界之林，温、良、恭、俭、让、诚实与信用一定是不可缺少的品德。听完许教授的课，我最后举手提问："许教授，从你的经济可持续性增长——技术进步——治理（博弈执行）——正式制度——非正式制度理论和推理看，中国有没有光明的未来？"许教授回答说："从他的推理和分析看，中国的未来很艰难。"

回顾过去中国几千年的历史，确实我们的未来之路可能艰难曲折。但一个民族经历了那么多的磨难，好运也该光临此刻的中国人。中国的国运，庆幸没有成为北朝鲜那样的国家，也给了邓小平改革中国命运的机会。今天的中国面临着非常好的历史机遇，刚刚过去的台湾选举，除了让我们看到华人社会虽非新教的土壤，基于儒教、佛教与道教的传统社会也可以汲取民主、自由的营养来重建和谐社会外，也让两岸人民有机会能一起推动中华文明的发展，迎接中华文明的伟大复兴。对每一个热爱自己国家和民族的人来说，这一刻都充满着梦想和希望。

祝福我们的祖国和民族吧，希望它强盛、伟大！无论路途多么艰难、漫长，这应该是全球华人共同的心愿！也是投资人共同的福祉所在！

2008年3月23日

投机·投资·收藏

2007年9月1日下午2点，中央美术学院副院长余丁博士为中欧深圳校友做了一个《中国当代艺术收藏的点与面》的演讲。

很遗憾，对当代绘画艺术十分陌生，余丁博士展示的许多画卷从来没见过，但他对中国近20年当代艺术派代表人物的介绍与作品想表达的思想与意境，我还是有感觉。毕竟是60年代生人，那个时代大背景以及经历的希望、痛苦与彷徨，影响着生活在那个时代的每一位愿意思想的年轻人。今天，作为一个逐渐强盛的国家，我们的文化和艺术该向何处发展，我们该如何建构未来的艺术、复兴中国的文化，是摆在每一个中国艺术家面前的课题，也是每一个知识分子应该思考的。

余丁博士对于自身文化自强不息的信念与强烈的社会责任感，我非常赞同。除此之外，今天有所收获的则来自他讲述的两个人物故事。

一个是年轻时梦想成为运动员，但后来成为中国第一个合资企业的副总裁，之后又做了4年（1995~1999）瑞士驻华大使的乌里·希克（Uli Sigg）。乌里·希克现在是世界上最大的中国当代艺术收藏家，是中国当代艺术最有影响力的人物。2005年英国出版的《艺术评论》把他列为世界艺术100强中第81位，他总共收藏了包括王广义、艾未未、张晓刚、周铁海、张洹等200多位中国艺术家的大约1500幅作品。乌里·希克不仅仅购买艺术品，收藏艺术品，还把中国的当代艺术家推向世界。

刘小东《三峡新移民》局部，拍卖2200万人民币

乌里·希克喜欢在他风景如画的家里招待中国艺术家，余丁博士曾率领一个中国代表团访问过他位于卢塞恩湖一个独立小岛上、

建于17世纪的城堡。余丁博士的路演资料上显示乌里·希克的城堡中陈列的全是中国的艺术品，而隔离城堡的湖是属于乌里·希克母亲的。余丁博士说："在瑞士，看到乌里·希克的家，深感财富积累不是一代人完成的……"中国经历了太多不确定的年代，让投资看得久远，让财富跨越几代人的积累，从心里上接受可能还真有个过程，当然，这也需要中国历史在变革时更加文明。

乌里·希克以1012万元拍卖走陈衍宁的《毛主席视察广东农村》

从投资的角度，无论是作为代表瑞士迅达控股集团（Schindler Group）的副总裁还是瑞士驻华大使的乌里·希克，能从1985年始，持续系统性地收集大批油画、装置、影像和雕塑等当代中国艺术品体现了他超人的眼光、宽广的视野与他内心蕴藏着的力量。伟大的收藏家与投资家这方面似乎有相同之处。

另一个则是犹太人甘孜夫妇（Ganz·Family）的故事。甘孜夫妇是一对并不太富有的美国夫妇，他们在1941年结婚时，正处于第二次世界大战期间，但这并未妨碍他们用仅有的7000美元买下了毕加索的《梦》，此后一直到1965年他们每年只收藏毕加索的作品，甘孜夫妇与毕加索结下了深厚的友谊，毕加索还奉送给了他们三幅画。1965年之后，他们又开始购买贾斯帕·约翰斯、劳申柏、利希滕斯坦等当代艺术家的作品，直到90年代去世。50多年间甘孜夫妇总共花了250万美元购买艺术品，其中大部分钱用在了购买波普艺术作品上。这些藏品在他们身后创造了2亿零6百万美元的拍卖成交纪录。其中毕加索的《梦》，在56年后的1997年，卖得4840万美元，平均每年溢价86万美元。

据说英国的铁路养老基金靠购买艺术品一直维持高速的增长，但他们的投资周期一般都在10年左右。余丁博士讲目前有许多有钱人都想转到艺术品投资，但许多人并不真正懂艺术，他们其实是在投机，有些懂的人一方面投资一方面投机，他们是为卖而买，而只有哪些真正热爱艺术的人，才会收藏。真正的收藏家除非遭遇财务危机，他们是不会卖出自己能经得起岁月锤炼的珍贵藏品，无论价格多高。

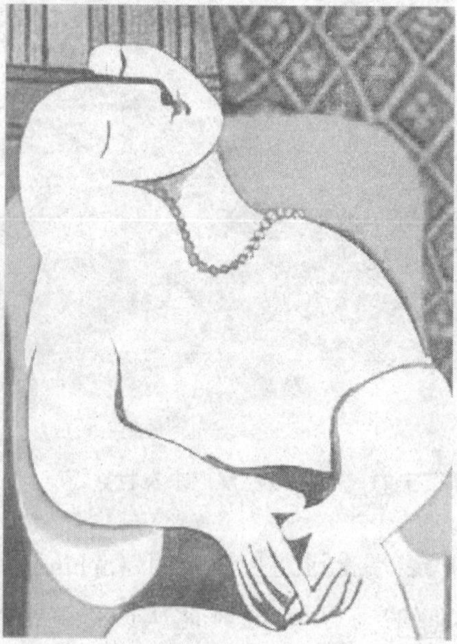

毕加索的画作《梦》

股票市场上我们经常见到投机客，也常见投资客，他们都是为卖而买，而购买后希望卖出那一天永远不要降临的股票收藏家似乎并不常见。如果有少数能真正挑选到自己热爱的企业的人，如果他们用心与伟大的企业一起同呼吸共命运，也许会像那些伟大艺术品的收藏家一样，有远超出他（她）们想象的回馈与收获。

2007年9月1日

高估、坚持与商业模式的选择随想

4年前，当茅台30元的时候，假如涨到40元，一般人会认为它高估；今天涨到五万至八万人民币一平方的深圳顶级高层豪宅，4年前卖的时候，七八千一平方米，如果它当时叫价一万一平方米，一般人也会认为它不值这个价钱。但一个标的物到底值多少钱，包括我们正在估值的东西，只有未来的岁月才能证明。

但未来是什么？长期看，我们每个人都会死去，甚至包括人类。月亮会在约10亿年后脱离地球，北极冰雪之地会成为沙漠，如果那时还有人类、也会消亡！在可见的未来，人类还能繁衍，据科学家分析，地球上生物的繁盛与衰落遵从着一个长度大约为6200万年相对固定的周期，平均每3000万年，地球物种就会遭遇大规模毁灭。3000万年，足够我们持续千秋万代，但问题是：我们往往低估自然法则在万物中的重要性，而高估了自己或生活着的当代人的重要性。我们对企业的估值，是从1代人、10代人、100代人的角度，还是只是1年、3年、5年？

在今年伯克希尔股东大会上，一位来自慕尼黑的投资者在第二提问区问巴菲特先生：你能不能点醒一下我们投资时是怎么决定内在价值的？你是用什么样的数量方法？巴菲特幽默地回答：我明白你的问题，但要装不明白，由查理来回答。芒格回答：在尝试决定内在价值、安全边际等，没有一个简单的办法。你需要一个多重的方法。我觉得你成为一个出色的投资者不会比你成为一个鸟类学家来得快。在我理解，此类问题根本没有答案，从1年到1代人甚至更久远的岁月，思考的哲学体系完完全全不一样……每个人的答案完全取决于自身的天赋与思想的极限……

2007年9月6日晚上，一位朋友问我：什么样的投资是最好的投资？我回答说：坚持就是最好的投资！以房地产住宅投资为例，如果有能力，你只需要凭常识，买入一个国家中最核心城市的房子，然后挑选城市中或靠海、靠江、靠湖、靠山、靠公园等风景极致之最贵的房子，不要担心经济危机或经济萧条期，多考虑几代人的事，坚持就是福祉。

就股票投资，以专注长期股权投资方式持有伟大的企业，回馈更惊人。如果一个家族，从1896年道琼斯指数第一次发布时，每年用“定投法”选择性买入构成指数的股票，无论是经历战争时期还是处于经济萧条期，历经111年，绝对可以让这个坚持信仰的家族富可敌国。但如果这个家族真的想这样坚持，要经历什么样的心灵折磨呢？在1914年第一次世界大战来临、股票市场关闭前，他们要做出决定是否回避可能改变人类历史命运的重大战争，还是要继续买进；1929~1933年当股票跌了89%时，这个家族也要面临同样的选择——在有史以来最残酷的经济危机面前，是要保留家族仅存的果实还是要持续买进？在珍珠港受袭、美国要参与前途未卜的二次世界大战时，还要面临痛苦的抉择。

人类的历史有必然也有偶然，如果希特勒的德国早美国拥有原子弹，也许人类历史就将改写。看看人类经历的重大历史事件，每隔十几年就要发生的历史性事件会不断冲击考验这个家族的信念。一个人的投资在有限的生命中，也许可以赶上风调雨顺的好时光，但如果让一笔财富永续的穿越各个时代，有些事情就无法避免，危机本身其实是投资的一部分，对于做投资的人这是伴随你一生的事情，唯一的路——你只能迎头而上不退缩回避，勇于经受苦难与艰辛的岁月……

为什么要在苦难与繁荣的岁月中坚持？因为这是利益最大化的保证！上帝没有赐给人类在所有的时间知道所有事情的能力，但上帝赐给了我们短视与远见、软弱与坚强，赐给了我们所有好的与坏的天性。我们努力锤炼自己，就是想让自己的美德更多地融入我们的生活与事业之中。

我们学习到的知识告诉我们，长期持有卓越的企业会有多么美好的未来。我们尝试着让我们的伙伴，和我们一样有信心、有理想，相信未来。我们的商业模式，需要有客户坚定的支持，否则，即使是最佳的投资策略，也无法创造出骄人的业绩。巴菲特于1969年解散了他的合伙公司，因为他厌倦了作为合伙公司的投资者带给他的压力，他选择了自己收购企业，自由决定投资方向与投资策略。

1969年巴菲特向他的投资合伙人推荐了平均持股周期在10年以上的长叶伙伴基金，那些转投长叶基金的投资者，有些选择了离开，而那些在艰苦环境下仍然认同这种非主流的长期股权投资的投资者，最后获得了丰硕的回报。有许多朋友讲，资产管理是不能选择长期投资的，无论是公募基金还是私募基金的委托者，眼光未必那么遥远。罗斯福总统曾说过："最佳总裁就是这样一个人，他精心选用一些优秀人才做他想要完成的工作，并约束自己，避免干预他们的工作。"

我们多么希望，东方港湾的伙伴都是罗斯福总统所说的"最佳总裁"，因为我们深信这是财富管理的长远利益之所在。

2007年9月7日

难以复制的沃伦·巴菲特

"经历过无数次的沉浮，我们最终取得了成功。"沃伦·巴菲特有资格用古罗马诗人沃格尔的著名诗句回顾过去。但后人如果以巴菲特为榜样，想取得成功并非易事。

1956年，沃伦·巴菲特在丛林大街，用租金100美元租了一间房子，开始经营合伙公司，其管理的资产是10.5万美元。作为投资经理，巴菲特不告诉合伙人他买卖什么股票，怎样经营公司，他每年收取赢利额的25%作为个人所得。那个时候，巴菲特经常到城里游说别人，主要是医生，加入他的合伙公司，当然，我们可以想象他可能曾经遭受的质疑与"白眼"。这个阶段的巴菲特是容易复制的，无论他的商业模式还是投资的方式，中国目前很多以股票投资为主营业务的投资公司都在重复走这条道路。

1965年，巴菲特收购濒临破产的价格极其低廉的"抽剩的雪茄烟头"型的伯克希尔纺织公司。收购伯克希尔纺织厂是巴菲特开始走向成功的起点，也是他第一次失败的经历，他最后不得不将纺织品公司业务廉价卖给了别人。《华尔街日报》曾评价，“这是少数几个让巴菲特赔钱的商业之一。”国内有些朋友，有的已收购有上市公司，曾有朋友告诉我他就是想从收购上市公司开始复制巴菲特的神奇……不过，巴菲特先生承认了自己收购伯克希尔纺织厂的错误。当年年度报告中记载着这么一段话：“我知道这是一桩很难做的生意……当时的我或者是傲慢自大，或者是天真无知。现在，我吸取了很多的教训。”

吸取很多教训，从“傲慢自大”变得谦逊的37岁的巴菲特先生，由此，开始了一段人们可能永远无法复制的真正传奇投资经历。1967年3月伯克希尔出资860万美元购买了奥玛哈的两家头牌保险公司——国民赔偿公司和火灾及海运保险公司的全部流通股，其合计拥有2470万美元的债券和720万美元的股票组合。至此，伯克希尔公司抛弃了纺织主业，开始了保险帝国的营造。1968年，国民赔偿公司保费浮存金收入2000万美元（浮存金是一项保险公司持有但不属于保险公司的资金。在保险公司的营运中，浮存金的产生原因在于保险公司在真正支付损失理赔之前，一般会先向保户收取保费，这期间保险公司会将资金运用在其他投资之上。通常保险业者收取的保费并不足以因应最后支付出去的相关损失与费用，于是保险公司便会发生承保损失，这就是浮存金的成本），税后利润达到220万美元。巴菲特利用保险公司稳定的现金流进行证券投资组合操作。1969年年底，巴菲特清算并解散了拥有100名股东的巴菲特合伙人公司，其合伙人的应得资产以伯克希尔股份的形式支付。

整个70年代，巴菲特一共购买了3家保险公司，并另外组建了5家保险公司。1976年下半年伯克希尔买进了大量的盖可股份，到1980年底，巴菲特总共投入4570万美元取得该公司33.3%的股权。由于盖可不断回购公司的股份，15年后，伯克希尔在盖可的持股比例逐渐增加到50%左右。

自伯克希尔1967年全力投资保险业以来，伯克希尔的浮存金每年以20%多的复合成长率增加。从1968年底浮存金2000万美元，到

2006年年底时，浮存金已达到509亿美元，这些浮存金大部分时间的成本为零，甚至是负的，2002年伯克希尔的浮存金成本只有1%。如此低的资金成本成就了巴菲特的投资梦想，当然，他的伟大成就并非靠“垄断”的保险业得来，他还需要凭智慧、经验、直觉和勇气在正确的方向上运用财富，购买并长期持有美国运通、可口可乐、迪士尼、吉列刀片、麦当劳及花旗银行等许多伟大公司的股票，让巴菲特一手创建的伯克希尔·哈撒韦公司经过了40年的风雨后屹立至今。

环绕在沃伦·巴菲特身上的财富传奇，让无数人侧目。我们可以学习他的正直、谦逊、远见、洞察力、阅读和思考、坚毅的性格与面对压力下的沉着，但我们可能永远无法复制他，特别是其1967年以后运用的商业模式。在我理解中国真正贴近巴菲特的人是热爱思考、极有远见的平安保险董事局主席马明哲先生，但可惜我们无法复制导致巴菲特之伟大的人文、社会、经济、政治与法律环境……

2007年9月22日

基金管理人的华发

2008年1月10日晚上，与中欧几个同学小聚。其中一位同学问：“你头发怎么白了这么多？”“白发三千丈，缘愁似个长”，我开玩笑说就像李白《秋浦歌》形容的是“缘愁”。

市场跌荡起伏，基金管理人承受压力是必然。深圳“早生华发”，见面孩子有可能喊他“爷爷”的基金管理人，就有同威资产管理公司的韩涛先生、万利富达资产管理公司的胡伟涛先生和我的搭档钟兆民先生。他们的“满头华发”和我一样也许就来自“愁缘”的股票市场。

2005年在河北去调研王朝葡萄酒厂葡萄园的路上，看到农民鞭策着牛犁地，心生羡慕。对一个普通农民来说，他的生活如此简单，在大自然的广阔和远离尘世的山村中，他有可能静静地渡过一生。我虽然无法完全体会到农民最本质的生存压力。但对做投资的人来说，能做到巴菲特每天像跳着踢踏舞一样的心情去上班的毕竟少见。一睁眼，你就要思考所有影响企业与市场的因素，哪怕某个信息源自天边甚至与所投资的企业毫无关联，你也需要抽丝剥茧。遇到忧虑的信息，焦虑便会涌上心头……

当然，还有来自客户的压力。2007年12月20日，我的同事发来一个短信："昨天又被好几个客户追问，××甚至开始说再这样刻板地做下去就只能用脚投票了，××的客户也表达了类似意思。"我回复："输掉一批客户不怕，但如果没有理念和信仰，我们会输掉整个事业。"

没有任何事业是容易的。投资在我看来不是个容易产生成就感的职业，你今天的成功可能会为未来的失败埋下隐患。你需要不断地挑战和考验自我，我追求什么？我想留下什么？我该改变什么？你需要把深邃的、影响人类生活方方面面的事情想清楚，并贯穿到自己的投资事业中。台上一分钟，台下十年功。在外人看来一番风顺的事业，其实背后有着艰苦卓绝的努力。长远的目标、忍耐、坚持，简单的行为，背后的支援结构一定是复杂的。

为什么这个世界上只有极少数人更有成就？读中欧国际工商学院时听过一个"30年理论"。从大学毕业开始的第一个10年，是以一技之长求生的阶段；第二个10年则靠人际关系的处理，靠团队，靠处理与他人关系来成就自己；第三个10年靠性格，真正的领导力，取决于抵御逆境的坚强性格。我相信只有来自内心的力量才能在人生道路上让我们行走得足够久远。

为什么理念和现实很难真正的协调统一？为什么有些人在投资中想和做得不一致？为什么会发生这种背离？我们每个人都存在人性的弱点：贪婪、恐惧、懦弱、侥幸……但这个市场和世界很残酷，你有什么人性弱点，他就在哪里攻击你。某种意义上，早生的华发也许可以让我们更好地理解苏东坡《赤壁怀古》的"大江东去，浪淘尽，千古风流人物"的人生情怀，进而通过学习和思考让我们变得更睿智、更有远见、更有面临重大压力时做出痛苦抉择的能力和执行力。

2008年1月12日

追求真理

多少年过去了，但一个人的名字永远留在了我的记忆里。那就是以写出《论无限、宇宙及世界》一书，信奉并传播哥白尼《天体运行论》，于公元1600年2月17日，52岁时被视为“异端”和十恶不赦的敌人烧死在罗马百花广场上的乔尔丹诺·布鲁诺。

布鲁诺反对亚里士多德-托勒玫的地心说。他提出了宇宙无限的思想，“认为宇宙是统一的、物质的、无限和永恒的。在太阳系以外还有无数的天体世界。人类所看到的只是无限宇宙中极为渺小的一部分，地球只不过是无限宇宙中一粒小小的尘埃”。不仅如此，他还提出了更为之惊愕、“骇人听闻”的连那个时代被尊为“天空立法者”的天文学家开普勒也无法接受的思想：“千千万万颗恒星都是如同太阳那样巨大而炽热的星辰，这些星辰都以巨大的速度向四面八方疾驰不息。它们的周围也有许多像我们地球这样的行星，行星周围又有许多卫星。生命不仅在我们的地球上有，也可能存在于那些人们看不到的遥远行星上……”

布鲁诺以其勇敢的一生，将束缚人们思想几千年之久的“球壳”捣得粉碎，但他也为坚持自己的信仰和思想自由而付出了生命的代价。我们是普通人，坚持自我认知真理的精神未必如布鲁诺那样坚韧。但好在我们不是身处中世纪，在我们认知真理的过程中至少可以自由思想，而不会像那些先驱，有可能成为殉道士。

在真理中追求生命的精神！庆幸自己选择了证券投资这个职业，对证券市场的认知也是一个追求自由思想、在生命中追求真理的过程。某种意义上，这是一个可以通过怀疑和思考，通过逻辑与实证，通过激发自己内在智慧和思想，凭借一己或几个人力量有所成就的事业。

这个领域里没有权威和束缚，它的成功建立在“不轻信的基础之上”。它取决于勤奋、努力、思考、清醒并真实客观地认识自己，这其中少不了磨难，但正如巴特菲尔德所言：“我们只是伟大历史过程的一部分，我们自己不仅是开拓者，而且也是过客。”

2008年4月2日

投资札记之四：给新股民的建议

发现伟大的企业，长期坚持投资，这种办法不仅仅成就了历史上那些最伟大的投资家，它应该也能够帮助那些愿意尝试改变的朋友。你只需要多阅读几本书，然后谦逊、耐心地学习，有一点天赋，也许就能成就自己的命运。

请善待自己的财富

要我给新股民一些建议，我首先想到的严肃的事情，就是请股民朋友，特别是刚刚进入股票市场的朋友——善待自己的财富！

多年的职业生涯告诉我，投资一定要用自己的余钱；不能透支、不能借钱；一定在满足医疗、孩子的教育、达到基本的生活保障的前提下，再来进行投资。2007年7月1日晚上与另几位朋友的交流中，有人告诉我，他的一个深圳检察院的朋友，把房子抵押了炒股票，这次一个大跌，压力非常大。

我希望股民朋友们，千万不要做这类有可能让自己面临困境的事。很多人生活虽然不富裕，但很快乐，创造更多的财富，并不一定是我们必须的，千万不要牺牲自己内心的宁静来换取刺激的有可能导致万劫不复的生活。

我们可以狂热地工作，但请一定采取正确的方法，就我理解的投资而言，如果我们有一笔不断积累的财富 (哪怕很少的钱)，我们只需要选择好的企业，投资真正好的企业。而且投资并不是一件非常困难的事，找到好企业，并不是某些少数人的专利。真正伟大的企业，一定是公众的，能让多数人参与、分享。我们只需要买入持有它，让企业为我们持续创造价值与财富。

投资是一项非常严肃的事情，我们要好好善待自己的财富，要少参与泡沫型资产的投机活动。当然，这只是我个人的意见，仅供您参考！

投资改变命运

——致那些愿意尝试改变的朋友

2007年8月3日，看到汪丁丁先生刚刚发表在《财经》网络版的《这是怎样的再分配？》一文。丁丁先生对民众的人文关怀值得敬佩，他的核心观点是："全面膨胀的资产价格和不断攀升的物价，最沉重地打击了都市里最贫困的群体，但政府对此却未必关心。"

政治问题我们不讨论，我相信税收的高增长（因企业盈利增长强劲，据说2007年深圳税收增长可能超过50%），将使政府有能力做力所能及的事。当然，如果我们就是弱势群体，可以怪罪社会环境造成我们贫穷，也可以因此被动、消极等待，但我们能否尝试着讨论一下——我们是否有机会通过投资改变自己的命运。

资产价格的全面膨胀是历史发展过程的客观规律，在美国也一样，1930年的一美元到2000年只剩七分钱的购买力了；根据《经济学家》（The Economist）公布的数据，过去60年中，英国有4000%的通货膨胀，美国有1000%的通货膨胀。通货膨胀对财富的损害仅次于财富的创造，这是经济学常识。所以把辛辛苦苦积累的财富变成银行储蓄的人，是被动将自己绑在历史车轮前行的车痕中碾压，这注定不会有美好的结果。当然，我相信随着国家的强大，人们有基本的生活保障还是可以做到的。

但另一方面，即便我们没有能力参与固定资产的投资，是否可以通过股权投资在这场“全面、持久、深刻的购买力再分配运动的方式中（汪丁丁语）”主动改变我们的命运呢？

2006年10月，回开封见到了我们初中球队的队友，其中不少是下岗工人，有几位命运可以用悲惨来形容，当年我们英姿勃勃、扣球犹如雷霆之势的主攻手，如今不仅下岗还病魔缠身，全家三口靠着低保维持生活。见面的时刻，心里酸酸的……当年我们中最有希望成才、也是老师最喜欢的学生，仅仅为了早接班，早有一份工作做，就这样彻底改变了命运。

还有一位，他父亲就是我们球队的教练和老师，至今还记得初一刚入学时他父亲教我们“滚翻救球与鱼跃救球”的情景。那次见面后，他把家里的积蓄陆续拿出来让我帮他理财，2006年10月19日他在自己的股票账户中存入4999.00元人民币；2006年10月23日转入5000元；2006年12月5日转入10000元，他说：“我们全家就靠你了！”一句话让我百感交集……

从开封回来，和同事说起这事，同事说这是你应该帮助的人，你能改变他们家庭的未来。一个人的能力有限，基于社会关系的无私帮助也是有限的。东方港湾曾想将传播价值投资视为公司核心理念，我们是这样想，也是这样做的。

发现伟大的企业，长期坚持投资，这种办法不仅仅成就了历史上那些最伟大的投资家，也帮助了我这位拿出19999元人民币的同学，它应该也能够帮助那些愿意尝试改变的朋友，它确实是一个好方法。你只需要多阅读几本书，然后谦逊、耐心地学习，有一点天赋，也许就能成就自己的命运。

投资成功必备的七种性格

成功的投资人取得成功，必然有一些最关键的要素。实际上，投资者彼此的知识结构相差不多，差别只在于个人的性格。每个人所经历的生活苦难和挫折，所受到的教育和教训都将构成自己丰富的阅历，这些阅历最终会凝结到性格上，成为个人的财富。比如格雷厄姆和巴菲特倡导的价值投资，理解很容易，关键在于你能不能接受，能不能坚持下去。

德波诺的“驼峰效应”认为：“在任何生物系统中，这是最重要、最困难、最危险的效应。生物系统的运动总是以希望获得的事物为目标的。但是，眼前想得到的东西从长远来看可能是有害的。而长远的利益可能要求预先付出代价，做出牺牲。”当人们全神管注盯着眼前利益的时刻，却可能失去将来更大的长远利益。这可能就是问题的关键所在。

基于人性，有人会受到性格驱使放弃或者坚持自己的投资。比如我的一个朋友先买了贵州茅台，结果赚了一点点钱就跑掉了，理由是赤水河可能被污染。后来他买东阿阿胶，听说当地原料驴皮出了点问题，又赶紧卖出去。类似的操作还有不少，这完全是他过于敏感的性格所致。

再比如坚持。我们在2003年买了高速公路股票，正好碰上SARS，情况很糟糕，一般人会赶忙把股票卖掉，但我们始终持有，这也是性格所致。

怎样的性格可以在投资中获得成功呢？根据我的经验，应该有以下几点：

第一，坚忍，应对困境的韧性和达观态度；

第二，坚持原则，在纷扰变化和外界压力之下不偏离原则立场；

第三，追求真理，持续学习，相信自己；

第四，与人分享的人生态度；

第五，大局观，放大看世界的视角；

第六，执行力，谋定而后动，绝不犹豫；

第七，细节不放松。

相信常识

现在入市的散户、新股民越来越多，很多人做股票很浮躁，投机心态很重。这是因为他们看不清股市投资的真正逻辑，忽视了一些最简单的常识。

做一个假设，假如巴菲特来中国了，在深圳大剧院召开一个大会，向大家阐释价值投资观念，鼓励长期持有股票。比如一万个人去听了，过了一年、半年，99%的人该怎么做还会怎么做。价值投资不是任何人都能做到的，这种人本身要有很高的悟性，要有人生阅历。

事实上，财富的涌动的方向就是让少数人有很大的盈利，而这些有很大的盈利的少数人的办法一定和多数人的办法不一样，如果都一样，行业利润就会是平均的了。为什么在资本市场都想赚钱的行业当中，有少数人成了全世界最富有的一些人？就因为他们采取的办法是绝大多数人没有运用的办法，而事实上它又是常识！这是最可怕的。如果是常识的东西很多人又不愿意坚持，却把错误的东西当成常识，这就给按照合理的逻辑选择交易方式的人提供了一个很好的机会。这个市场对于价值投资者来说，是一个非常好的运用和创造财富的机会。

买最好的企业，莫要投机

对于一个最近新入市的股民朋友，面对现在的行情，我建议要买最好的企业，即便它很贵。

投资胜出的关键点在哪里？我认为第一个是要在你正确的地方赚到足够多的钱。比如说我有100万人民币，平均配置在精心挑选的10个最伟大的企业上，如果50年下来有5个企业倒闭了，另外5个屹立不倒仍然有强大竞争力，则最终赚钱的多少，不取决于5个倒闭的企业，而取决于剩下的5个企业。如果挑选的企业经得起时间考验，即便剩下不到一半企业，50年的积累也是很可观的一笔财富。我们的投资不可能全对，截止2007年巴菲特重仓过的13只股票，其中7个股票赚了约270亿美金，其成功的概率为53%；最伟大的NBA运动员乔丹其职业生涯共出手投篮21686次，命中率为50.5%。所以，只要选择正确一部分，长期坚持，就足以保证我们成功，这也是为什么要做组合投资的原因。

第二个，好股票不是说不跌，它也会跌。但是好股票的关键是什么？关键是它跌了以后还会回来。为什么不能去做垃圾股的投资？因为垃圾股跌完它可能就回不来了，它就倒闭消失了。我有朋友2001年用在国内市场养成的投资习惯，去买香港的股票，专挑便宜股，题材股，最后选择到一毛多钱有李嘉诚出手相救的庆丰金，当跌到几厘钱的时候，缩股回到两毛钱，然后再次跌到几厘。香港商业罪案调查科经调查发现，庆丰金在2001年2至4月间，涉嫌与多家公司在内地开设多家珠宝金行，并通过在公司的财务年报中利用会计原则作假，进行虚假投资计划。随着庆丰金的退市破产，我的朋友也倾家荡产了。国内还很少有上市企业破产清算，但长期来看这种情况一定会出现。现在港股直通车，内地居民可以直接买卖香港股票，其中很多股票交易价格低得可能超出想象，但其中隐藏的风险也是巨大的，香港的普通投资者通常只买10元港币以上的股票，价格低廉的绩差股曾害苦过他们，养成好的投资习惯非常重要。

所以对投资者来说，如果你是一个短跑选手，在一年当中肯定90%的企业不会破产，你可以在广泛的范围去投资；但如果你是一个长跑选手，那就要很慎重的选择企业。

因此我建议新股民要买就买那些公认的好股票，那些蓝筹股通常能经得起时间的考验，但如果你去参与这个投机狂潮，那对不起，有一天你可能输得很惨，我想这是世界通行的规律。中国股市不可能每年翻番涨，这是毫无疑问的。即便是大牛市，我们说10年牛市，它也是震荡向上的牛市，这个震荡的过程当中，从4000点跌到3000

点，或者从6000点跌到4000点都是很有可能的。如果你参与投机，即便是一个很伟大的行情，可能在某一个阶段就把你消灭掉了。

一个美国人所走过的人生历程

1809年2月12日，出生于一个贫苦的家庭；1816年（7岁），全家人被赶出住宅，开始居无定所的流浪日子；1818年（9岁），母亲去世，悲愁的生活雪上加霜；1831年（22岁），经商失败，债务缠身；1832年（23岁），竞选州议员落选。同年工作丢了。想攻读法学院，未获入学资格；1833年（24岁），再次借钱经商，同年年底再次破产，接下来他花了16年时间才把债还清；1834年（25岁），贫困潦倒的他再次竞选州议员，居然当选；1835年（26岁），订婚后即将结婚时，未婚妻死了；1836年（27岁），精神一度崩溃，卧病在床半年之久；1838年（29岁），争取成为州议员的发言人——没有成功；1840年（31岁），争取成为选举人，连参选资格都被否定；1843年（34岁），参加国会大选——又落选了；1846年（37岁），再次参加国会大选，一举当选，前往华盛顿特区，表现可圈可点；1848年（39岁），寻求国会议员连任，失败；1849年（40岁），自荐州土地局局长一职，遭到拒绝；1854年（45岁），竞选美国参议员，落选；1856年（47岁），在共和党内争取副总统的提名——得票不足100张；1858年（49岁），再度竞选参议员，再次落败；1860年（51岁），当选美国总统；但5年后就被暗杀。

这个一生充满打击、失败和屈辱，历尽磨难的美国人就是美国历史上最伟大的总统之一——亚伯拉罕·林肯。林肯在生前的一次演讲中说道："每个人都应有坚韧不拔、百折不挠、勇往直前的使命感。努力拼搏是每个人的责任，我对这样的责任怀有一种舍我其谁的耐心、毅力和信念。"

证券投资是一个看起来容易实际非常艰难的事业，投资这条路并不好走，充满着人性的诱惑和考验。经历过几轮牛熊市的投资者应该有些体会，现实的情形是：10个参与者7个输、2个平、1个赢。对任何一个选择其中的投资人来说，要有经受坎坷的心理准备，如果你选择，就要像林肯一样，从意志上不受命运所左右。这样，通过你的持续努力和学习，也许您会有一个光明的未来!

偶遇港股两次大跌

2007年8月17日到香港参加平安保险2007中期业绩公布会，正好赶上美国次级抵押贷款引发的港股大跌。2007年11月16日到香港调研港交所与中保国际，再次遇到恒生指数下跌1136点，只是这次是在港交所的交易大厅里感受这种氛围。

在港交所投资者关系总监陈心愉女士介绍港交所历史的同时，我翻阅着港交所提供的《细说当年》的小册子，对其中两段股灾的描述印象深刻：

1973年3月9日，恒指在短短4个月内由不足700点升至1774.96点水平。怎料至1973年底，泡沫开始爆破，恒指急挫至约433点。笠年12月底，恒指收报177.11点。

1987年10月1日，气势如虹的恒指冲上3968.70点的高位，但到1987年10月16日这个黑色星期五，全球股市崩溃。香港在随后的星期一（10月19日），恒指急挫，收市报3362.39点，其后人称该天为黑色星期一。

联交所于1987年10月20日至23日停市四天，期间恒指期货亦暂停交易。市场信心动摇，以致10月26日重新开市时，恒指一日内暴跌约43%（现货月份的恒指期货跌至1976点，下跌1544点，跌幅达43%）。

也许是经历过股灾，港交所的投资业务做得很保守，完全没有贷款，只是利用滚存的券商保证金做隔夜的拆息等无风险的业务。我的职业生涯也告诉我：不透支、不融资、不借钱可能是股票投资事业走得久远的保证。巴菲特2007年10月18日在接受福克斯新闻网商业频道的专访时，曾就“如何看待通过融资来购买股票或者说借钱买股票”的问题说：“我认为这有点疯狂。如果你看看伯克希尔公司，我们买入的时候是每股7美元，现在每股是129 000美元。但在1974年期间，它的股价下跌了50%，2002年时，股价也从高点大跌50%。如果你的资金中有50%是通过融资获得的，则意味着你已经破产了。但你不应该因拥有一只从7美元涨至129 000美元的股票而破产。1987年，伯克希尔的股价在两周内下跌了40%。因此，如果你通过融资来买股票，你的命运就掌握在他人的手里，这太疯狂了。”

股市潮起潮落，就像月有阴晴圆缺。但我相信人类总的发展基调，是螺旋上升的。如果没有乐观和信念，没有谁能在伯克希尔的股票上用42年的时间赚上近18 000倍，这中间要经历多少次金融危机与市场萧条。但就风险管理而言，用余钱投资绝对是未来辉煌岁月的保证。否则，不用说大熊市了，一个波折就足以致命。如果我们知道我们的客户中有谁不是用自有的闲置资金投资，我们一定第一时间劝退他（她）！

当然，此刻的港交所也处在因中国崛起而拥有的繁荣中，从2003年约40亿/天的成交量，到2005年180亿/天，2006年300亿/天，2007年700亿/天，十月份1600亿/天的成交金额，这都让港交所有了更理想的收益。听同行的中信研究员说：内地交易所也有可能要上市，这可是引起人关注的一个信息。

听陈心愉女士介绍，港交所新增业务的90%与中国相关，它的成功也将取决于中国与中国企业的未来。港交所2002年至今，派息90%给股东。

会后参观交易大厅，一个很深的印象是，穿着红马甲的交易员多是头发斑白的老人，陈女士说：“他（她）们是香港股票市场发展起来的见证！”

这些老人，再次经历了港股暴跌的一天。当然，这也是他们不平凡生命中平凡的一天。

钱被“上帝”拿走了

2008年1月22日晚上，一位做投资的朋友约我见面，结果来了三位。约我的朋友一见面就说：“约你就是想看看这历史的一刻，有纪念意义的夜晚，你是什么样子。”

2008年1月22日香港市场各类指数

	下跌	收盘	跌幅
恒生指数	−2061.23	21757.63	−8.65%
金融分类	−3386.46	30199.39	−10.08%
公用分类	−1575.55	40212.88	−3.77%
地产分类	−1901.60	31391.03	−5.71%
工商分类	−1205.37	12770.24	−8.62%
国企指数	−1619.54	11911.91	−11.97%
港中企业	−447.25	4731.70	−8.64%
创业板	−124.77	1001.85	−11.07%

2008年1月22日中国市场各类指数

	下跌	收盘	跌幅
上海A股	−371.71	4785.74	−7.21%
上海B股	−31.40	307.38	−9.27%
深圳A股	−116.44	1407.74	−7.64%
深圳B股	−58.25	609.33	−8.73%

他说：“风雨飘摇的这几天大长了见识。他的主管平时是个谈笑风声的人，这几天郁郁寡欢。有个你认识的朋友（在国内负责一家大型券商的研究部门）刚才来电话说他的钱被‘上帝’拿走了，他在香港炒窝轮2000万变成了200万，几年牛市赚得钱又回去了。电话里他说另一位比他更不幸，炒窝轮2000万一分钱都没了。40多岁

的男人在电话里哭泣……"

我问："为什么？他们平时不都是价值投资的认同者，为什么会去做风险如此大的事情？""他们也是被一些以少胜多的故事感染和自己的才智所激发才去做的。"他又说了一位这次损失也不小的我认识的朋友。听到他的名字，我大吃一惊。怎么也想不出，对每笔投资甚至买自住的房子都要列出数十项指标，严格论证后才去做投资的人，会高额透支炒窝轮。无论多么自信也不该冒如此大的风险，而且可能让自己的家庭也身临极大的危险境地。

2008年1月22日，对做投资的许多人来说确实可能是个不眠之夜，那些在香港或国内做透支盘交易的人，我相信此刻有可能正在盯着美国股票市场的交易情况。这次全球股票价格的变化还是源于市场行为，如果遇到像战争这样更重大的危机，投资人的日子会更艰难。但愿美联储此次将银行间隔夜拆借利率由4.25%降到3.5%，下调0.75个百分点的降息能救正身处危难之中的人们。也希望这样的事情，能让后来人汲取教训。

对职业投资人来说，遇到市场危机与动荡，甚至极端情况的变化是再平常不过的事了。能帮助我们度过危机的办法，最终取决于我们如何看待这个世界，取决于我们头脑中哲学体系的价值取向。对长期投资者而言，则永远取决于我们选择的企业是否卓越，是否有足够的历史穿透力。做到了，危机降临的一刻就会和平时一样，安枕梦中。

血汗钱怎么成了沉没成本

金融市场发生危机，股票市场大跌的时刻，一般人选择退出，通常的做法是首先选择卖出赚钱的股票，留下亏损的股票。但16年的从业经验告诉我，正确的做法应该是卖出亏损的股票，留下赚钱的股票。选择补仓，也要补大跌中仍然有盈利的股票。为什么？

2008年1月19日，教我们管理会计的许定波教授在讲管理会计的相关分析中“相关收入、相关成本和决策过程”一节中，提到了“沉没成本”，并用股票投资比喻。我觉得非常有道理，经济学中有许多概念不仅有利于经营企业，而且对于认识投资，甚至对认识人生也是有益的。在现代经济学和商业决策制定过程中，会用到“沉没成本（Sunk Cost）”（或称沉淀成本）的概念，所谓“沉没成本”是指那些根本不可能再为企业带来任何利润的资本投入。投入得越多，损失越严重。从经济学的观点来看，对于那些纯粹是“沉没成本”的企业，不但不应该再有任何的投入，而且应该要通过兼并、破产等方式坚决关闭。

曾有人用一个收藏古董的老人的故事来释疑沉没成本的深刻含义。说是有一个老人特别喜欢收集各种古董，一旦碰到心爱的古董，无论花费多少钱都要想方设法地买下来。有一天，他在古董市场上发现了一件向往已久的古代瓷瓶，花了很高的价钱把它买了下来。他把这个宝贝绑在自行车后座上，兴高采烈地骑车回家。谁知由于瓷瓶绑得不牢靠，在途中“咣当”一声从自行车后座上滑落下来，摔得粉碎。这位老人听到清脆的响声后居然连头也没回继续向前骑车。这时，路边有热心人对他大声喊道：“老人家，你的瓷瓶摔碎了!”老人仍然是头也没回地说：“摔碎了吗？听声音一定是摔得粉碎，无可挽回了!”不一会儿，老人家的背影消失在了茫茫人海中。如果这种事情放到一般人的身上又会是怎样呢？不少人一定会从自行车上跳下来，对着已经化为碎片的瓷瓶捶胸顿足，扼腕痛惜，有的人会好长时间精神难以恢复。

许定波教授说，他在香港科技大学会计系教书的时候，有一个教授在27元港币买了香港人俗称“8号”的电讯盈科，该股跌到15元的时候，那个教授请教他，他通过研究和分析告诉该教授，电讯盈科不值这么多钱，他失去的是“沉没成本”，劝该教授卖掉。该教授反应激烈：“卖掉后，我的血汗钱不都没了。”后来电讯盈科差不多跌到相当于1元多港币（5股合1股）的时候，该教授卖出了股票。许多投资者在计算他们的财富时，记忆停留的永远是他们曾经达到的最辉煌的那一刻，常将某一天的最高市值视为已到手的收益，然后以那一刻的市值来计算他的得失。结果，变化的市值与最高市值相比，难免心态失衡。投资应该超越这种“财富观”。过去的市值包括买入价格等都属于“沉没成本”。有的人天天看自己账户上市值的变化，其实这没有任何意义，更容易唤起一种心里错觉，患得患失。据说，亏一千万的痛苦是赚一千万快乐的两倍，这也是人类奇妙的心理变化。做投资最重要的永远是未来，是投资的企业有没有更好的未来。无论牛市还是熊市，每一刻我们该反思的都是我当初以及现在的决策是否正确！

无论投资还是人生，我们总难免走过一些弯路，经历一些难以承受的挫折，如果利用沉没成本的概念来认识这些事，我们可能会赢得一种更为积极的人生！对投资而言，如果一笔投资无论做出何种选择都不能收回，具有理性的人只能忽略它。因此，无论此刻我们的处境是艰难还是畅顺，真正有意义的行动是如菲利普·A·费雪所说的：“真正要紧的，是不要放弃在未来会大幅度增值的投资。”

2008年1月29日

《悲情小说》

一位朋友发给我一篇“小说”，他谦虚地称他就是“小说”中的第三个人。“小说”的内容堪称经典，写来与诸位有心人分享。

《悲情小说》——

饭店老板贴出招聘启事，有三人应聘。

老板问头一位：“你有什么特长？”“我做过操盘手。”“手艺怎么样？”“能把股价从5元炒到50元。”“太好了！我这里正需要一个大厨，就是你了！”

老板问第二位："你有什么特长？""我是股评家。""那你的工作就站在门口，见人就给我往里拉！"

老板问第三位："你是干什么的？"那人满脸通红："我是散户出身，洗碗扫地随便安排个活儿就行。"老板为难："我这里很高级，要散户做什么？"忽然大堂传来吵嚷声，一服务员说："采购今天忘了买肉，客人点的菜半天送不上桌，正发脾气呢。"老板慌了神，这时，只见第三位猛地拔出尖刀，捋起裤腿割下一块肉丢给服务员："先拿去应急！"转身对老板说："老子别的本事没有，割肉是经常的！"

投资札记之五：股市知与行

世界上什么距离最远——知与行。股票市场可能就是这句断语的经典体现之处。

致十亿年后的投资家

不知道10亿年后是否还有人类？如果科技的进步能让人类的心弦跳动不息，不知是否还有投资这个职业？

如果有，我真的很想知道，当月亮变成星星远离人类的时候，当我们以及后代后代后代……的墓碑变成尘土，当我们熟知的潺潺的河流、碧绿的湖泊、深深的海洋变成荒寂的土地时……

当你们永远离开地球故乡、从此飘忽于地球之外、踏入繁星苍穹的星际旅行时，你们怎样总结这十亿年来人类在地球这个资本市场上的博弈？你们将会在你们到达的每一个星球上都建立股票、期货等交易市场吗？

那时侯，你们之间又会谈论什么？是安全边际？长存的企业？投资理念？或去某个星球调研某个企业的情况？还是我们今天的人类穷尽所有智慧也想不到的东西……

我真的很想知道那时侯你们的追求和梦想是什么?！你们最珍视的又是什么?！

[备注：投资比的是什么？在我理解投资比的是我们思考的极

限。为什么要思考那么遥远的事情？我们思考得越遥远，对现在可能看得就越清楚……]

三百年一幅画

这应该是一本书、一部著作而不应该是一篇文章的名字，可惜，我是一个股票市场的实践者和预见者，没有时间也没有精力更没有充足的资料让我完成对英美股票市场三百年的描述。如果有完备的资料、充足的时间、缜密的思考，以十年为一集，三十集为一部著作，也许我们可以勾勒出一幅恢弘的历史画卷。

据说，投资思想史在美国也仅属于少数人才能教授的顶级学科，这需要有广博的学识、深刻的思考和对投资实践的理解。这让我想起两年前看过的一套三卷本由丹尼尔·J·布尔斯廷所著的描述美国历史的著作——《美国人》，如果说我们编辑的历史书像轻描淡墨的山水画，那么这部著作浑厚深沉得就像用油画表现一片树林的四季变幻。

人类的投资史就是一部人类为个人幸福而奋斗、追求眼前欲望和未来尊严的历史。1929年10月24日，这一天有八个金融投机家以生命抵偿了巨额债务。“黑色星期四”不仅导致了席卷资本主义世界的经济危机的爆发，而且还导致亚洲（日本）、欧洲（德国、意大利）法西斯主义的登台，在美国导致罗斯福的“新政”。这是股票市场影响力的最好说明，精练地囊括了一段人类历史。

“昨日的梦的确是今天的希望，也将是明天的现实。”液体火箭的发明者美国人戈达德完成了将自己的梦想变为现实的努力，1926年3月16日，他完成了世界上第一枚液体火箭的发射，实现了离开地球到别的星球作客拜访的第一步。可以想象当时的人们对技术进步充满着怎样的希望，那时成千上万人必然有一种共识，就像1998年岁末人们对网络革命的幻觉一样。每次人类历史上重大技术成果的突破都将带来一次投资狂潮。1929年与2000年，对于某些人的记忆是一样的，过去的历史是未来岁月的档案和记录。

整个20世纪20年代，德国人体会着深深的屈辱和挫折感以及对战胜国英、法的愤怒。从美国的历史文献和电影中我们可以看到旅居美国的德国人对他们母国的贡献，一些银行家与投资家的资金输入，导致那个只为强者而存在的国际讲坛——国联，不得不重新接受德国又成为一个举足轻重的国家的事实，为其留下了一个永久性席位，并几乎导致巴西和西班牙退出国联。今天人们对这些金融家的评价往往做另类处理，但对于一个爱国者而言，三百年的情爱亘古未变。导致第一次世界大战发生，将奥匈帝国王储斐迪南大公和夫人刺杀身亡的塞尔维亚青年爱国者普林西斯有过一段著名的遗言："我建议你们把我钉在十字架上，把我活活烧死，我燃烧的身体将成为一个火炬，照亮我们人民通向自由之路。"

当然人类历史并不总是由这些沉重、不平凡的话题构成。在中国北伐战争开始的时候，1926年美国迪斯尼公司推出了米老鼠卡通，此后，它那精灵般可爱的形象便赢得了一代又一代人的喜爱。股票市场实质上是由社会精英富有创造性的想象力、管理天才与辛勤劳动一点点缔结起来的，正是他们使股票市场成为了活跃三百年商业社会最直接的智力源泉。

股票市场的视角比任何人都更广阔、更深远，它每天处理着无数的信息，这包括投资市场、货币状况、商品价格、对外贸易、农作物状况、银行结算、建筑和房地产、信息产业、政治因素和社会条件等等。这些信息又影响着市场的波动程度并预示着商业繁荣与萧条的广度和深度。无论在哪个国家，只要建立了自由的证券市场，它们将自动地、不可逆转地发挥重要的作用。幸运的国家，当无情、公正的股票市场提醒前方有恶劣天气时，她能抖擞精神全力以赴渡过难关；不愿接受市场无情判决的国家却会让市场成为经济萧条的替罪羊。这也是历史！

"彗星来去匆匆，而古老的地球既没变得更好也没变得更糟，更没变得更聪明。"希望我们不是如此！当我们执著、虔诚地创造历史并伴随历史前进时，至少能将山水画变得更像一幅厚重的油画……

让股票市场自由运动

从实证分析的角度，我们可能很难理解为什么股票平均市盈率达到了相当高度，股票市场还在上涨。

其实股票市场并不总是价值投资者与实证分析者或者其他什么人的天堂，它一经产生便自己主宰着自己的命运，只若即若离地体现着它赖以产生的基础资产。每前进一步，它都代表着一种严肃的、经过深思熟虑的努力，而非像某些人所理解的如醉汉般在行进。股票市场是最公正无情的，它拥有着所有的知识和见解，不管你是否理解都将面对它无情公正的判决。它行进着运动着以自己的方式、自己的规律。这是一门艺术，参与表演的人们拥有各种道具、面孔——伪善的尽管装饰吧！如果将它赋予一种符号的意义，说它是赌博也可以，它经常容忍着内线交易者的“嘀嘀咕咕”以及“让某某股上涨或下跌之类的狂妄之语”……可惜股票市场的天空中多是一闪即逝的流星少有恒星，不管它依赖的基础是什么。

它也经常听到那些指手划脚的政客以及类似高级股民的经济学家的言语——不许投机、泡沫太多……我相信它知道将用时多久才能走出“官僚主义的暴政”，才能让某类高坐讲坛之上的人明白“投机活动消亡之时就是整个国家危机之日”的道理。刚刚过去的不太久远的岁月并没有使我们的父辈变得更富有、更幸福，也许正是抑制“投机倒把”让他们每个人都变得一样贫穷。我们之前的制度限制着一个社会的活力洋溢，今天当我们用几十年时间让配置社会资源最具效率的股票市场走向舞台中央的时刻，千万别再束缚了这一伟大行业的手脚，无论出于什么目的。

我们的市场波澜壮阔地前进着，这背后一定有故事发生，它的内涵一定比我们任何人知道的都要大得多、丰富得多、深远得多。

我们尝试着抚摸它、热爱它，但也仅此而已。我们的市场本质上倾向牛市（即便有做空机制），它对繁荣的预见显而易见，但人们记忆深处却是对熊市的恐惧。上涨一倍没过多久就会让人遗忘，但当下跌超过50%似乎就足以建立起所有的怨恨和烦恼。也许人们内心深处在不接受悲剧性的艺术品的同时，又莫名其妙地参与着悲剧艺术品的制造，否则早已要求不再参与这种演出。我们在旧中国的废墟上（50多年前中国是继美英之后的世界第三大股票交易市场）重新建立了股票市场，50多年的岁月让我们对这门艺术认识得更深切、体会得更清楚，我们终于知道了让股票市场自由运动的道理。

股票市场的运动从来不是偶然的孤立的，一旦它向我们走来就不再是个人的，而是一个民族、一个国家甚至整个世界的。在人类共同成长的家园里，这件艺术品以上涨的基调象征着社会的文明和希望，它需要一种冒险精神，以及一种靠智慧承担失败的能力，它不是猜测，也不是赌博，而是辛勤地工作，不停地工作。

庄家背后是什么

听过很多庄家的故事，都是如何厉害身手如何了得等等，而有的股评者也添油加醋，类似“如能摸透庄家的思路，必能百战百胜……”常见报端。普通股民听起来似见真神，佩服者有之，满世界找庄家套消息的更是多数人的追求。如果笔者要说没有庄家，必然引起众人的愤怒，我们追求的东西你竟敢说没有！

数字告诉我们什么

假如市场上真的存在庄家，而且如某些人所理解般的身手了得，那么，这又将意味着什么？我们多少知道些积少成多的知识，但你真正理解过复利的威力吗？10万元，如果每次赚一倍，第十次就是一亿零二百四十万元。如果庄家的说法成立，以10亿元作为坐庄的条件，复利计算第十次将达约一万亿。如果所谓的庄家的游戏规则成立，现在市场上所有人的钱很快将被一小撮人或一个小集团赢光，所有的投资者将只会剩下裤衩，连外套也不会给你留下。所以，想象中的庄家概念肯定不成立，资金再大，也只能是市场的一部分，有输有赢是必然的，而且左右市场输赢的小比例获胜的概率，同样适用于大资金，大资金输多赢少是必然的。

谁能赢钱

赚钱与否与资金大小无关，胜负决定于智慧和眼光。大资金不一定赚钱，但大资金的关系者有时候可以赚钱。比如一笔大资金要买入一只股票，5元钱开始建仓，买入完毕股价已达10元。5元到10元是大资金的建仓成本价，假如此刻有一位老兄正好与大资金的操作者关系密切，5元进15元出，他是赚到了三倍，但大资金建仓成本、拉抬成本与最终离场的成本合计，在15元甚至更高的价位也不一定能赚到钱，甚至被套牢离不了场也是可能的。当然，大资金的“合作者”偶得富裕是可能的，但不会长久，因为如果这种游戏延续下去，复利计算他将很快变得比原先的资金规模更大。当然，在任何国家这种现象一定会最终成为重点打击的对象。所以，就赚钱而言，偶得富裕的小捷径有，但成就伟业还需大智慧。

成功的梦想与评价

如果从10万元起步，理论上可以很快成为亿万富翁，只要你技艺超群。从这个角度，人人都有靠勤劳与不断学习获得成功的可能性。生活中，有靠先人的福祉过着富裕生活的人，这种人我们没有办法比也不羡慕；也有靠自身努力成就事业者，长存者有关荣辱的事迹都在这里。相比靠出售股份，用资本运作赢得厚利的人，我更敬重踏踏实实创造出Windows成为世界首富的比尔·盖茨。对我们这样大的一个国家，盖茨这样的故事才真正让人动心，笔者的理解，这也才是国家强盛所在。所以，就投资市场，笔者眼力所及：庄家背后其实什么也没有，没有任何你可以立命的基础，我们应该追求更本质的东西，生存之道，不在庄家不在消息，甚至也不在资金规模的诉求。真正的豪杰靠的是智慧和眼光，靠的是脚踏实地，靠的是辛勤汗水与努力。

灯下“黑”

2007年7月31日晚上和几位朋友吃饭，其中有张裕和招商银行的职员。谈到投资问题，我和朋友讨论说：“你只需要买你们自己公司的股票就行了，如果买进不能卖出，正好被动做长线，也许赚得更多。”

还有一次，也是几位朋友吃饭，其中有两位朋友相互持有对方公司的股票。腾讯的朋友持有招商银行，招商银行的朋友持有腾讯的股票。我说：“为什么你们不持有自己公司的股票，难道是对自己公司没信心吗?”他们回答：“不是的，总觉得别的公司才是更好的。”而他们谈起自己公司的前景来，都是充满肯定与希望。

上述现象，经常碰到。2004年在茅台时也有人问：买什么股票好?招商地产的人也有在问，等等。说到这点，昨天管理审贷业务的招商银行的朋友用了一个很形象的比喻说，“这就叫灯下‘黑’”。

记得电视《雍正王朝》里有这么个故事：大将军年羹尧奉命到青海平叛，军耗巨大，但叛军避开锋芒，年羹尧没有办法找到叛军决战，同时，朝廷内外压力越来越大，年羹尧陷入困境。这时一位谋士对年羹尧说：我知道叛军在哪里。年大喜。这位谋士指出，敌人就在不远处的一座皇封寺庙里。年不信，谋士不慌不忙地说：这就是灯下黑，离自己越近就越不可能意识到，但却是最可能的地方。果然，大军一出，大获全胜。

我曾跟深圳税务局的朋友说：“实际上你们做投资，应该更有胜出的概率，企业的税收资料你们最全，而且产业背景与人脉俱佳，我想不出，还有哪个职业比你们更了解企业的真实情况。”

生活在深圳的投资者是幸运的，这块土地上多数公司是一点点靠着市场的力量做成优秀企业的。某种意义上我们不必满世界寻找企业，因为众多优秀的企业就在你身边。你看看我们身边有多少优秀的企业——平安保险、万科、华为、华侨城、中集、腾讯、赤湾港、招商银行、招商地产（还有将上市的招商证券）等等。如果你说招商银行服务有多好，内地的朋友恐怕没有机会亲身感受的，但也有极大的可能，我们就对身边的事情视而不见。

就投资而言，我们好像到处都可以看到灯下“黑”的故事……

你居然不知道证监会副主席

2007年6月27日，一位相交多年的老大哥，从北京过来，带着他的儿子来和我交流投资。这位人脉、关系与背景极为深厚的兄长，早年给过我很大帮助，1992年开始学习投资时的50万人民币就是这位兄长提供的。当年靠着技术分析与听消息，一轮牛熊市下来，50万从终点又回到了起点，兄长最后拿走钱时还是约50万人民币。想想这一切，仿佛又回到了15年前毛糙小伙时的岁月，时光荏苒，历经沧桑变幻，当年的小朋友——他的儿子已成了英气勃勃的青年人。

在我之后，兄长委托过几个人不间断地炒过股票，但他说都不理想。他现在想将这份担子给儿子来挑，他准备一部分钱做长线，一部分做短线，也参与些有重大资产重组的股票投资。我相信兄长在中国的人脉资源能够让他有足够的信息来处理投资，但如果想通过证券市场积累很大的财富，而且能不断地保持增长，这样做是远远不够的，而且有时候，如果没有正确的理念做支撑，恰恰“关系投资”是害人最深的游戏。我试着告诉兄长，我认为好的投资方式——找到好企业、然后耐心持有比什么都重要。

我举例：我的一个朋友，曾买了上百万股的东阿阿胶，本来最少能赚5000万，但听到公司一个高管告诉她，企业内部在斗争，一害怕就早早卖掉了。我告诉她，类似东阿阿胶这样占据了国内70%、外销90%市场份额，在专业领域有高壁垒、垄断优势的企业，不管哪一方斗赢了，还会继续经营好企业，这样的企业不该以这样的事为卖出理由。就像茅台，当总经理出事时，也是这位朋友同样吓得要在92元卖掉她的茅台，但投资类似的企业，其实开始的时候应该想清楚，它和充分竞争性企业的区别，否则，私人关系愈深，愈容易动摇，特别是当你和要斗败的一方关系为好时，更是如此。人类的天性，这个时候容易让人失去客观的判断，从而对企业产生误判。

谈到这，兄长说他和茅台关系非常熟，接着他说："XXX也出事了"，我跟了一句，这个"XXX是谁？""XXX你都不知道！他是证监会副主席，搞投资做股票的连证监会副主席都不知道，这可是我第一次经历。"兄长很惊讶地表示。我告诉兄长，我确实不知道证监会副主席是谁，我们守法经营，万事不想求人，平时也不愿跟政府官员打交道，我们不愿意活在各类人物的阴影下，更何况，我们的这份事业是求自己的内心，求自己的智慧。

兄长表示认同，他告诉我：他的关系都已近60岁，到了大批离休的时候了，以他的年龄和50岁的人交往还有可能，和再小的交往有代沟。他的生意、他的路，儿子是没有能力重复走的，他也不希望儿子走同样的路，所以，他不想让儿子待在北边，他想让儿子往南走。他考虑要将事业交给新一代的人。

[备注：XXX是否出事，不知真假，我未求证，我不想知道，也不感兴趣。]

杰出投资者的品质

——《华人杰出投资者》读后感

2007年8月23日晚9:30飞抵上海，第一位约见的朋友就是《VALUE》的主编张志雄先生。10:15志雄先生到，顺便带来了刚出版的《华人杰出投资者》一书，封面素雅、宁静，第一眼看过就非常喜欢。

2007年8月25日，早早赶到浦东机场，在候机楼处理完电子邮件，拿出《华人杰出投资者》读起来。虽然我也是被访谈者之一，但并不知道出版书的具体经过。听人说这本书卖几百块钱，心里也曾嘀咕，既然编了书，就是让人看的，但为什么要卖如此高的价格？有什么精彩内容能对得起付出“高昂代价”的读者？我抱着怀疑的态度开始阅读此书。

没想到一开始阅读，从黎彦修开始，访谈内容就深深吸引了我。从候机楼到飞行的过程中，一直到晚上11:30分，终于将访谈录全部看完。随即给志雄发了个短信：“至少从文字和学识上，《华人杰出投资者》一书让我感觉非常动人与精彩，也让我学习了很多、受益非浅。”

我并不认同“杰出投资者”的提法，估计这本书的被访问者大多数内心也没有这样的意思，我赞同来自台湾的黄庆和先生的观点：“衡量投资大师要用30年的时间。确立一位基金经理人历史地位需要10年，10年代表了市场的两个多空周期。如果要给一位经理人下定论，要看20年以上的业绩，20年基本涵盖了基金经理人从当上基金经理到退休的工作经历。衡量大师级基金经理的标准更严格，要用30年。要证明大师的投资方法的有效性必须要用30年时间，30年才能奠定权威的地位。”

今年5月9日在洛杉矶开Wesco公司的股东大会时芒格说："巴菲特65岁以后的投资技巧突飞猛进。"从巴菲特1956年在家乡奥马哈创立投资合伙人公司——巴菲特合伙人有限公司，到1996年他65岁，30年的时间巴菲特在持续不断地努力学习，今天依然。芒格说："巴菲特是我见过的最善于学习的人。"我发现这十几位投资者与巴菲特先生一样是非常愿意学习的人，这是他们身上共同的品质。正像黎彦修先生说的，"关注自己的核心竞争领域，又不固守成功经验，锐意进取……我不敢把自己当成标杆，我们充其量只是金融市场的好学生。"

成为金融市场的好学生，这可能是投资成功的必备品质。在我理解，金融市场是一个没有成就感的行业，你今天的成功可能就是你未来失败的隐患。你每天必须面对新的挑战，想那些永远具有不确定性又注定会发生的事情，为此你必须要有一种开放的、很谦逊的内在性格，这样才能增强你的洞察力与判断力。这条路上没有止境，甚至即便像巴菲特与索罗斯先生一样杰出，也只是生活的选择而已，你选择的这个职业，做好是应该而且是必须的。

当然，走这条道路也像其他的事业一样，极其艰难，你需要有忍耐力与坚强的性格，市场往往会对我们的忍耐力与自信心进行反复的考验，就像江平先生讲的："你要相信自己是世界上最强的，能够打败一切对手……有时我必须要有自信，不然真的会垮掉……而且你必须在整个过程中，注入生命和感情，要真正热爱这个事业。"

相信常识、保持客观也是成功的重要品质。"极为冷静，对自己超强地自信，同时又能非常客观地看问题，不停地认识自己，认识了再认识，自我反省。"这是江平先生总结的成功的性格要素，也是我看到的其他13位投资者一些共同拥有的品质。

这些品质，加上严谨、刻苦、认真、做事踏实，再具备些悟性、天赋与运气，也许就是本书的访谈者能有今天的成绩与在未来更久远岁月生存下去的保证。

投资需要开放的心胸

投资需要不断地学习，还要有开放的心胸。绝大多数人年轻时充满理想和胸怀，但随着年龄增长却失去了对“自由精神”的追求……我讨厌唯我独尊的人与事，我希望不带任何偏见地看待投资。

当然，我知道一个人能做到客观是极其困难的。

我们多数人无论思考投资还是人生，往往是从自我的角度出发，但是自由的精神就是让我们尽量站在他人的角度，理解别人的精神。当然，能做好，在我也是困难的。

在历史长河的每一代人里，孜孜追求、永不放弃的人，很少，我希望学习和思考如何让自己变得杰出。我尽量按照我理解的自由精神在做事，我也希望它深藏在每一位投资者朋友的心中！

“小人”也能帮助我们成长

一位朋友曾发给我一条短信，惟妙惟肖、非常精彩。短信内容：成功人士需要四人帮，即：高人指点；贵人相助；小人监督；情人鼓励！

2007年8月4日，一位对投资感兴趣正读大三法律系的小伙子，结束了他在东方港湾两周的实习，临别他问我有什么对他的“忠告”，我说：“如果你真想走投资这条路，能做好当然更有利于自己的成长。但不管怎样，永远不要放弃自己的追求！”

不过，现在想想，除了这些，就人生感受而言，还有更重要的东西。我也算走过些曲折的路，想想走过的每个关键时刻，有那些值得你一辈子感激、记忆的人，但也有一些“小人”实际上在帮助我们成长、实现飞跃式的发展。

2007年8月6日晚看金庸访谈，他13岁就颠沛流离、逃避战乱；日机轰炸、从死人旁爬起继续赶路；少年失去母亲；中年失去妻子；

深爱的大儿子因情感问题在19岁自缢身亡于美国。经历过这些苦难的岁月，很能理解金庸先生的话，包括他的两次遭“小人”暗算，被学校开除。

人的成就有时并不十分重要，能活着、生存下去，就是一个成就。我常想如果时光倒流几十年，我可能正在新疆、内蒙或大西北的某个地方数星星，我的头发已斑白、背部已弯曲、满脸沧桑，甚至只活在亲人的记忆里……

所以，我想告诉这位即将踏上人生旅程的同学，如果还有机会——请永远记住帮助过你的人，如果不幸遇到“小人”——他们有时伪装得很好，你甚至还以为他们是你的朋友，等到重大变故时才会暴露……但即便他们暗算你，你也要请上帝祝福他们，他们也不容易。你要相信自己！越过他们，走你自己的路！

就像德兰修女，让我们一起分享并在历经艰难的每一个时刻重温她的" 似非而是的戒律"：（1）人都是毫无逻辑、不讲道理、以自我为中心的。但还是要爱他们；（2）你如果做好事，人们会控诉说你必定是出于自私的隐密动机。但还是要做好事；（3）你如果成功了，得到的会是假朋友和真敌人。但还是要成功；（4）你今天所做的好事，明天就会被人遗忘。但还是要做好事；（5）坦诚待人使你容易受到伤害。但还是要坦诚待人；（6）胸怀大志的男人和女人，可能会被心胸最狭隘的小人击倒。但还是要胸怀大志；（7）人们同情弱者，却只追随强者。但还是要为几个弱者而仗义；（8）你多年建设起来的东西可能毁于一旦。但还是要建设；（9）人们确实需要你帮助，但当你帮助他们的时候，反而你可能会受到他们的攻击。但还是帮助他人；（10）当你把你最好的东西献给世界时，你反而会被反咬一口。但你还是要把你最好的东西献给这个世界；（11）你看，说到底，它是你和上帝之间的事而决不是你和他人之间的事。

这就是生活，请让我们选择奋斗、选择坚持、选择忍耐、选择坚强！

我们的脑袋是偏见的避难所

我们通常喜欢将自己看成是具有自由意志的有意识的人，但大多数人的决定其实是由环境触发的精神过程决定。

比如对股票市场的态度，前段时间看过韩志国先生的一篇文章《为什么说5000点股市比1000点更健康》，看网上的评论，倾向性非常明显。但其结论是否正确，可能需要“黄金十年”是否真的存在来验证。而这个过程，谁的脑袋存在偏见，对别人不重要，其实对自己的影响是最直接也最深远……

曾经在证券公司工作过很长时间，对其商业模式、运营情况有些了解，但除了在2003年初，中信证券刚上市时买过一些它的股票，后来卖出外，就再也没有碰过。虽然那些年我们买入的股票也有十几倍，甚至几十倍的回报，但错过中信证券确实是源于我们脑袋中的偏见。基于对证券公司商业模式的了解及刚刚经历5年熊市，让我们对其有一种本能的排斥。在中信证券9元的时候，曾想买进一些，但问到在中信证券工作的老同事，她告诉我“中信证券绝对不值这个钱”，我们的偏见加上她的偏见，让我们错过了投资我们最熟悉行业的机会。

当然，还有对稀有金属的投资。按照自然规律，资源本身会枯竭。按现在的开采速度和已探知的储量，石油和天然气会在100年内枯竭，金矿会在15年内，银矿会在20年内，铜矿会在31年内枯竭。除了铁矿会在150年消失，支撑现代的大部分矿藏会在百年内消失，由此导致的资源价格攀升应该是必然的结果。中国的能源增长与需求，凭常识也应该能判断。从这个角度，未来50年我们所使用的能源也会发生很大的变化，人类最终可能只能向太阳能、风能、水力发电方向发展，长江电力长远看应该是能穿越足够久远岁月的企业，但我们忽略了或者说没有对该类问题重视起来、去细心考量，等等。

外部世界庞大、复杂和易变，有太多的因素限制我们对事实的认识。我们往往先入为主，不是先看到事物，再确定它们是什么，而是先确定它们是什么，再审视它们。人们很少通过理性和逻辑来思考问题，这种人性特征是人类的通病，我的一位亲近的友人，曾严厉地批评存在我脑袋中的“偏见与傲慢”，那我们如何克服它，让它远离我们的工作和生活？

股票投资的“义”与“不义”

“投机家的反应就像食腐肉的秃鹰，将猎物的生命垂危视为一件好事。”这可能是许多人对资本牟利的看法。2007年5月曾有北京领导来公司考察，当我们将东方港湾专注长期股权投资的理念及做法路演完毕后，他说：“我原来以为类似的机构多少都有坐庄违法牟利的情况，没想到你们会这样做。比基金还坚持价值投资，这也是我听到过的关于长期投资最好的演讲之一……”

曾就股票投资的义与不义的问题，与几个较有人文精神的朋友交流，他们的观念有的还停留在三十年代旧社会投机家穷奢极欲，挥金如土，有钱不骗是王八蛋，不劳而获的印象里。他们不想给那些想骗人的人，施展拳脚的机会，所以他们不买股票。如果仅仅从博弈的角度理解，这也有点道理，就像开赌场，全世界只有少数国家和地区允许赌博业合法，因为它是一个你赢我输的零和游戏。但资本市场为什么在这么多国家获得支持和发展，其实它的本质是非零和游戏，是参与者能共赢的游戏。

为什么美国近100年来，能不断崛起？为什么众多的高科技产业是在美国兴起并能够迅速地在全球占到领先地位？它的发现机制和创新机制的源泉在哪里？美国得以在包括高科技产业等经济领域保持巨大优势的原因，与它有一个强大的资本市场有关。正因为有了资本市场一整套发现、优选与聚焦社会财富的机制，才有了1971年的英特尔公司、1980年的苹果公司、1986年的微软和甲骨文公司、1990年的思科公司、1996年朗讯公司、时代华纳公司与雅虎公司、1997年的亚马逊公司和2004年的Google公司，才奠定了美国在计算机、通讯与网络科技行业在全世界的垄断地位，也由此奠定了一个人民生活富裕、国家强盛的美国。

在近百年大国崛起的历史进程中，资本市场发挥着在现代经济中举足轻重的作用，当然这个过程中也充满着股票投资者的贡献，他们作为一个整体不仅要有智商和头脑，还要预测经济、政治和社会发展的动向，预见财富涌动的方向并设法从中赢利，进而帮助市场建立一个筛选机制。

在许多人脑海里“不义”的股票投资之举，我们可以不加思索的指斥它，但这个“不义”不只是“投机”、不只是赚大钱，它应该给生活在今天的人们一个严肃的启示——股票投资可以帮助一个国家强健其体系，它是强国之道，可以使国家变得更美好；它是富裕的催化剂，长久来看它也懂得用金钱创造丰富的心灵。

2007年9月20日

“关系投资”是害人至深的游戏

2005年，一个春意盎然、暖风徐徐日子里，和同事张弘与杭州的一个朋友谈合作。2007年这个朋友，因杭萧钢构事件被波及。其实按他的身价，完全没有必要用此法赚钱。我猜想有两种可能，一是有意识的利用各种资源坐庄违法牟利；二是被动养成的投资习惯导致。因人脉资源丰富，正好知道内幕消息，就积极参与，只是钱太多，买多了自己成了主力，赶上形势大好，想不赚钱都难。如果遇到大熊市，说不定，买多了最后自己成了大股东。

我倾向于他是基于第二种情况。一万年太久只争朝夕，这是中国股票投资者普遍的心态，由此，即便是做庄与内幕消息明显违法还要听。但当以消息为依靠做股票时，其实，就等于把自己的性命交予他人手上。从这位朋友的例子看，如果不是他的有意为之，那么正应了有人说的："跟消息炒作就象把命运交到了魔鬼手里，现在赚的钱是魔鬼借给的高利贷，不定哪天魔鬼收账，连本带利甚至身家性命一并偿还。"

如果没有正确的理念做支撑，对消息与内幕形成依赖，天天想着送来的"鱼"，而丧失自己"渔"的能力，这个是投资的大忌。当你依靠命运来赚钱的时刻，那么你必须做好命运把你的钱拿走的准备。

2007年9月20日

投资札记之六：资本的重担

金钱的背后有着不同的意义，但只在于你如何理解与行使权利，如果你懂得使用而且也愿意肩负重担，金钱就是你改变社会、影响他人、保持心灵自由的工具。

资本的重担

从我真正能思想的那刻起，就被中国历史上那些实业救国者深深打动。默默地，这种力量是那样经久不息地在我的血液中奔腾流淌。我们的国家到底需要什么样的人？需要什么样的气质？

我们这个时代充满变幻，但在活力激情的下面，却有浮躁的金钱至上的暗流，就像股票市场充斥的多是题材、概念，背后多是一锤子买卖式的套现。人们的思维倾向极其明显，这不仅仅在投资界，我们的艺术、诗歌、小说等等有的也缺乏深沉悠远。在投资界许许多多的人可能幻想的是如何通过资本运作赢得厚利，他们很少愿意承受经营实业背后的艰辛和苦难。我们需要什么样的榜样？对我们这样大的一个国家，可能真正需要的是类似踏踏实实创造出一个Windows成为世界首富的比尔·盖茨。

盖茨的故事让我心动，而今天的中国同样需要任正非、王石、牛根生等等艰苦卓绝奋斗成长的企业家。我的一位加拿大籍回国创办企业的朋友曾说："我们的企业从构思创立的那刻起，就盯着世界级大公司，自信凭借中国人的智慧和才干，完全有能力登上世界舞台。我们就是要在世界主流商业社会的中央创办企业，设立研究开发中心，干出一番由华人主导的现代经济形态下的一份事业……中国留洋海外的许多年青人，都有这样的志向，以前环境条件不允许，但现在无论在外面还是国内已经具备基本条件。像我在深圳感受到的就是一种极为刺激的战斗气息，这多少有点美国硅谷冒险进取的精神。"我的参与谈话从事风险投资的朋友也说："如果可能，我们会在国内整合一个个企业再将它们推向全球市场参与国际竞争……希望在企业这个层面上实现中华之复兴。"也许上述谈话梦想多于现实，但却实实在在印到了我的心里，也为此感动。

如果，不要求全部，只要有一小部分拥有权力行使着巨大财富与资本的人，真正认真思考过这些问题，并不拘泥于改变个人命运地尝试着去做，我们的国家也许会变得更深沉更具韵味更有意义。对资本的拥有者与决策者来说，也许这是一付重担。

心灵高洁志向远大脚踏实地，上帝也会帮你实现梦想！真正的革命一定源于思想，源于思想的变革一定最持久。我非常敬佩俄国历史上的十二月党人，家境优越的青年军官与贵族真正为着社会理想追求变革。在中国几千年的朝代更迭中，似乎鲜有这种人文精神的追求。无法延续的贵族传统，真正知识分子良心的缺失，造成了中国缺乏现代意义上的人文传统而无法将目光专注于未来。而且通常的情况是，一旦自身命运有所改变便常常骄横无比炫耀自己，对生活贫困的人漠不关心，不知道更加远大的目标在哪里。今天，让我高兴的是不少才俊之士有了更为远大的目标，而且自觉地与国家的命运联系在一起。

看过的书中曾提到过，在美国与日本的某一个特别时期，卖出股票可能会被视为不爱国的行为。国内的投资者可能很难理解怎么会有这种认识产生，而且倾向于认为这是天方夜谭。但这是事实，这样的意思我不只在一本书上见到，也许这是一种基于美国与日本社会传统的价值观，虽然它在我们看来是那样的不可思议。

金钱的背后有着不同的意义，但只在于你如何理解与行使权利，如果你懂得使用而且也愿意肩负重担，金钱就是你改变社会、影响他人、保持心灵自由的工具。

巴菲特的小屋

很多人一生都做着成为大富翁的梦想，不过那些有幸真正成为亿万富翁的人又是如何花他们那些看起来取之不尽的金钱呢？美国《福布斯》杂志新推出的富人榜出炉后，人们又给那些一掷千金的富翁们列了个“富翁挥霍榜”。

“挥霍冠军”非俄罗斯大亨罗曼·阿布拉莫维奇莫属。这位38岁的新生代富豪在20世纪90年代靠石油出口贸易发家，并参与医药品和重工业经营，目前共有133亿美元资产，2004年世界排名第21位。孤儿出身的罗曼大手大脚得令人咂嘴，仅在过去两年内，他就花掉7亿美元，平均每天挥霍97万美元。他花了2.9亿美元购买“英超切尔西俱乐部”，另外还花了2.2亿美元购买了两艘游艇，其中一艘还带着直升机停机坪。他还把自己购买的飞机改造成豪华餐厅。

世界排名第三、亚洲位居首富的印度大亨拉克希米·米塔尔，这位钢铁大亨因印度钢铁需求猛增，个人资产从2004年的188亿美元跃升到250亿美元。他花了1.2亿美元购买了伦敦肯辛顿宫附近的一栋豪宅，创下了全球单座房屋交易额的最高纪录。他女儿2004年的为期5天的婚礼中，一共花了6000万美元，承包了拥有600个房间的巴黎五星级大酒店，邀请1000名客人入住，婚宴更是租用了富丽堂皇的凡尔赛宫。新人的传统礼服上，还镶满了各式珠宝。

相比之下，以210亿美元的资产名列世界富豪榜第七的微软创始人之一——保罗·艾伦的花钱方式显得更有意义。他花了2000万美元建造全球首架私人航天器“太空一号”，在2004年6月成功上天，为他赢回了1000万美元的安萨利奖金，被誉为“开创了人类太空旅行的新时代”；他斥资2000多万美元修建的一座“外星人博物馆”也在2004年6月开幕。几年前，他修建了一座“体验音乐博物馆”，以纪念和他同是西雅图人的摇滚巨星杰米·亨得里克斯。

而巴菲特2006年6月25日捐出总价值约为370亿美元的财富，他只有1957年27岁时花费31500美金买的一个小屋，还有就是1971年他41岁时在妻子的请求下，在Laguna海滩购买的（后来又卖掉）一套15万美元的夏天住的房子。

[备注：本文主要内容参阅2005年4月1日经济参考报《阿布拉莫维奇位列富翁挥霍榜榜首》一文。]

以世界的眼光看行业，以婴儿的眼光看世界

2007年7月12日下午，我的同学——亨吉利世界名表中心总经理方娟女士，在她工作的深圳科技园飞亚达大厦，给中欧2007 EMBA同班同学做“名表鉴赏与奢华”演讲。

演讲前我们欣赏了方娟同学专门为本次活动，从全国各地名表中心调回来的名表。平时从不带手表，除了坐飞机要问问空姐时间外，我们的手机、电脑上都有时间，如果从功用的角度，好像觉得手表行业应该是一个夕阳行业。这只是我的一个直观。

也许是穷苦人出身，当一路看下去，看到一只表竟然卖220多万人民币，据介绍还有1400万一只手表时，真是太惊讶了。别说1400万，220万的价钱已经顶一个最高端保时捷公司出产的最新款SUN卡宴轿车了，对我们这些穷苦家庭出身的中国人来说，SUN卡宴比一块顶级手表要来得实惠得多，但也够奢侈了。“穷人玩车，富人玩表”，看起来我们确实需要洗洗脑，正确认识“奢华”。

三点多钟，配合着旋律动听的音乐，伴随着方娟亲手参与制作

得异常优美的PPT演示文稿，方娟同学开始给我们讲述一款款名表的悠久历史、雍容华贵以及经典和强大的影响力所在。方娟同学的文字像诗歌一样优美，总能打动人心最柔软的部分：“一块百达翡丽经过百年仍是永不过时的美丽……依然是可以传世的腕上瑰宝。”

据说百达翡丽能彰显非凡品位，与维多利亚女王有关，一次她莅临首届伦敦钟表博览会，被一款百达翡丽表吸引。这款表无钥匙上链设计，直径不过30毫米，精致而新奇。女王当场解囊买下。在她的带动下，阿尔伯特王子也买了一款百达翡丽表。消息不胫而走，从此百达翡丽更拥有纯洁与永恒的魅力。

莎翁说“一夜可以造就一个暴发户，三代才能培养一个贵族”，欧洲许多奢华品牌都与欧洲的贵族传统有关，商业社会的某些元素也与这些历史人文的变化有关。我们中国人有时候确实很难理解这样的文化与传统。中国没有真正意义上的贵族，所谓“朝为田舍郎，暮登天子堂”，纵观整部中国历史，王朝世系更迭频繁，从来就有“君子之泽，五世而斩”的说法，自然也就无法形成稳定的贵族社会，由此助长了因富即贵的等级意识，与及时行乐的奢靡悲风。

今天的中国由富而贵可能是许多人内心的欲望与要求，但优雅、高贵的生活方式，卓而不凡的人格魅力，却是需要社会长期安定和多代人持续努力的结果。当然，对从事投资事业的我们来讲，更重要的是看待一个事情不能仅仅局限于某一点、某一行业或仅仅限于国内，而是要从世界的角度来分析。“以世界的眼光看行业，以婴儿的眼光看世界”——这也是我的同学，亨吉利世界名表中心总经理方娟女士今天演讲的经典之句。从这个角度，也许可以解开曾经迷惑我们心灵的许多东西。

农民·贵族·奢侈品

1992年的某天，和一个老兄去由邓小平连饮三杯茅台酒后挥毫题写的蛇口“海上世界”游玩。“海上世界”是一艘法国建造、戴高乐曾乘坐过、后来由中国远洋总公司购进的退役客轮改装的海上游乐中心。当年九层高的明华轮像现在的明斯克号航母一样矗立在海上，登上甲板可以近观碧波荡漾的深圳湾，远眺伶仃洋海面上的一艘艘轮船。今天它已成了一艘旱船，深圳围海造地估计已填平了三分之一的深圳湾。

当年“海上世界”旁，曲径通幽处是两排临海的别墅，据说电影明星刘晓庆还买过其中的一套。和朋友漫步在海浪拍岸的别墅边的小路上，一户人家在装修，朋友非要进去看看，看完出来，朋友带着京腔“破口大骂”：“他XX的，真他X的腐败。凭什么?!”

我祖上是浙江东阳虎鹿乡厦程里的农民，生活在会稽山脉的虎峰之阳、鹿峰之阴，因地少人多，多数家庭日子过得很艰苦。2008年春节我还听姑姑说起：“我和你爸爸小时候为争东西吃，打架……”我也是在普通工人家庭长大，艰难成长的岁月中对“不均”有一种天生的悲愤之情。所以，我可能和许多同龄人一样，对大富大贵，对财富本身有一种非常复杂的情感。一方面有“粪土当年万户侯”的气概；另一方面也有当年“如果能到蛇口的南海酒店住一晚就好了的阿Q式奢想”。

我相信只要是正常人，其“阶级情感”都是很复杂的，甚至一个宗教信仰、一个民族、一个国家的理想也莫不如此。椐学者研究，民主古代的来源是希腊，近代的来源是新教的加尔文主义。新教脱胎于信徒只有通过教会才能与上帝接近的天主教，它主张上帝面前人人平等，信徒不必通过“腐败的教会”，通过自身的反省也可以聆听上帝。

当年，相信“信徒直接面对上帝，获得解救之路在自己手中”（韦伯的《新教伦理与资本主义精神》）的新教徒们受到腐败的天主教会残酷迫害后，有部分人逃到了自然地理条件恶劣的瑞士，包括加尔文本人。但今天的瑞士却以为全世界最富裕、最有权势的人士制造手表，并替他们“秘密”管理财富而闻名。

我的理解不一定对——那些几个世纪前反抗教会腐败的人，他们的后代最后却在为最富裕、最有权势的人制造全世界最昂贵的东西并保守着他们财富的秘密。这是不是有点儿意思？

我不知道欧洲贵族和中国历史上的书香世家、簪缨世族是怎样思考“世代轮转”与“阶级”的问题。一方面，为整个人类，为社会大同而战之目标，如星斗般永耀天空；另一方面，某种意义上，这个世界的历史也似乎在向着有利贵族与权势的方向发展，至少长期胜出的与贵族传统有关的奢侈品如此，它们中有些并没有随岁月的流逝而消亡，反而历久弥新。

我是中国农民和工人阶级的后代，身上交织着中国古老社会的某些元素，凝望诸多沉浮繁杂的世事变幻，作为一个投资者，我好奇的是：中国大地上，那些属于传统的奢侈品的未来在哪里？它们具有穿越“历史回声”，像顶级奢侈品世界500强一样，走向光明未来的能力吗？

2008年3月3日

衡量成就的尺度

智慧深邃的奥地利经济学家，也是世界近200年来，在经济学史上与亚当斯密、马夏尔、凯恩斯等伟大经济学家享有同样卓越地位的约瑟夫·熊彼德先生，说他年轻时有三大人生愿望：

——维也纳最伟大的情人

——欧洲最优秀的骑师

——世界最伟大的经济学家

但在1950年元旦，年轻的德鲁克，后来的管理学大师，去看望奥地利经济学家熊彼德，熊彼德对德鲁克说："阿道夫，我现在已经到了这样的年龄，知道仅仅凭借自己的书和理论而流芳百世是不够的。除非能改变人们的生活，否则就没有任何重大的意义。"

八天后，熊彼德去世。德鲁克说他永远也不会忘记那次谈话，它给了他衡量自己成就的尺度。真正的成就！什么是真正的成就！我们从德鲁克与熊彼德的对话中知道了什么才叫真正的成就，从他们身上我感受的是一种长远的目光和深沉的思想，甚至是一种无法用语言形容的情怀……这份于迅速变迁岁月中的平静、深远与改变人们生活的志向也许是我们真正缺乏的。

我们是些普通人，注定要被流逝的时光湮灭，但有些因为自身命运改变了部分历史的人，将可能永远留在一代代人的记忆里，当然更有一些人不仅仅是因为他们的成就，还因为他们的品德、胸怀、目光、境界，让后来的人缅怀！

投资札记之七：我们更应该对自己的国家有信心

在未来20年到30年的时间里，中国如果没有大的动荡，那么中国的经济规模会超过美国再次成为世界上最大的经济体。在这样的国家投资，应该有胜出的概率。

中国股市黄金时代来临

中国终于觉醒，21世纪将属于中国。但排名2005年全球倒数第二的中国股市（上证指数下跌8.3%，深圳下跌11.74%），却远远没有能够显示出足够的力量给我们以证明，就整个市场而言，这已是自2001年始的连续第五年下跌。

中国经济超出了日本和韩国早期经济发展速度

25年以来，中国经济年均增长率达到9%，超出了日本和韩国早期的经济发展速度。而最近调整GDP数字更充分说明了国内经济的发展规模和基础，而这次补充调整多出的2.3万亿GDP也只是涵盖60人规模以上的企业，类似东方港湾这样不足十人，但总值远远超过普通企业的单位并没有被统计其中，所以，我们相信其真实的数据应该更高。当然，中国目前的投资比例已经达到国内生产总值的

45%，而且非常依靠出口支撑经济。长期看，这些都是中国经济的隐患和软肋，如何让中国企业更多的依靠技术创新和效率提高，更适应自由市场经济的发展始终是要面临的问题。但比照亚洲四小龙经济起飞后股市平均十倍以上的涨幅，中国经济的基础和发展的趋势决定中国股市应该具有同样的潜力。

中国股市的黄金时代即将来临

就投资而言，整体上看，虽然面临诸多难以处理的问题，但至少目前中国经济依然保持着激昂的步伐，又正好处于一个对经济发展最有利的人口结构（重心在35岁左右）和曲线上，如果未来十五年间，大量赚钱的壮年人口和花钱的老年人口能不断增长，这更大的可能性是——导致未来十五年中国股市黄金时代的来临！2005年中国股市改革迈出了坚定、有力的步伐，解决国有股全流通问题显然是沿着正确方向前进了一大步。随着问题的解决，我们看到诸如管理层持股等等对资本市场发展具有更深远意义的改革也接踵而至。有上市公司的管理层评价："全流通及管理层持股，对中国证券市场的意义相当于1978年中国农村实行的包产到户，其焕发出来的活力与力量可能会远远超出当年。"我们不仅认同这一观点，而且更认为上市公司理论上存在的"易私有化"的可能，里程碑地标志着中国经济向市场经济迈向了关键一步。下一步并购重组以及讲究质量的源自企业内生性做大做强的动力将成为企业发展的源泉，一系列激动人心的并购事件导致的投资狂潮将会频繁发生，而顾及企业长远利益的运作模式也会被"捆绑在一起的利益团体"所接受。即便着眼于5年、6年短暂的时光，政府不断向证券市场注入资源的行动，也会在此期间结出硕果。而此刻，对我们而言，也许只是要静候一阵春风"绿江南"！

中国文明的重生

熊市迟早会被牛市取代，这是投资的规律。历史会重演，这也是投资的规律。而中国证券市场的基础条件在慢慢变好，这也是中国历史面临重大变化的注脚。从历史给我们的视角看，当一个文明存在了五千多年，发达过、然后衰落了，现在又重新崛起，这应该是让我们自豪的一种文明。我们从来都相信中国人创造和积聚财富的能力，如果再辅以完善的社会制度和法律体系，中国文明重生的希望很大，只要给她时间成长。我们投资身临的大背景如此，可能需要数百年的时光。如果敏锐的洞察力能告知事物前进的方向，我们愿意尝试着努力！岁月和我们学习到的知识告诉我们，如果在此刻能精心地设计和挑选投资组合，无论市场景气还是低迷，上涨还是下跌，长期持有优质企业的股票，未来一定会有惠及子孙的卓越回报。

2005年岁末的此刻，我们感受到了一个时代的来临，不仅仅是象征着东方的崛起与雄心，还有一个时代赋予的勇气、天赋、运气、才干和进取心。善用它们，也许我们会和我们的文明一起成长并共同迎接中国股市黄金时代的来临。

2005年12月31日

舷窗下的中国

2007年8月22日下午4点，办完事匆匆赶往首都机场。打电话给携程订到上海的机票，没想到8月6日由五大航空公司联手的“京沪空中快线”开通后，每半小时就有一个航班的情况下，几个航班也全满，和我从深圳到北京的情况一样。如果这是常态的话，只能说明中国的经济与商务活动太活跃了。还好剩下一个19点20分到浦东机场的头等仓位置未定，赶紧订下。

夜幕降临，19点登机，随手拿了三份报纸。19点20分飞机准时起飞，除非是天气原因，最近坐飞机感觉准时了许多，不像以前坐飞机时间没谱，有时候只能傻等。起飞过程一直看着报纸，随着飞机平飞，透过舷窗可以看到天际边一道落日的余辉。

看完三份报纸飞机已飞过石家庄，转头望向窗外，远方不停地有闪电在目及的遥远处划破夜空，有种震撼与恐惧的感觉。据说闪电发生时的瞬间最高温度可达2.7万摄氏度，是太阳表面温度的4倍，可见其力量与危险。不过很奇怪的是：虽然天边有不同形状的闪电忽现，但侧向上看，一轮皎洁的明月挂在天空，而大地上一簇簇闪亮的地方是一座座村庄。闪电、月亮、夜幕下大地上一簇簇的灯光，很美的一幅画面，让我久久凝视。

但当飞机飞临江苏境内，透过舷窗看到大地像灯火的海洋，比在洛杉矶看到的灯光更璀璨，以前很少夜间飞行，也想当然地认为舷窗下面，漆黑一片，只是偶尔有灯光闪烁，就像我前几天在《国家地理》电视节目上看到卫星拍摄的朝鲜夜晚的大地。没想到祖国的大地似乎就在一夜之间，散发出来了它的光芒。飞临上海，如银河般绚丽、灿烂的灯火映红了天地。一座座高耸的大厦，折射出璀璨的光，繁星似锦的景致令人迷醉，这是一个多么充满活力、朝气与想象力的城市！

夜幕下的上海

少年的时候，曾梦想着中国有这样的未来，20年过去了，祖国的大地有了巨大的改变。如果我是摄影记者，我会在每一年，差不多相同的时间，找一个晴朗的夜晚航拍上海与北京、上海与深圳之间的大地，我们可以从飞机经过的地方，通过灯光看看祖国每年的变化，这也许是件有意思有意义的事。国外不知道是否有投资机构或投资家从投资的角度，租卫星拍摄地球表面的灯光，从灯光的亮度变化寻找投资的方向和区域。

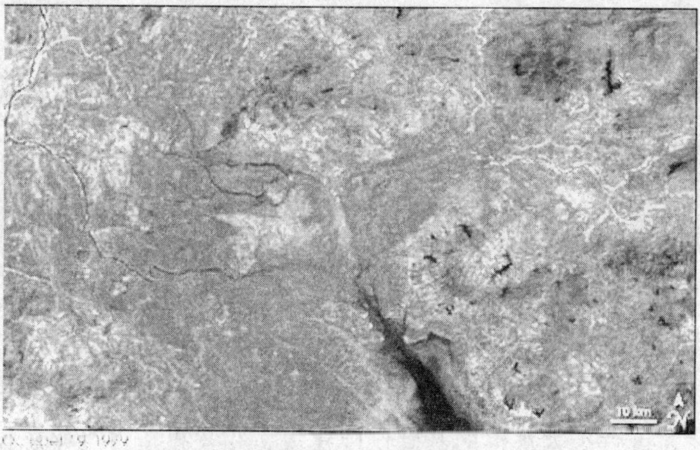

1979 年的珠江三角洲

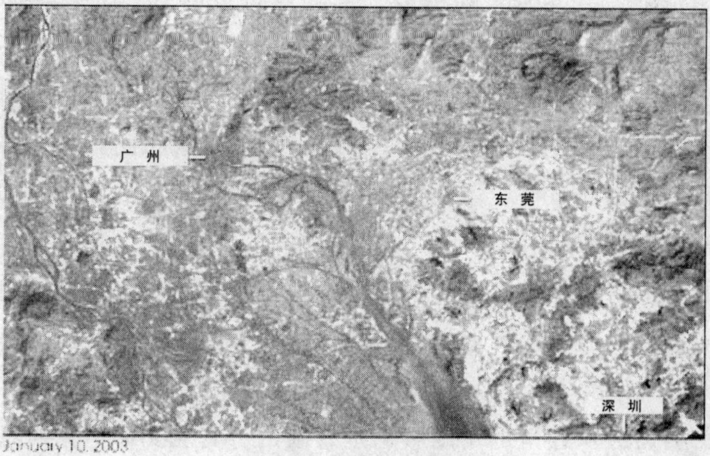

2003 年的珠江三角洲

很庆幸，透过舷窗能看到自己的国家在发生巨大变化，这块土地上的每一盏灯都是明亮的眼睛，她的每一次闪烁和每一个跳跃无不展示着整个国家的今天与未来……

2007年8月23~25日

1964年东京与2008年北京奥运会

2007年3月2日下午和一位朋友聊天，他问了一个朋友们常问我的问题——2008北京奥运会之后，中国股市会怎样？这波行情是否到了2008年就要跌了？

2008年奥运会在许多人眼里，似乎成了大问题、成了一个坎，在我认识的很多朋友中多数认为到了这一年做投资要小心了，当然，理由各种各样。我也不知道2008奥运之后中国股票市场到底会怎样，但是我们可以看看东京奥运会之后，日本市场的大致轮廓。

1960年，日本政府为举办1964年的东京奥运会与1965年的大阪世博会，进行了大规模的基础设施建设，相关投资占当年总投资额的19.1%，其举世闻名的新干线就是在这个期间建成通车，由此带动了制造业、建筑业、服务业、运输等行业的强劲发展，形成了1962~1964年的“奥林匹克景气”周期。但其股市在此期间却一直延续着60年代上半期的持续低迷的态势，未见大起色。对一个国家和民族来说，奥运会与世博会的举办，是一个国家和民族走上历史舞台中央的标志性事件，但此刻距日本股票市场真正的腾飞期1985年到1990年，还有21年的时间。

通常估计如果没有大的动荡，中国在未来的20年到30年间，会超过美国再次成为世界上最大的经济体。中国在有记录的历史中有90%的时间是世界上最大的经济体。对像中国这样大规模经济体的国家，奥运会从经济的角度影响是有限的，其3000多亿元的总投资只占中国当年固定资产投资的4%左右，分散在几年进行，每年不会超过当年固定资产投资总额的1%。而按照香港瑞士银行列出的从1972年慕尼黑奥运会到2012年伦敦奥运会，所有主办城市的人口占全国人口中的比例，北京是过去30年来，也是有记录的历史以来最低的城市。1996年亚特兰大奥运会对当年的美国经济根本没有太大的影响。所以，我们似乎更倾向于认为北京奥运会不会产生像1988年汉城奥运会对韩国那么大的提振作用，因此，中国股市2008年奥运之后的表现，还要取决于当时中国经济和社会发展的大背景。

如果天佑中国！可能的情况，2008北京奥运会与2010的上海世博会以及连接北京到上海1318公里时速达三四百公里的磁悬浮高铁的建设，只是标志着中国将要登上大国表演的舞台，而中国股市也会因为这样一个背景，会有一个持续十几年、二十几年甚至更长时间表现的机会，当然我们希望中国股市高潮真正到来的时间越晚越好。

2007年3月3日

我们更应该对自己的国家有信心

2007年5月9日在洛杉矶PASADINA的WESTIN酒店，遇见了一位出生在台湾在美国生活了二十多年的美国人Mr.Robert Hsu。Robert·徐先生自己办了一个面向全球投资者、介绍中国投资机会的杂志——《策略中国》，据他介绍全球订户有一万六千多位。与此同时，他自己也建立了一个5000万美元规模的小型对冲基金投资中国。当时，徐先生告诉我，他7月份会到中国来，有机会他来深圳拜访我们。

转眼到了7月，Robert·徐先生告诉我们他要带一个25人的全球投资者访问团来深圳，他希望我们帮助安排“访问团”参观深交所与中国的证券公司。我的同事张弘忙碌了几天，安排妥当，7月18日我们带着从北京、上海、桂林、广州一路走来，最后到达深圳的“策略中国访问团”先到招商证券参观。

到招商证券已近中午，先午餐，我们这一桌有来自美国、加拿大、瑞士等国的客人。席间闲聊，他们对中国之行印象深刻，对中国、对深圳的发展甚至感到有些惊讶。他们中的一些人是第一次来到中国，比如来自加拿大的投资者，当知道深圳以前是小渔村，才发展近30年，已经有一千多万人口时，咋咋称奇！他告诉我们，整个加拿大才三千多万人口，中国的两个城市就能抵整个加拿大全国的人口。

我旁边满头白发（访问团绝大部分是老人，在发达国家老人才真正有钱）的美国投资者告诉我：“我的儿媳妇是中国人，她是个医生。我非常喜欢中国，这里充满机会。你们能做金融，说明你们非常智慧。”确实，对美国普通百姓而言，能在华尔街有一席之地，也非常不容易。我们从由著名导演奥利弗·斯通执导的电影《华尔街》中可以看到，刚刚大学毕业的巴德凭借着正直、诚实、努力，梦想着在竞争激烈的股票业做出一番成就，是多么的艰难。

在任何一个国家从事金融行业都不容易，当然，也不是高不可攀。这个代表团中大多数老人，经历了几十年萧条与繁荣岁月的考验，他们的阅历告诉他们虽然他们并不真正了解中国，但凭直觉、凭一双眼睛他们认为中国会成为非常了不起的国家，这也许是他们前来中国、也是Robert·徐先生每次开与中国相关投资策略研讨会时，会场爆满的原因。

和外国投资者接触的时候，你能明显感受到似乎他们更看好中国，但我们在开展实际业务时却发现自己的同胞有时候却对自己国家的发展充满疑虑，有人甚至说在中国投资很危险，我们做投资确实要看到这个国家的未来，某种意义上要更加爱国，为什么？你的投资要想长时间有好的回报，你的国家一定要生机勃勃，有活力，才会有这样的结果。

原来我们买入地产股的时候，我们的一个客户有异议，他说投资看长期，但是这个房子只有50或70年的产权，这怎么能长期投资。我当时没办法从自然、法律的角度说服他，但是现在已经很简单，

《物权法》出台之后，事实上就是顺延了，而且无限期的。这个永续性的资产意味着什么？

还有户籍制度的改革，中国社会现在是二元制结构，农村和城市、城市和城市之间还不能自由迁徙，如果中国的老百姓能够自由迁徙了，这会给国家带来什么？我们国家正在从根本的角度发生潜移默化、翻天覆地的变化，这种变化给中国带来的机会和成长是非常大的，我对这个变化充满信心，也希望在决定中国命运的每个关键问题的选择上，愿上帝祝福中国。

也许我们正身处逆境……也许我们的周遭正有许多不平的事情……也许我们走在市中心闹市的街道上，心里还担心着什么……但这些都不该妨碍我们理性的思考问题，为什么我们不该对自己国家的发展更具信心？这也是我常常问我自己的问题。

2007年7月23日

更久远岁月蕴涵的力量

近段时间常上网看一位老同学续写的小说，同时也能收到另一位老同学写的自传体小说。我在第一位老同学的博客上给她留了一句话："表现恢宏的时代和人生，是一件了不起的事情。请用你的笔写出更广阔的时代变迁，更久远岁月蕴涵的力量……"

很遗憾自己不是作家，真的希望中国能出一些作家写出像托尔斯泰的《战争与和平》这样恢宏的史诗般地描述中国变革的巨著。中国的变化之大至少是远远超出了我自己的想象力。2007年12月3日下午和两位朋友聊天谈中国未来及投资的时候，我说："不知道你们是否还记得1976年9月9日毛主席去世当天的事情？记得噩耗传来的时刻，老师哭成一片。回家父母脸色异常严肃凝重，我们这些懵懂中的孩子以为天要塌了。"之后经历的是小平领导下中国巨大的变化。至少在读大学的时候，我还没有意识到中国有今天这样的情景。

再过30年、50年、100年中国人的生活又会变成什么样？我相信一定会和现在有极大不同，我们将比过去30年更强烈地感受到潜藏在生活深处的力量。今天我们所投资的企业，经营发展在全世界最有活力之一的国家。经济有波动，还有一些落后的体制甚至台海危机的阴影，但波动背后的大趋势、大的结构运行是中华民族和中华文明作为一个整体在崛起。有谁能阻挡中国人致富的愿望和中国企业不断努力创新寻求突破的脚步？不要说中国有一天会处于缓慢发展和停滞状态。在那一刻远没有到来的日子，我们为什么不相信自己的眼睛，积极迎接中国改革开放的第二个三十年?！我尝试着与朋友交流，展现基于今天的迹象而至未来的想象……

我相信长期的思考、长远的目标、忍耐、坚持，是我们与那些伟大企业家的共同信仰，是一个可以在生命中不断积累的财富。东方港湾在成立的几年中，无论是处于熊市中的2004年、2005年还是牛市中的2006年、2007年，包括近期中国股市在全球股市暴跌，投资大师索罗斯预言美国60年牛市可能结束的阴影下持续重挫，我们的信念也从来没有动摇和失去。我们投资的企业，以万科为例，市场占有率从2005年的0.94%、2006年的1.25%，2007年预计达到2%，她的第一目标是达到市场占有率的5%。我们欣喜地看到她在持续努力并真的有可能创造更好的佳绩！我们的命运最终将由中国的命运和一批我们持有的企业的经济命运决定，无论我们拥有部分还是全部。当我们想到中国的命运和生长在这片土地上的最伟大企业的命运，作为中国人能与她们一起经历风雨，在我而言是幸运的！

伟大的小说家，与伟大的音乐家、画家、诗人、哲学家、经济学家甚至是投资家等等，在极力思考人类未来的变化这一点是相同的，他们只是在不同的领域，从逝去的岁月中探求更久远的岁月，寻找历史发展可能的足迹。

2007年12月3日

物权法感怀

上中学的时候，一位同班同学邀请我们去他家玩。到今天他的少年容颜已模糊，但他的一句话让我记忆至今。他说：他们家祖上是大地主，地主你知道是什么意思吗？地主——是地之主人的意思！当年我们大概十三四岁的样子。

我祖上是浙江东阳夏程里的农民，穷得没办法，只好到上海当纺织工人，期间我爷爷得了“痨病”，二十多岁就去世了，剩下我奶奶拉扯着爸爸和姑姑很艰难地生活……我奶奶的妹妹，这个时候参加了革命，加入了上海的革命组织，后来去了延安，她的命运因此而改变……而我们家也因此有了转机，新中国成立后，1955年爸爸和姑姑进城当了工人。

在我的祖上很艰难生活的时候，我太太的祖上却在很优裕地生活着。我想，如果没有这场彻底的革命，中国还是一个乡绅社会，我会有机会和我的太太结婚吗？这一切缘于什么？真的是缘于彻彻底底的土地革命吗?!

还小的时候，跳皮筋的女孩子们会边唱边跳“周扒皮，二十一，半夜三更来偷鸡……”，而我们的语文课本中也有对这些地之主人——“半夜鸡叫”、大地主刘文彩等人卑劣行为的描述。怀着这些朴素的阶级感情，当年我们这些懵懵懂懂的孩子，曾对我们大院里的“地主婆”展开过斗争，砸她家的玻璃，用弹弓打她，她的先生是原国民党军少将、一位技术官员，她的孩子受到了我们严重的孤立和欺侮……

曾经的岁月仿佛历历在目，但今天我也像大多数同龄人一样，靠着国家的发展与自身的努力和奋斗成了有产阶级，如何让我们的财富得以保护，让我们辛勤劳动的成果不被巧取豪夺？如何翻开中国历史上崭新的一页，不再重复像翻烙饼一样，用改朝换代方式，不断用血腥暴力手段重新分配财富？

私有财产神圣不可侵犯！这在许多国家是一件非常普通，也是理所当然的事情，但是在中国这却是需要走很久的路才能决定，今天物权法的审议，只是表明中国将迈出真正市场经济最为重要的一步。而它可能不只是关系到一天、一年或一个时代，而是关系到我们和子孙永久的福祉。

2007年3月11日

物权法之于农民

物权法的出台对在城市中拥有房产的家庭来说，真的应该庆祝一下。物权法中特别强调了对“对私有财产和公有财产平等保护”的原则。原有的工厂地皮40~50年、居住用建筑物保障70年的土地使用权期限被删除，允许永久使用，对于房产拥有者来说应该是喜讯，这才是一种真正意义上的物权法，没有了期限，我们的房子才真正能属于我们自己。这有利于民众通过房子和土地涵养自己的财富。所谓“有恒产者有恒心”！

不过，在喜悦的同时，也有一种忧虑：如果农民承包的土地和宅基地某种程度上允许流转、进而允许买卖，对于失地的农民，可能在未来面临窘境。从投资的角度，土地在全世界范围展现的规律是能抵御通胀，特别是在核心城市的近郊地区更是如此。对农民来说，持有土地和宅基地，就像持有最优质的蓝筹股一样，长期来看靠它是有可能变得非常富有，就像深圳城中村的许多村民一样。由于知识、远见和财力的不同，像某些人，完全可以靠收购某些只图眼前利益的农民的土地和宅基地，而变成非常富有的人。时代变迁，如果允许这种情况发生，那将是我们非常不愿意看到的事情。

好在《物权法》中对此也有警觉：法律委员会经同国务院法制办、国土资源部、农业部等部门反复研究，一致认为，目前，我国农村社会保障体系尚未完全建立，土地承包经营权和宅基地使用权是农民安身立命之本，从全国范围看，放开土地承包经营权抵押和宅基地使用权转让的条件尚不成熟。不过最后通过的物权法，将“禁止城镇居民在农村购置宅基地”修改为“宅基地使用权的取得、行使和转让，适用土地管理法等法律和国家有关规定”是否会留下隐患？

当然，从纯粹市场经济的角度来说，在能充分表达自由意志的情况下，自由买卖土地和房屋对整个社会来说是最大的集约化。虽说当一个人遭遇经济上的困境时，选择卖掉承包的土地和宅基地，最终有可能形成不安定因素。但当农民通过不同途径进入城市和小城镇生活，造成农村闲置土地和房产越来越多时也会影响城市化进程。还有就是农业的机械化与规模化，其本身也需要土地有一个集约化的过程。

不过，从农民现实和长远的利益看，我赞同农民承包的土地和宅基地自由买卖应当缓行。也许，10至20年后当中国的发展能承受这一真正变革的时候，当农民能逐渐认识到土地显示出它持续上涨的潜力的时候，再交由他们来行使自己的权利更恰当。

2007年3月18日

如果王石先生是省长市长

2007年3月25日上午点多钟，去虹桥迎宾馆看望一位友人，到的时候她正好在花园中散步。我在迎宾馆和隔壁的西郊宾馆住过几次，但从没有在它们的花园里漫步，每次匆忙间难得亲近一下那些花园中新的萌动的生命。也许是江南的春天让人感动，也许是这位信奉基督的友人热爱生命的力量感染了我，有点想到江南的大地上走走的感觉。

合作这么多年来，这位友人对我们帮助极大，她的远见、严谨、坚强、乐观、积极的心态影响着我们，你总能在与她的交往中不经意间学到很多东西……在西郊宾馆水上餐厅吃饭，我提起我的日本之旅、提起江南的水乡，当提起万科的兰乔圣菲，她提议带我去看看。这位友人好像买的所有的物业都是万科的。万科开发的楼盘有许多是在老客户中销售的，其口碑之好，让本身就是做商业地产、对品质要求极其严格的友人认同，真不容易。

从西郊宾馆出来，车行大约20分钟，路边的景致开始让人有点遗憾，等离开长宁区到闵行区一路走来，有点到了非洲的感觉，这还是在上海这样的中国最繁华的大都市，车行40分钟的距离，就有恍若隔世之感。为什么万科的房子总是盖在城市的偏僻之地？这可能是绝大多数想买万科房子人的感慨和遗憾。

就像我们看到的其他万科规划、设计、施工的小区一样，当我们终于到了位于上海闵行区金丰国际社区里面的兰乔圣菲别墅小区时，眼前的景色开始慢慢变得绚丽明亮，三百余幢南加州建筑风格的独栋别墅，在江南的小河流中舒展在我们面前。不时有老外，从我们身旁走过，住户中好像外国人多过中国人，兰乔圣菲应该是具有国际背景的社区，这与它的建筑风格相得益彰。听一位与我们同行的土生土长的上海女士介绍，这里的房子不比她看到的最低售价七八千万的檀宫差。可惜了！太遗憾了，万科在上海没有在市中心开发的楼盘！

万科希望让兰乔圣菲“成为原味生活经典所在，将岁月涵养的原味气质，以建筑的形态呈献，让家族的故事在这里世代传承……”万科希望“对人生追求与生活真谛做深入发掘，在自然与人文中找到交集，给有高度的人生一个落点，并将这种理性与感性的平衡，筑成后代汲汲不断的精神源泉”。这是万科赋予兰乔圣菲的境界之所在。王石先生曾自问：万科能给上海提供有历史留存价值的建筑吗？我想至少我刚看过的兰乔圣菲有可能做到。

在回虹桥迎宾馆的路上，我在想地产商可以赋予一幢房子以生命力，可以改变一个街道、一个社区、一个城市的部分区域。而在二十多年的改革当中，中国的城市整体面临着拆除、重建、改造的选择，这需要历史责任感与社会责任感。万科在王石先生的领导下，过去15年已经证明它是一个负责任的城市运营商，但很遗憾美仑美奂的景致和世代传承的境界我们只能在万科的楼盘上见到，毕竟他的影响力太小了，就像我在中国最具活力的上海与深圳两个城市中所感受到的。

纽约能选择彭博咨询公司的创始人、亿万富豪布隆伯格当选市长为纽约人服务，如果我有一张选票，而王石先生也愿意，我一定投他成为市长或省长的一票。如此，我相信他对中国以及中国的城市建设贡献会更大。

江南的春天在淅沥的春雨中悄然来临，点点滴滴的雨唤醒了我整个春天的感觉。

2007年3月25日

向罗杰斯先生学什么?

有幸听过罗杰斯先生广东行的两次演讲，对他环球旅行线路图所展示的浪漫画面与战争国家的镜头印象深刻："在非洲炙热的漫漫黄沙里驾车飞奔；在冰天雪地的冰岛欣赏夜晚湛蓝天空下五彩的烟花；在西伯利亚一望无际的人平原上，看郁郁葱葱的白桦林和贝加尔清澈见底的湖水如画似歌；在埃塞俄比亚拉利拉神庙读世界上最古老的经文；在印度恒河圣浴；驾车穿越15个烽火硝烟的战区……"

巴菲特先生曾评价："罗杰斯先生对市场大趋势的把握无人能及。"作为一个用历史和哲学的角度看问题的战略投资家，有什么事情能比亲身经历与感受更重要，这可能远超用经济和数学的角度思考问题。所以，从这个角度，罗杰斯先生有许多值得我们学习的东西，就像他曾说过的："通向财富和自由之路，属于登高望远的投资者！你要有远见，这是好的投资者的成功秘诀。"在我们理解，投资确实是比谁看得更远！

如果我们相信罗杰斯先生的洞察力与远见，作为中国人来说，将是非常幸运的，虽然我的中国同胞2007年的此刻卖出股票的理由与人多多。在眼力所及的日子里，除非出现极端情况，罗杰斯先生不准备卖出中国股票，这是他在游历116个国家，历经15个战乱之地，从西向东开车横穿中国三次了后，得出的结论。他认为：21世纪一定属于中国，因为就连中国的蜜蜂也比美国蜜蜂勤劳，中国蜜蜂比美国蜜蜂多飞3圈。

渣打银行资深经济学家王志浩近期测算过一组有趣的“中国年”数字。通过计量一段时间内个体平均收入的增长速度，可以粗略地衡量某一社会发生变化的速度。按照他的计算，美国的1年相当于中国的1/4年，或2.8个月，英国的1年相当于中国的3.1个月。一位美国人或英国人在中国3个月的时间里感受到的变化，需要在他的老家待1年才能感受到。换句话说，中国的生活节奏快了4倍。例如，一个在中国生活了两年半的英国人在中国所见到的变化，需要在英国等足足10年才能见到。这也是我们在游历过发达国家后，在自己的国家能感受到的，遍布祖国大地上高高耸立的脚手架就是证明。

罗杰斯经过116个国家的对比，发现中国以及未来的中国最好。未来的中国是最好的吗？我们每天每个人都在问自己，这需要长久的时间来检验，当然，也需要你拿出实践行动来投赞成或反对票，你的选择会最终决定自己财富的多少。

知识不等同于智慧，其实，我们没有谁比谁更聪明，赢得博弈的关键是头脑，是看问题的角度以及之后的厉行！

2007年9月20日

祝福我的祖国 远不止这一代

——2008年寄语

“当下即永恒。”对生活在2008伊始的人们来说，永恒是对新年、新生活的期盼。

2008年的中国将迎来历史上第一次奥运会。这不仅寓意着中国的崛起，而且意味着与世界的融合。奥林匹克运动源于古希腊，古希腊的众神感召着古希腊人以美丽和健康之理想，通过奥运会去赢得永恒的荣耀和追求和平美好的生活。改变一种风俗、传统、宗教与文化可能需要1000年，甚至更久远的时间。2008年，承载着中华悠久的岁月与民族的荣耀，中国将敞开胸怀让世界人民感受到这个国家的自信与现代气息。

2008年，我们将见证中国社会的沧桑巨变，“让一部分人先富起来”与“财产性收入”是价值观的流转。2008年是小平同志倡导改革开放的第30年。1978~2008年，是中国发生翻天覆地变化的30年，是亿万中国人一起共同经历时代飞跃、人生变迁的30年。资本市场作为改革开放的“窗口”和“试验场”，走过了它的幼年期。2008年它将在财富涌动的中国，在新的历史起点上，在中国改革开放的历程与经济发展的过程中发挥更重要的作用。企业与民众的富裕，是国家安全的根本保证。实现经济持续增长的关键是技术进步，我们经济体系中的弱点，以及企业与金融机构的脆弱都需要一个发达的资本市场加以完善和促进。某种意义上，资本市场是一个国家经济繁荣昌盛的保障。2008年的资本市场，因股改的彻底完成将可能产生类似1978年“包产到户”的历史意义，它需要在更广阔的舞台上深刻影响中国人的命运与生活。

无数个世纪以来，中国人追求国家富强和幸福生活的愿望像一股生命之流从未间断。中国近30年的历史和记忆，是中华文明兼容并蓄，不断凝聚新的生命力的过程。今天和风熙日，明日可能乌云密布，一个国家、一个资本市场和一个个人一样，不可能永远顺境，但2008年的此刻，我祝愿中华文明变革之后结出的硕果，能让我的国家更加自由、更加辉煌。这是我一直梦想的，远不止我们这一代。

2008年1月2日

投资札记之八：绽放我们的生命

每个人都是要死的，有的人想到这些免不了感叹要及时行乐一生，但是我们还要努力、奋斗，不仅仅是因为有一颗不屈服的心……

新的人生篇章

再到中欧，想不到这一次竟然让我开始了一段新的人生篇章。

第一次到中欧国际工商学院还是2000年，当时正在国泰君安研究所工作的我，接受中欧MBA班同学的邀请，做了一次有关证券投资的演讲。转眼间整整7年过去了，很惭愧，希望当年以技术分析为主题进行的演讲，不要耽误了青年学子未来的前程。

33岁到40岁，是一个男人走向成熟的年龄。芒格说：他从不见40岁以下的投资人。头顶的依稀白发，也许真的意味着我的投资生涯刚刚开始。但到了40岁，越发觉得不懂的东西更多，当年人大法学院硕士毕业时，曾想这辈子再也不要参加考试了，可人生实际上一辈子都在考试，每一个历史关头，每一次重大抉择，都需要你用历练的心、积累的知识来帮助你选择，进而有更高的境界。回头看，恰恰是当年的知识积累，才让我有了更好的工作、更好的未来。40岁，我将怀着一颗似年少的心，再次展开求知的旅程。

2007年3月20日是中国农历的春分，和暖的阳光照耀在中欧的校园里，流水潺潺正好感悟人生。查理·芒格在2006年Wesco股东大会上，回答股东提问时说：“我没有太多的遗憾。唯一的遗憾就是我快要死了。我以犹太人的方式来看待这个问题（死亡的问题），我幽默地看待它，有点像宗教。”

如果人能活100岁，人生最美好的光阴只有几十年，然而当你真正学习并懂得如何生活和工作时，已没有多少时间来让你完成更伟大的事业。我也像许多人一样感叹人生短暂，如果我们真的能像某些科学家说的，能活到800岁多好啊！如果那样，在40岁成熟我们将有760年的时间，实践我们的理想和信念，当然，有一万年更好！

可惜，眼下的我已快经历了一半的人生，很遗憾我们没有更早的站在格雷厄姆与费雪尔的肩膀上，像巴菲特与芒格一样尽早开始投资的旅程。如果能将世界上最伟大的人，无论是在哪个行业里，将他们大脑中的精华储存、下载，制造成人脑芯片，让人类的后代减少学习的时间该有多么美妙啊……

是啊，我们每个人都是要死的，有的人想到这些免不了感叹要及时行乐一生，但是我们还要努力、奋斗，不仅仅是因为有一颗不屈服的心……

所有的星星都将离我们远去

为什么指数会呈现螺旋上升？按万有引力定律，无论指数上涨多高最终必然回到起始位置。有关这一问题的思考困扰了我很久，这实际上是一种哲学的解析过程，它给了我有关投资的价值倾向、价值选择与价值设定的思索。在更广阔的意义上，这是有关永恒与死亡的话题。

所有的星星都将离我们远去

从孩提时代，便对深远的夜空产生了浓厚的兴趣。这璀璨的天空怎么来的？这灿烂的美会是永恒的事物吗？其最终的归宿又将指向哪里？

还小的时候，看着天上的北斗星，听大人讲牛郎织女的故事，以为这美丽深邃的天空是永恒的。但天文学家观测到的事实却是遥远的恒星正离我们远去，在宇宙中有90%的物质是不能为人类所直接观测到的暗物质。人类不仅不处于宇宙的中心，甚至也不由在宇宙中占主导地位的那类物质构成。地球及在夜空中闪烁的繁星只是宇宙汪洋的一点。

科学家认为，暗物质的存在有助于解释宇宙的膨胀速度——我们的宇宙正以接近于区分坍塌和永远膨胀的临界速率膨胀。宇宙的终极命运到底怎样？这是科学家要杞人忧天回答的问题。对我而言，则要思考的是——从自然的角度，是什么力量引领指数螺旋上升？这是否导致这样的结论——只要人类存在螺旋上升就是永恒?！假如是！那么，对天性中取向乐观的人们来说，是否就占有了博弈的先机？

永恒与完美便是死亡

1986年夏天，准备上大学的我，突然对死亡的问题产生了兴趣。不仅仅是那些伟大诗人关于死亡的诗歌让我感动，在那个时刻，一位校友的离去让我第一次感到生命的短暂。在那个时期，每天独自到离家一公里远的乱墓岗跑步，我想感受死亡的气息，想了解有关生死的意义。可能有的人无法接受死亡的概念而且认为这与股市的价值判断无关，但我相信作为人类感受最深的情怀之一，有关的思考会渗透到我们的情感、思想与意识的各个方面。

我知道我的名字能够停留多久。“当罗马将军凯旋归来，阿庇亚大道旁欢声如潮……智者却说‘这一切只是过眼云烟’。”股市是自然的一部分，有些人却赋予了它太多的含义，就像是演绎音乐。其实在纷繁多彩的乐曲中，那些旋律本身是悲凉的，刚刚演奏的音节就会成为永逝的一部分。音乐，我深情的感受是悲凉的，对股市亦然。所以，对资本市场我只寻求最本质的事物，愿意从自然的角度倾听、理解和思考问题。

我们的未来

“死亡的观念无所不摧：就死、生及其所关连的一切事物都将因此而丧失意义。”但就死亡的事实，如果我们认真地探求过有关生的意义，便不会就死产生恐惧。宇宙已经存在一百五十亿年，如果把这么长的时间浓缩，人类的全部文明历史至今可能还不足十秒钟。因此，从宇宙的观点看，一个世纪的时间不足以一瞬。即使宇宙与人类最后都要毁灭，从现在看，以后的路还长。也许人类能存在多久，资本市场就能存在多久。如果笔者具有科幻小说家的想象力，一定会根据宇宙的生命力画一幅股市走势图，也许现在只是开始。

我难以想象自己给出的问题，有人能替我解答吗？

从香格里拉到北京

“太阳最早照耀的地方，是东方的结塘，人间最殊胜的净土是奶子河畔的香格里拉”（藏族歌词）。2007年6月3日，迎着初升的太阳、湛蓝的天空，我们告别藏区群山峻岭之中的和平、宁静之地——世外桃源的香格里拉，经停昆明转机飞北京。

四个小时的飞行，睡意朦胧中香格里拉——那伸手可及的白云、白云下的群山、静谧的原始森林、点缀着各色花朵的大片草甸、草地上悠闲的牛羊还未消逝，就到了北京的上空。阴霾笼罩着北京的天空，因为能见度低，飞机不得不盘旋30多分钟，等待机场上空阴霾稍微散去才降落。

从人间天堂到首都，环境巨大的差异，让我怀疑人类工业文明导致的是一场灾难还是幸福？虽然人类改造自然环境的能力越来越强，但我们是否该收敛些人类自私、贪婪和短视的天性？听载我的出租车司机说："北京365天，只有大风、暴雨过后，才有机会见到湛蓝的天空"；深圳也一样，1992年来时，常见的晴朗天空次数越来越少，珠三角的空气污染甚至影响到了香港。中国大城市什么时候能还天空以蔚蓝？

想想我见过的日本东京和美国纽约的类似香格里拉一样的天空，难怪国际上有中国环境威胁论的观点。发改委主任马凯曾对中国"环境威胁论"进行反驳。他说，有三组数据能说明问题：第一组，中国的历史累计排放量少，从1950年到2002年，50多年，中国化石燃料燃烧排放的二氧化碳只占世界累计排放量的9.33%；第二组数据是中国人均排放水平低。2004年人均二氧化碳的排放量，中国是3.65吨，仅为世界平均水平的87%，为OECD国家的33%。1950年到2002年的50年间，世界平均排位，中国人均二氧化碳排放量只占到第92位；第三组数据，中国单位GDP二氧化碳排放的弹性系数小，从1990年到2004年，15年间，单位GDP每增长1%，世界平均二氧化碳排放要增长0.6%，但是中国仅仅增长0.38%。

数据本身也许能说明部分问题，但媒体披露的部分地区土壤中重金属元素含量不断超标的全国土壤背景值，官方统计的10%的农田受到的严重污染已让我们吃的部分蔬菜、水果重金属含量严重超标。我们基本的生存环境在面临严峻挑战，我们自身的健康在受到环境的威胁，据说，由于受到平时接触的装饰材料、杀虫剂以及被污染的土壤与水，中国男性的精子量已从1940年的每毫升1.13亿个减少到今天的2000万个。可怕的数据还不止这些，国家环境环保总局说，中国有70%的江河湖泊受到某种污染，28%污染过于严重，甚至不能用于灌溉和工业。90%的城市地下水不能饮用，环境问题将是我们面临的最大、最严峻的挑战。如果这些得不到刻不容缓的依法治理，中国面临的将不仅是石油而是水资源的危机。

不远的日子，2008年北京就将举办奥运会，多么希望届时没有阴霾笼罩运动场。

我为是河南人而骄傲

2007年5月10日上午，我们一行5人在美国洛杉矶的盖蒂博物馆参观美术馆，一位管理员微笑着问："你们是哪里人？日本？韩国？"当我们说是中国人时，他说了几句生硬的汉字："不要摸！不要喧哗！"就差"不要随地吐痰"了。我知道绝大多数美国人不会由此就鄙视中国人，也许，他们只是好心的提醒。

但在我自己生活的国度，似乎有一种氛围，只要你是河南人，某些人的心理就会有种异样的感觉。我的同事曾好心提醒我：不要说自己是河南人，你也不是。确实，我不是地地道道的河南人，我出生在浙江东阳夏程里一座时间仿佛永远静止的古老房子里，旁边就是家族的祠堂和江南水乡常见的池塘。母亲是江苏常州人，每次去常州，还能到母亲出生、成长的地方走走（常州的城市化，已将母亲生活的乡村变成了城市），到舅舅家里看看。我的养父是四川乐山井研人，他和我的养母（我的姑姑）给了我无私的爱与支持，某种意义上，我更愿意说自己是四川人，他们的爱是我动力的源泉，我为拥有他的姓氏而骄傲！

但此刻，我不想说我是浙江人、四川人，我想说——我是河南人！河南是我脑海里的故乡，我三岁以后的童年、少年、青年——21年都在这里度过，我的成长、思想、记忆、理想与梦想都与这个中华民族崛起的黄帝的故乡有关，这块土地带给我正直、诚实、信用、勇敢、坚强、善良、正义、奋进与拼搏，当然，我知道，无论我在哪里成长，无论是中国，还是世界上的任何一个角落，只要有文明存在的地方，这都是普世的价值观，而非某个地区或国家所独有。每个地方的人民都寄希望他们的儿女拥有这些品质与美德，当然，每个地区都有不具备如此品行的人。

为什么我们常常会根据地域、种族和文化背景，甚至性别去评判一个人？为什么生活在信息时代的中国人，会因你是河南人、湖北人、东北人、广东人、北京人、上海人等等而产生彼此的偏见和对人的刻薄？哲学家兼教育家伊莱·西格尔曾经认为，人只有认识和尊重他人才能称之为“人”。曾在《参考消息》上看过一篇报道韩国记者鄙视“龌龊的中国人”的文章，但当这位记者将他在中国火车上所见所闻发表在韩国报纸上的时候，却遭到了85%韩国人的质疑，认为他有辱一个不断进步的伟大民族。可如果换了一个中国记者，比如记录非洲某个国家悲哀的一幕时，我们中国人能否表现出如此高贵的一面？

美国弗吉尼亚理工大学枪击事件的守夜仪式上，美国人点燃了33根蜡烛，为33个生命祈祷（凶手打死了32个人，并饮弹自尽）。牧师看着33根蜡烛说：“当那名凶手在开枪的时候，我相信他的灵魂在地狱里，而此刻，我相信上帝也和他的灵魂在一起，他也是一个受伤的灵魂。”当韩国侨民甚至是亚裔普遍担心复仇的烈火熊熊燃烧的时候，一个社会却以爱来承担罪恶与不幸，这是一群多么神圣和高贵的人！

在美国，无论我们来自河南、浙江、湖南、福建、广东、香港、台湾，还是来自中国的什么地方，我们都被统称为中国人。当我们尖酸刻薄鄙视别人的时候，我们也是在鄙视自己，我们不会因我们的偏见、狭隘而变得高贵，而只有当那陌生的爱与宽容进入我们的灵魂，我们中国人才能真正变得高贵！

蔚蓝美丽的星球为什么会有战争？

稍懂点事，大人问：“长大了你想干什么？”我毫不迟疑地回答“当兵！打仗！”我成长的少年期正值70年代，那时对男孩子来说，能拥有一套绿军装，是非常骄傲的事情。在我生活的城市河南开封，抢军帽，甚至为一顶军帽打群架是常有的事。我的一位隔壁班的初中同学，就因为戴着军帽到城墙上玩，被抢军帽者刺死在开封一段已显露黄土的古城墙上。也许是因为年龄小，对死亡的事不太敏感，也许是古城的民风，当时只是觉得这位同学还挺有“种”，敢于面对多个对手奋起反击。后来听说在场的还有一位女同学，如果是真的，也许是青春的萌动让他那一刻变得如此勇敢坚强。

那时侯，常常独自玩一种个人的“游戏”——指挥蚂蚁打架。分别放一块骨头在两窝蚂蚁的旁边，等蚂蚁爬满了骨头再慢慢移向中央，直至双方接火演变成一场蚂蚁间的战争。浩浩荡荡的蚁群冲向战场，接火的地方很快出现一团黑色的蚁球，短暂的相互冲锋之后，便是残酷的拉锯战。遇到两窝实力相当的蚁群，能连续战斗几天，第二天醒来常常看见蚂蚁鏖战的地方蚁尸遍野。当时沉浸于这种“游戏”当中，只是感到好玩，对生灵的尊崇，只是到我真正能思考的时候想起这少年的往事，才深怀歉意。

1979年，对越自卫反击战，血染的风采让我对战争对军旅生涯充满少年的幻想。读高中以后，法国人拿破仑成了我的偶像，“不想当元帅的士兵不是好士兵”更激励我成为一名将军驰骋疆场哪怕马革裹尸。高考第一志愿石家庄陆军学院，第二志愿信阳陆军学院。也许是命运，上天并没有遵从我成为一位战士的意愿，让我第二年去了一所综合性大学，让我知道了卢梭、孟德斯鸠、伏尔泰等文艺复兴巨匠，让我获得了对人类理性、和解的精神、现代国家和现代政治权力的起源、民主自由之源泉的认真思考。

很庆幸有知识去思考国家、政党、军队的终极价值与意义。记得有一位宇航员，当他从太空中看到地球时曾发出这样的感慨：“多么蔚蓝美丽的星球……但为什么人类却要在这样的星球上划出一个个国家并相互残杀？”是啊，为什么要用战争来相互屠戮？

人类最好不要有战争。如果时光倒流，重当一回少年，如果不经意间发现鏖战的蚁群，我一定会泼上一盆水，让它们结束战争！

绽放我们的生命

早上坐公共汽车到公司加班，途经沙河立交，许多人停下车，在眺望深圳湾跨海大桥。2007年7月1日是纪念香港回归十周年，胡锦涛主席参加剪彩仪式、大桥通车的历史时刻，如果自己开车，一晃即过，而坐公共汽车出行，你可以更有心境停留片刻来凝视自己与周围的普通生活。有些东西现在和过去一样，但也有一些东西，就如同岁月铭刻的印记，它存在过，就是不一样的时光。

这两天，在看一位老朋友的书——《狼图腾》，作者很多年前大概这个时刻，曾和我睡在一个通铺上，他给我们讲故事，讲第一、第二、第三国际，讲他在蒙古插队时的艰难岁月，甚至差点失去生命的故事。而我正阅读的这本书，厚重深沉，凝聚了让他感动的生命中的青春岁月与对民族命运的思索……

我在想如果他早早失去生命，我们就永远见不到这本被誉为——世界上迄今为止唯一一部描绘、研究蒙古草原狼的"旷世奇书"。当年的老朋友，让我们从哀伤、低沉的情绪中走了出来，而今天，我也到了差不多我们相识时与他一样的年龄。

此刻，这位老朋友也让我联想起英国圣公会主教墓碑上的一段话：当我年轻自由的时候，我的想像力没有任何局限，我梦想改变这个世界。当我渐渐成熟明智的时候，我发现这个世界是不可能改变的，于是我将眼光放得短浅了一些，那就只改变我的国家吧！但是我的国家似乎也是我无法改变的。当我到了迟暮之年，抱着最后一丝努力的希望，我决定只改变我家庭，我亲近的人——但是，唉！他们根本不接受改变。现在在我临终之际，我才突然意识到：如果起初我只改变自己，接着我就可以依次改变我的家人，然后，在他们的激发和鼓励下，我也许就能改变我的国家。再接下来，谁又知道呢，也许我连整个世界都可以改变。

老朋友，他在沉静中绽放着自己的生命……

残酷是生活的一部分

2007年12月28日早晨，我的大学同学翟宏伟先生给我发来短信："知道吗？贝·布托遇刺，一只美丽的铁蝴蝶逝去了……生为蒺藜死为花，让人感伤！"我回复："知道了，这就是真实的世界，残酷是生活的一部分！"

上午，君安的老同事胡大平博士来看我，他看到我办公室门口的墙上有一幅字——"爱永不止息！"他问我："这句话怎么解释？"我说："这是来源于基督教的一句话，其实所有的事业，人与人的关系，都源于你怎样看待'爱'这个字。这是成就自己、造福社会与他人的根本所在。""那么你认为比'爱'更高层次的是什么东西？"胡大平博士问。我回答："是'自然'，我们眼见的所有事物，包括残酷，都是我们生活的一部分。以残忍的宗教冲突为例：我们设想这样一个情景——释迦摩尼、孔子、耶稣、莫哈默德在一起纵谈人类的过去与未来，也许其乐融融，但信奉他们思想体系的某一个派别的极端门徒，却可能置这些最伟大的人或其他不同信仰的人于死地。为什么要仰望星空？这个世界一定有超出人类爱和恨的更永恒的事物！"

邪恶、阴谋、卑微等等，是人类生活的一部分。知道它不可缺少，也许它就不可能再肆意伤害我们。即便它能伤害我们的肉体，但它伤害不了我们的心灵。

贝·布托说："我的生活反映了这里的动乱、悲剧与胜利。"但愿，2007年12月27日（当地时间）18时16分巴基斯坦发生的悲剧，能带来贝·布托所希望的胜利！

持续努力奋斗，希望就会永存

贫富差距产生的根本原因是什么？

曾看过让·雅克·卢梭的《论人类不平等的起源与基础》，卢梭认为私有制的出现是人类不平等的起源。人在未开化的自然状态中是平等的；当人类力求生活、技术、文化发展时，文明向前一步，不平等也就向前一步。年轻时这本小册子对我有很大的影响。从它开始又读了法国18世纪启蒙思想家孟德斯鸠《论法的精神》等书籍。

我的理解是，从大的轮廓，也许个人拥有的财富数量，根本原因在于社会的分配法则，但在自由经济环境下，财富会向勤奋、智慧的人群流动。

我出身于工人家庭，当年怀揣几百元到深圳从无到有地奋斗、拼搏。曾经为了节约3块钱，走二十几里路回家；和太太到菜市场买够一星期吃的土豆；为了能给家中的父母多寄点钱，多跑路买便宜的盒饭；就算此刻想起早年的艰辛岁月，眼泪还禁不住在眼眶中打转……

这些年来我尝试着让自己保持乐观、开放、积极进取的精神，不抱怨，不依赖任何人包括国家，当然也没有任何可让我依赖的东西，但我相信我的国家在逐渐变得有前途，我知道在这样的国家里，勤奋、努力工作一定会有回馈。

人的世界观和勤奋程度还有机遇决定一个人的一生，我相信世界不会让人不劳而获，我坚信持续努力奋斗，希望就会永存。

就这么孤独地想下去

2007年7月26日傍晚8点收到一个老朋友的短信：“我正在海口一个只能建一家宾馆的小岛上，面对大海喝酒，我眼前的沙滩上有几个大男孩在打排球，背后有慵懒的歌手在慢慢地唱歌，太阳一点点地从天上落到海里，把云染成暧昧的粉红色。海风轻轻吹海浪轻轻拍把歌声散到你四周。我想一直就这么孤独地坐下去。”

多么美好的感觉……我们终日忙碌，人有时候确实需要什么都不做，就静静躺着、呆着、看着……

不过，这条让人静思的短信，却让我思绪万千。如果我在那里，我会希望这美好的瞬间能永恒吗？如果这个属于自然的地方，没有孩子、没有歌手、没有音乐、没有我们会怎样？60亿飞速繁衍的人类改变了大地、改变了天空、改变了海洋，如果没有我们，现在的城镇是否又会万物自由生长，是否又会是动物的天堂？天空中大群大群的鸟儿飞翔，海滨浴场满是鱼儿游荡……

窗外，高楼林立、灯火阑珊，不知道这些人类的奇迹还能屹立多久？不知道这个世界复原起来会是什么样？星期五周末的晚上，这些问题和投资无关，但此刻我就想这么孤独地一直想下去……

您希望这张礼券上写的是什么？

2007年8月27日，我的一位在美国做基金的朋友打电话来，问我有什么问题问巴菲特，他的一个记者朋友要采访巴老。我们凝练了五个问题，请巴菲特先生回答：

1.（信念，挫败感和恐惧心）您投资生涯中最艰难的时刻是什么？您是怎么渡过那个难关的？当您还年轻，不像今天一样拥有如此的财富和声名，您会不会害怕在核战争或其他灾难中失去所有，只剩下信念？

When was the toughest time in your investment career and how did you tide over? When you were young and not as wealthy and well-known as you are, were you scared of nuclear war or something that may deprive you of everything you have except for faith in your heart?

2.（价值观，财富的终极意义）我们看到，在您坚持简单生活（比如说，一直住在同一所房子里，吃汉堡，喝可乐）的同时，您的财富实现了梦幻般的增长。是什么促使您执著向前，去争得明摆着花不完的财富？在这个过程当中，您心中也会有些什么东西是一直坚持，不曾改变过的吧？有哪些人或者事又曾巨大地改变过您的想法呢？

We have noticed that when you enjoying a simple life (for example, living in the same residence for a long time, eating hamburger and drinking coke), your wealth has dramatically increased. So it is what that drives you to move forward and to pursue the unlimited wealth with unremitting efforts? During this process, is there something you always insist in your heart or mind without any change? Is there anything happened or anyone that has tremendously changed your?

3.（生活伴侣与投资伙伴）作为一个成功的投资者，您是从投资中得到的快乐多，还是从家庭生活中得到的快乐多呢？您认为好的人生伴侣 (家庭成员) 需要具备什么样的特质？对于正在寻找自己的另一半，或者刚刚开始婚姻生活的年轻人，您有什么建议吗？这些建议也同样适用于交友，寻找合作伙伴和接班人吗？

As a successful investor, do your achieve more happiness from your investment or from your family life? What kind of characters do you think should be owned by a good life partner or family member? As for those young people who are looking for her/his Mr. /Ms. Right or are newly married, could you give them some suggestions? Do these suggestions also fit for making friends, selecting partners or successors?

4.（关于中国）您多次在公共场合提到您作为一个现代美国人的幸运。在地球的对面，不那么幸运的中国投资者在熬过了五年的漫漫熊市之后又经历了两年指数涨幅超过100%的牛市。您曾到过中国，您认为中国投资者的不幸主要体现在哪里呢？中国正在经历巨额贸易顺差，本币升值及高通胀，繁荣会长期持续吗？我们能做什么来回避潜在的风险吗？

You've mentioned several times in public that you are lucky to be a modern American. On the other side of this planet, after going through the 5 years bear market, the not so fortunate Chinese investors have experienced a bull market with index increase of more than 100% for two years. You've been to China before. how unlucky do you think of Chinese investors? China now is experiencing great trade surplus, currency appreciation as well as high inflation. Will the prosperity last for a long time? What can we Chinese do to avoid potential risks?

5.（祝福，以及心愿）您的一言一行鼓舞了这个世界上的许多人。感谢您的捐赠，祝福您拥有健康快乐的生活。我们同时也意识到捐钱并不能解决所有的问题。假设您关于消灭核威胁的心愿感动了上帝，神帮您实现了这一梦想并且附送您另外一张超能礼券，用来帮助世界上那些不如你幸运的人们，您希望这张礼券上写的是什么？

You are inspiration for many people around the world. Thanks for your donation and we wish you a healthy and happy life. However, I think you also agree with me that donation is not a cure-all. Let's say the God granted us a nuclear-free world as you prayed. Along with the grant is an almighty note that you may use to help those not-so-lucy people， what do you wish be written on the note?

［备注：感谢ally帮助整理了上述5个问题］

新春六天日本之旅之印象

作为一个投资者，我希望自己能像罗杰斯一样，环游世界各地，去汲取投资灵感，寻找投资思路。以下就是2007年2月我的日本之旅的感受。

第一次踏足日本，有许多疑问想追寻。为什么这样一个陆地面积只有377880平方公里、资源匮乏、有1.28亿人口的岛国，会成为世界第二大经济体？我们小时侯在电影里看到过的皇军——“日本鬼子”到底是由什么样的人组成？我在工作中接触过的两位日籍青年让我感觉那样干净、整洁和绅士，他们是特例吗？

成田机场与万路德酒店印象

从深圳经上海，到达东京成田机场已是晚上7点多。机场硬件方面与中国的相差不大，但机场工作人员的着装、礼貌的态度给我留下深刻的影响。随后五天的行程中，你能明显感受到礼仪之邦的文明与恭让——十字路口没人闯红灯，排队的地方井然有序……

万路德酒店房间很小，导游提醒我们，日本的酒店绝大多数都这样的，也许是土地太宝贵，特别在东京，土地都用来盖住宅和写字楼了。但小小的房间倒是非常整洁。

没有小偷与乞丐的国度

到了人多的地方，出于本能会有所担心和警惕。我问香港籍的导游：日本有没有小偷？他说稍早的时候日本是夜不闭户，近些年来移民多了，大都市中的人才开始锁门。除去新宿歌舞伎町那个红灯区可能有些外国小偷外，日本是一个没有小偷、更不会有抢劫情况出现的国家，人们非常有安全感。

当我们在都厅展望台俯瞰东京全景的时候，同行的一位女大学生将手机遗忘在了洗手间中，准备离开时才发现，回去寻找手机居然还在那里；还有一次，和家人一起坐在银座大街一个需要排很长时间队才能买到饮料的咖啡厅露天椅子上。一个日本人将包直接放到旁边的桌子上，转身进去买喝的东西。这是一个很自然的动作，我想我所养成的生活习惯是不可能这样的。

这方面，日本有点像在香港的感觉。在香港偶尔你能看见乞丐，在日本确实没有见到过，听导游说，日本政府宣称日本没有乞丐。在1.28亿人口的国度里能做到这点实属不易，希望有一天，我的祖国也能做到这一点，当然，还有更重要的——让每个人都具有生活的安全感，无论身在何处。

东京迪士尼与深圳欢乐谷

2月18日是中国的春节，带着孩了去据说是全世界最赚钱的东京迪士尼乐园。也许是职业习惯吧，此行的目的，除了带孩子游玩以外，也想感受一下东京迪士尼和华侨城旗下的深圳欢乐谷的区别。

门票价格，东京迪士尼乐园大概是深圳欢乐谷的三倍左右。东京迪士尼乐园的游乐项目只有43个，而欢乐谷差不多有88个，从项目的吸引力来说，欢乐谷的项目好像更刺激些，园区的面积也更大些。从硬件看，欢乐谷似乎更胜一筹，但管理与效率方面，欢乐谷就差了些。东京迪士尼在组织文化、员工教育等各个方面体现着非常浓厚的人情味，服务亲切、细致入微，员工的笑容让人感觉很真诚。

欢乐谷，从游乐项目的选择和园区的设计来看，已能与世界一流水平比肩，但从软件方面看，要使真诚、亲切、发自内心的笑容体现在每一个员工的脸上，还需要很多年的努力。这可能也是整个中国所面临的问题。

东京房价

20世纪70年代中期，日本城市土地的平均地价每平方米已达6000美元，而东京银座现在的地价每平方米40万美元，这只是相当于20世纪90年代初期水平的40%。地价是经济增长的函数，如果经济增长而土地供应有限，土地价格的上涨将不可避免。未来中国核心城市的土地价格估计会像日本这样上涨，这也是东亚国家和地区普遍存在规律。

正因市中心酒店价格太高，在东京的两晚，我们都住在旅行社安排的距东京1小时车程的类似卫星城的酒店里。日本人平时大多乘坐轻铁上班，较远的距离与堵塞的交通使其成了最好的交通工具。1964年东京奥运会时竣工的新干线，已经将东京和最大的港口城市大阪连接在一起，组成了一个城市带。在国内虽然有上海的磁悬浮列车，但核心城市轻轨的发展刚刚起步。在可预见的将来，上海、杭州和南京将形成1~2小时的互通生活圈，北京到上海的高铁运行后也才仅需四五个小时，中国城市核心化发展的脚步刚刚开始。

人口老龄化

在日本高速公路收费站里工作的人全是上了年纪的老人，感觉至少都在60岁以上。在每一处正在施工或维修的公路上，都有上了年纪的日本人在指挥交通，甚至在大阪城公园里，丰臣秀吉时期修建的大阪城的路面维修工程处，都有穿着黄色制服的日本老人在提醒和指挥行人。

日本是一个老年化社会，65岁以上的老年人占了19%。中国许多由年轻人做的事，在日本却是由中老年人在做，在日本人开的饭店里吃饭时可以看到，为你服务的大多是50岁上下的人，如果是年轻人的话，通常都是能讲流利的普通话的中国留学生。过去几十年的老龄化，迫使日本放弃了低端的、依靠年轻劳动力为主的产业，转向依靠技术为主的技术密集型产业。随着劳动力成本的提高以及中国人口老龄时期的到来，中国也将面临同样的问题。

2005年年底，中国65岁以上的老人已达1亿人，到2050年，我如果有幸活得那么久，也将是耄耋老人，那时60岁以上的中国老人将有4.3亿，即便到2100年时，中国的老年人也还有3.5亿人以上，横跨半个世纪的老龄化问题将严重考验中国。2000年，中国养老金“空账”有360亿元，到2005年底，“空账”已骤增8000亿元，有人评价中国未富先老，中国“人口老龄化速度比有史以来任何国家都要快”。人口红利给中国的机遇实际上也就二三十年的时间，在迅速老龄化的中国，我们准备好了建立一系列完善的社会保障制度和医疗服务体系了吗？

庆幸的是，在有记载的历史中，还没有哪一个发达国家因人口老龄化而导致经济发展停滞不前，反而成为了社会、经济发展成功的标志，但愿在迅速老龄化的过程中，中国能经受住考验！

日本自卫队

在日本旅行，很少看到警察，但却碰到了日本自卫队员。

前往富士山的路上正好遇到几辆军车迎面开来，导游说这附近有一个军营。这些军车与在国内见到的军车没有什么两样，恍惚间看到的自卫队员的面庞也和国内见到的青春逼人的脸庞没有区别。我努力唤起孩童时期电影中“日本鬼子”的形象，但现实告诉我也许它只在记忆里。

在旅行的途中还经过一个日本自卫队的军用机场，隔离网里的草坪上停有三四架预警飞机，同车的人开玩笑说：赶快照下来......

温总理说：中日两国一衣带水，必须处理好关系。是啊，必须处理好关系，如果处理不好我们又将面临什么样的对手呢？

清澈见底的河流

六天的日本之行很快结束了，回想起在日本所见过的每一条河流都是清澈的，有鸟儿在飞翔。在周恩来总理塑像所在地——岚山山脚下的河流中，有几尺长的大鱼在河底游动，河岸边，一群群鸽子在嬉戏。

六天的行程里，头上一直顶着蓝天和白云，空气十分清新。据说，日本创造1美元国内生产总值所消耗的能源只有美国的37%，是发达国家中最节能的。作为日本的国民是幸福的，除了保护很好的自然环境之外，也听说日本政府为保护不愿卖地的农民的利益，宁愿绕道建公路。而日本已由一个家族统治了1200年，现在的天皇已是第120代，这也超出了我的想象，中国在1200年中不知换了多少个朝代……

我所见到的日本，整体上是和谐的，人们非常有礼貌，就像我认识的两个日本青年，如果不是中日之间曾经发生过的战争，我很想说这是一个了不起的民族。但愿有一天，我也能在自己的国度里体会到这种融于自然的人群间的和谐、礼貌与伟大。

冤家宜解不宜结

终于要结束在日本的六天新春之旅了。

在大阪机场候机楼等候登机时，一个在新加坡学习过一年中文的日本女孩子走到我们面前，希望我们帮她做一个调查记录，上面罗列了一些诸如对日本印象如何的问题。她说是做义工。

对日本的城市、山川和生活在这里的普通民众，我有一种深深的敬意。但让我忧虑的却是我10岁女儿的思想和感受。也许是她还小，不懂事，此次日本之行好像并没有改变她对日本的强烈反感。当我和太太谈论日本的诸多优点时，我女儿说："日本这么好，你们去做日本人啊！"她不愿我们说日本的任何好。

我女儿，有这样强烈的热爱自己国家的心，让我们欣慰，但她对另一个国家仇恨的心理又是如何在心里滋生的呢？听我一个和日本人结婚的朋友说，她的儿子不愿承认是中国人，在她孩子的学校中孩子们之间似乎也有一定的歧视中国人的情况出现。她常常为此忧虑，不知如何教育？

我希望，我女儿和我朋友儿子的情况只是个案，不是普遍现象，而且希望他们的这种情绪，就像和其他小朋友打架闹别扭很快就会忘记一样。否则，如果中日两代青年在一种近似敌视的教育环境中不断强化这种不认同感，以后真的让人忧虑……

冤家宜解不宜结，真希望中日两国有智慧和责任感的政治家能展望未来，好好处理好两国历史遗留的问题，不要让不幸的种子潜藏、发芽、萌生恶果。

在太行山上歌唱

2007年8月26日一位老同学，《河南人惹谁了》一书的作者翟宏为先生给我发来短信，说他获得了飞天奖戏曲类一等奖。替他高兴之余也让我回忆起1990年金秋十月，我们二十几个刚刚毕业的同学，登太行山、露营小河边的往事。

1990年是位于林州市区北部豫、晋、冀三省交汇处，红旗渠名胜游览区始建的时刻。当年人烟稀少，我们一路行来，两旁沟壑纵横，远山如黛，巍峨起伏；盘绕在太行山腰悬崖绝壁之上的红旗渠雄伟险要；满山的山楂树、柿子树、核桃树一片火红。

车子在盘山公路上疾驰，翩翩少年、婷婷少女纵情高歌。1990年毕业的我们，绝大部分人要分配在最基层工作，那时的我刚刚经历过一段蹉跎岁月，凝望着车窗外的山楂树，不禁轻声唱起苏联歌曲《山楂树》："歌声轻轻荡漾在黄昏的水面上，暮色中的工厂已发出闪光，列车飞快地奔驰，车窗的灯火辉煌。山楂树下两青年在把我盼望。当那嘹亮的汽笛声刚刚停息，我就沿着小路向树下走去。轻风吹拂不停，在茂密的山楂树下，吹乱了青年旋工和铁匠的头发。啊，茂密的山楂树呀，白花满树开放，我们的山楂树呀，它为何要悲伤……"这首歌曾伴我度过了最艰难的时光，在万籁俱寂让人忧虑的夜晚，它给我信心和力量。1990年的太行山之旅，这首歌的旋律也符合大多数同学的心情。“……秋天大雁和歌声已消失在远方，大地已经盖上了一片白霜……”

下午两三点钟我们终于到达一处河谷之地。河面并不宽阔，清澈的河水让人一眼就能看清河底细小的沙砾。我们在河滩支起帐篷，然后我们几个男同学上山拾柴。对于成长在黄淮海平原之豫中大平原的我来说，身临高山雄险之处，本身就是一件新奇和有意境的事情，所以，捡柴之余奋力登高。登顶临近河谷的一座小山，上面有几户农家，每户农家外长着叫不出名字的花，房屋是就地取材用山上的石头建造。纯真淳朴的农民请我们到家里看看，印象最深的是黑糊糊家徒四壁的房子墙上贴着一张毛主席的画像。太行山上英雄多，据说在抗日战争和解放战争时期，焦作北部的太行山都是重要的战场和革命根据地，游击队员们在这里神出鬼没的打击日伪军。这里的老百姓对八路军与毛主席怀有深厚的感情。

下山，天色已黑，一轮皎洁的明月挂在河谷与群山之上。我们点起篝火，朗读、歌唱。忘记是谁背诵王蒙的《青春万岁》——“所有的日子，所有的日子都来吧，让我编织你们，用青春的金线，和幸福的璎珞，编织你们。” “是单纯的日子，也是多变的日子，浩大的世界，样样叫我们好惊奇，从来都兴高采烈，从来不淡漠，眼泪，欢笑，深思，全是第一次。”我也唱了《当我们年轻的时候》与《雪绒花》……

1990年到2007年的金秋，已经是整整十七年了。一个人的青春岁月往往能引起最美好的回忆，2007年6月5日当我们太行山之旅的部分同学相聚北京时，大家对这段岁月格外珍惜，席间，还打电话给定居英国的同学，请她分享老同学相聚的快乐并缅怀那个难以忘怀的青春岁月。

1990年的太行山之旅后，我们各自开始了真正的人生旅途，十七年，我们每个人都发生了翻天覆地的变化。但庆幸的是生活的磨难并没有泯灭我们中多数人对美好事物的向往与追求，正如叶赛宁的一首诗：不惋惜，不呼唤，我也不啼哭。金黄色的叶子已堆满我心间，我已不再是青春少年……

是啊！我已不再是青春少年！

2007年9月18日

路边盛开的小蓝花

从你身边走过
深秋开满路旁的小蓝花
我的深心波动
仿佛刚才重见天日的感觉
我的血液
像心醉神秘的春天的祖国
以新生的叶蔟在欢舞

这是最后的花朵了
真想俯下身去亲吻你
但这只是一瞬间啊
有人叫我排队赶路

后记：时光流逝，生命的诱惑一直延伸。我漫步于我的河流之中，寻觅，我的歌和不断流动的景物。有幸作为历史的一页，同着我的祖国经历了光荣和痛苦的时刻……在我们选择的路上，我付出过我的全部在那神圣的日子——那份热烈、率直、诚实和执著。(1991年6月)

人生短暂又漫长，但信念和理想，是一个可以在生命中不断积累的东西。迄今的经历告诉我：无论处在多么艰难的岁月，要相信一切美好的事物，对生活不谴责、不抱怨，努力做事情，我们就能和我们的国家一样有光明的未来。(2008年2月)

亡我不能亡国家

——《色·戒》观后感

太太问我：为什么流泪了？我说：被电影里的两个片段感动的。一个是开始的时候，看着一车车也许是刚刚穿上军装的学生兵开赴前线，抗击日本军的镜头；还有一个是最后包括女主角王佳芝与青年学生邝裕民在内的6个青年，其中有几个表现得不太坚强、被绑赴刑场处决的镜头。

我知道很多人，包括北京的朋友坐飞机到香港看《色·戒》，是冲着“色”字而来，我也不例外。如果国内上演洁版，估计只有“戒”没有“色”了，但如果没有几乎和三级片一样的“色”，这部片子欣赏起来，可能就大打折扣了。曾经有过青春岁月，也经历过有可能失去生命的历史时刻，当你知道你随时可能死去，又处在极端的环境中，你内在的张力与情感、你的生命和激情就有可能像火山喷发一样持久猛烈。当然，这部片子的情愫与纠缠不清的情爱，放在苦难深重的抗战时期的大时代背景下增加了它的凄美、沧桑和悲壮感。

不过，无论是烈欲狂爱还是缠绵情爱，都不足以让李安赢得威尼斯电影节金狮奖。他能赢得这个奖项，我相信是基于影片中展现的并不太久远、但我们可能早已记忆不清的历史画卷，他打开这个画卷，让我们看到了人性与它闪耀的光辉与卑微。这也许是《色·戒》打动全世界的原因。

对我来说，感受约70年前的历史内心有些异样，但它确实让我流下了热泪——亡我不能亡国家与六个被绑缚刑场处决的中国青年！

2007年10月23日

延续一个民族的骄傲和传统

2008年4月5日下飞机，到酒店，然后直奔八宝山公墓，祭拜一位亲属。

长辈1915年8月出生于江西省于都县曲洋乡桐溪陂坑村。1931年刚满16岁参军入伍到红3军第7师，参加过第四、五次反围剿；作为红1军团2师5团中央红军的一员参加了二万五千里长征，两次翻雪山、过草地；作为八路军115师343旅685团的一员，参加过平型关、广阳、午城等对日军作战；皖南事变后，这支从井岗山下来的老部队又被整编为新四军第三师第7旅，继而粉碎了1941年中开始的日军对苏北以盐城为中心的“大扫荡”和1942年冬日军对苏北根据地发动的拉网式大“扫荡”并作为第三师第8旅的一员，1945年年末入关参加了解放东北的一系列战役；沈阳战役后他们被整编为东北第4野战军第39军115师并担任主攻天津的作战任务；之后南下，前些日子在吴法宪的回忆录中，还看到我的这位亲属1949年5月带领他的115师南下路过河南罗山以北的铜钟镇，救护打猎受伤的吴法宪的故事；在完成了解放广西及剿匪任务之后，1950年他又调动到42军入朝鲜参与一系列战役，直至停战。

长辈作为主力红军主力部队的一员，有22年是在行军打仗“生离死别”的烽火年代中度过。直到朝鲜战争后，到了苏东坡所说“年来四十发苍苍”的年岁生活才稍微安定下来。少年时代，这位亲属一直是我的榜样，我希望有一天能成为像他一样出色的人，这曾经是我儿时的梦想，也是我内心一种奋斗力量的源泉。

献上一束鲜花，在二老的墓前静静伫立。前后左右一排排，是一个个铭刻着熟悉或陌生的将军名字的墓碑，不远处是与这些将军墓有很大不同的，设计极其独特的文化大家老舍先生的衣冠冢。在这里，你能感受到一种历史，一种时光凝滞、岁月沧桑变迁的挚重。

相比其他墓地，老舍先生的衣冠冢前，鲜花特别多，我相信除了老舍先生的亲人外，有些有心的人，也会在清明在人们祭奠祖先、缅怀先人的时刻，对那些对整个民族、社会贡献极大的人表示他们的崇敬之情。当然，这些鲜花也告诉我们一个真理：相比权力和财富，思想和文学有更久远的生命力和影响力！

对墓地文化非常有兴趣，沉下心来慢慢看，一片墓地就是一个圣地，更不用说那些有深远影响力人们的墓地。时光流逝，一个民族一定有些东西是不朽和永恒的，它代表着一种巨大的推动力量，延续着一个民族的骄傲、精神和传统。

非常赞同清明节放假，这个节日是中华民族认祖归宗的纽带，更是一个催护新生的祈祷仪式，正确看待死亡，我们才能体验“生”的意义，更加珍惜有限的光阴和高贵生命的传承。

第三篇

投资可以看得久远

本篇是媒体对我的三次采访。一次简短的谈话，可能并不能改变多少人的观念，但我希望通过这种公开的对话，让投资者们认识到价值投资的核心与内在逻辑。只有看清楚资本市场的本质和价值投资的逻辑，你才能主动成为一个真正的价值投资者。

一、投资可以看得久远

采访者：《VALUE》杂志主编　张志雄

采访时间：2006年10月1日

[引言]

世界的本源是什么？人类不平等的起源基础是什么？法的基础和精神又是什么？等等问题曾深深影响着我的学生时代。今天，同样的、股票市场动力和源泉的问题也影响着我们的价值判断，进而也让我们思考得更多。

本文刊发在张志雄先生编著的《华人杰出投资者》一书中。其中有关投资的思索是经过我们多年艰苦而漫长的努力得来的，当然，可能我们的思考还不够缜密需要更多的探索。不过，能分享以不同的视角去看去想这个世界，总是一个好事情。另外，也感谢我们的合作伙伴基于共同或相似的价值观，给了一个让我们一起实践理想的机会。

从技术分析坚定地转向价值投资

张志雄：您是从哪一年进入投资行业的？

但　斌：1992年底开始接触股票市场并尝试着用自己的一点小钱买卖股票。1993年2月，我进入深圳新兰德投资咨询公司培训部担任证券分析师，从事技术分析。两年多后，加入朋友组建的一家名为深圳巨澜投资分析科技有限公司，任副总经理。

之后进入君安证券，稍后到研究所当研究员。君安证券和国泰证券合并后，我又做了一年多研究。在证券公司研究所的3年里，我学会了用不一样的角度看企业，也就是基本面研究。在此期间，我获得过国泰君安董事会办公室颁发的国泰君安证券投资研究奖励基金一等奖。

离开国泰君安证券研究所后，我去了大鹏资产管理有限公司，出任首席投资经理。2002年12月，我开始了自己的私募基金经理生涯。2004年我们创建了深圳东方港湾投资管理有限责任公司。

张志雄：东方港湾成立三年来，每年的累计业绩如何？

但　斌：2004年全年的收益率是44.50%（上证综指同期下跌了15.40%）；2005年全年的收益率是38.00%（上证综指同期下跌了8.34%）；2006年1—9月，收益率是122.20%（上证综指同期上涨了50.93%）。

张志雄：你进入投资业后的一个阶段中似乎对技术分析很感兴趣。

但　斌：在技术分析中，我主要研究波浪理论。如果从宏观层面来看，技术分析观察事物的方法和角度是有些价值的，比如波浪理论是以“人类社会的变化”展开叙述的，这是从远处着眼。

但在微观层面，由于每个人看问题的角度不同，会导致结论的五花八门。比如波浪理论最容易混淆的就是各浪的位置，如果分不清楚大小浪，而在一个小小的波动上斤斤计较，肯定会出问题。技术分析可以用作事后解释，在细微的市场变化中用来预测，效果甚微。

张志雄：你为什么从技术分析转向价值投资？

但　斌：最初我在新兰德用技术分析来研究股票，后来参与组建巨澜投资，走的也是这条路。对我而言，进入君安证券是一个很大的转折点，在那里我学会了基本面研究。君安研究所与后来的国泰君安研究所非常注重从行业、企业的角度分析股票，我的投资习惯在这里第一次得以转变。

在投资结果上，我用技术分析没赚到钱，改用价值投资方法后赚到了很多钱，从技术分析到价值投资的转变，是我学习改正再学习再改正不断进步的过程。

张志雄：作为一名价值投资者，您如何评价当年从技术分析到如今的转变。

但　斌：大陆证券市场初期受台湾的影响较大，而台湾流行的就是技术分析，其进入门槛很低。从这点而言，我能从技术分析进入证券行业是较为幸运的。

至于转向价值投资，我认为这是和巴菲特一样的选择。巴菲特刚涉足股市时足足画了10年的图表，师从格雷厄姆后才真正转变成一名价值投资者。

我认为，任何事物都需要经历成长阶段，内地证券市场第一代投资人首先接触到的就是技术分析。对我而言，是在不断遭受挫折，反复学习、体会海外各种投资理念的过程中逐渐演变为一名价值投资者的。

张志雄：1991年，我在上海证券交易所的时候，确实没有什么证券专业方面的书，记得有一本台湾人写得很浅显的股票书籍，我是如获至宝。不过，当时的证交所总经理尉文渊很不欣赏技术分析，他说看到这类股评就让人想起香港报纸上的马经。所以，我在当时就没怎么沾技术分析的边。当然，那时我们在上海证券报提倡的“长期投资”观念也很成问题。说来话长，令我好奇的是，您是怎么想到出来做私募基金的。

但　斌：20世纪90年代在证券机构工作期间，我有很多想法和投资理念，但受制于公司制度和各种内部关系而无法实施。既然在国营机构没有机会，那我自己要去创造机会，最终我选择了做私募基金，我觉得这样才有可能把这么多年的想法和理念付诸实践。

张志雄：当时怎么不去共同基金呢？

但　斌：当时共同基金大多是脱胎于券商，我觉得它们的内部制度差不多，不适合我。

张志雄：从1993年算起，你已有13年的投资生涯。你还记得第一次投资成功的经历吗？

但　斌：1993年，我的公司老板拿出50万元让我替他买股票，从当年2月到9月，我把股票市值做到了70万元。有一个很好的回报以后，这些老板的朋友或者一些其他朋友，觉得能挣钱，就拿一些钱来。那时候本加上盈利，差不多250万。

张志雄：然后呢？

但　斌：1993年9月，我听消息说深深房有大机会，就投入了所有资金，后来股市大跌，盈利全部回吐。为了弥补损失，接下来我不断做短线，结果亏了一半本金。1995年我做多国债期货，结果遭遇了最大一次的挫折，损失惨重。

张志雄：对这些投资成败，你现在怎么看？

但　斌：庆幸的是，我在很年轻、钱还少的时候严重失误了几次，否则，重新站立起来的机会便少了很多。至于成功，我现在还谈不上，未来的路更遥远，但愿上帝能给我足够的时间来实现他的旨意。

张志雄：你现在的投资哲学是什么？

但　斌：用“龟兔赛跑”概括我的投资心得非常恰当。以我的理解，兔子根本没有获胜的机会，因为投资是一项长期的事业。兔子跑得再快，但只能活几年，而乌龟可以爬一万年，考虑到时间因素，胜负自然分明。

从哲学的角度讲，我们在生活中面临着许多抉择，有些抉择从一开始就必须明确——你要成为什么样的投资者？选择寓言中的兔子还是乌龟？答案是唯一的，没有第二种选择。

张志雄：在向价值投资者转变的过程中，什么人给过你启迪？

但　斌：本杰明·格雷厄姆、沃伦·巴菲特和菲利普·费雪尔等投资大师的思想是我取之不尽的源泉，他们都把研究企业作为投资的出发点。有所不同的是，格雷厄姆的价值概念和费雪尔的成长概念是价值投资的基石，巴菲特是价值投资最坚定的执行者，他承袭了前两位的理论，又把它们有机地融合并发扬光大。巴菲特还拥有超越世人的眼光，可以在困境中看出前途所在。

张志雄：什么样的投资书籍使你受益匪浅？

但　斌：《聪明投资人》、《证券分析》、《巴菲特：从100元到160亿》、《怎样选择成长股》、《非同寻常的大众幻想与群众性癫狂》和《股票作手回忆录》等。

张志雄：现在很多人把巴菲特当成神来崇拜，其投资方法也被奉为圭臬。

但　斌：巴菲特的投资方法很简单，但是巴菲特的精神、境界、修养，一般人很难学到。巴菲特的财富观也很难为常人理解。就投资方法而言，巴菲特达到了极致。

张志雄：你为何对巴菲特如此推崇？

但　斌：我以前举过例子，一个人醒来，他发现自己拥有了巴菲特的财富，他会怎么想？绝大多数人肯定是以为老子天下第一，走路都可以横着走。但是巴菲特可能只是觉得：上帝假借我的头脑完成我应该完成的事情，荣耀是上帝的，财富是社会的。于是他又把财富交还给社会。只有这样的人，上帝才可能把足够多的财富交给他来管理。我达不到他的高度，但我会努力接近。

张志雄：借鉴了大师的投资心得后，东方港湾是否开发出了自己的投研体系？

但　斌：我们现在还没有开发出自己的投资研究方法，最多只是复制巴菲特的以公司价值为投资核心的投研方法。

张志雄：您觉得您的投资方法与众不同或有明显差别吗？请举例子。

但　斌：我不很清楚众人的方法是怎样的，如果是炒短线，抓时机做波段，或者坐庄，我想可能根本上就不同吧。我以合适甚至低廉的价格买入并持有经营优秀而又持久的企业，应该也有其他人这么做吧。我们只是普通的投资人，而且我们认为投资没有秘密。

张志雄：如何看待大师们所说的成长和价值？

但　斌：价值和成长不是截然分开的两面，就如巴菲特所说的那样，价值投资中包含了对公司成长的考虑。我们投资一家企业，不单纯是格雷厄姆说的“捡香烟屁股”的方式——仅仅评估其硬性资产的价值，我们还很重视企业的无形资产价值，比如品牌等对企业业务增长和盈利提升的持续正面作用。

坚持价值投资不需要任何借口

张志雄：您如何看待选时和选股？

但　斌：要持续正确判断时机的抉择，这是超越常人的能力范围的，也许有人能够做到，但就我的投资生涯来说，我不认为这是具有可靠性的做法。我们投的是公司，只是通过股票市场去持有一定的份额。

张志雄：请举例失败的选股或选时例子。

但　斌：在过去三四年中，我没有做过选时，而从选股而言，我认为持有的公司都很让我满意。

张志雄：如何看待主动投资和被动投资？

但　斌：我们主动投资一家公司，看好的是其产品及市场竞争力，欣赏的是公司管理团队，并以合理的价格买入。我们既不会消极地构建一个模拟指数的投资组合，也不会频繁干预公司战略和管理。

张志雄：你如何选股？有什么标准？有什么投什么不投吗？

但　斌：第一、领导层必须诚信，具有专业能力，勤奋，战略正确，并愿意为股东创造价值；第二、它应该是行业中具有竞争优势的企业；第三、我们很关注企业的ROE（净资产回报率）和ROE上升的能力；第四、我们很关注企业收益的现金流质量。

张志雄：在你们的投资组合中也有万科，你们是什么时候发现它的？

但　斌：我们很早就注意到了万科，认可其经营能力，2004年东方港湾成立时我们就买进了万科。

张志雄：为什么在人们普遍看淡房地产市场前景时，万科能持续看涨？

但　斌：能否在行业遇到危机时表现得更出色，是判断一家好企业的根本标准。如果所谓的行业龙头在危机时不能表现得比其他企业更出色，说明其本身是有问题的。行业的不景气恰恰可以检验出这样的企业，我们可以借机放弃。

事实上，万科2006年显现出了行业龙头的实力，它本来预计拿地1000万平方米，而实际可能拿到了1300万~1400万平方米左右的土地。对比行业繁荣期，现在万科基本上没有竞争对手，因此其在杭州、厦门等地拿地十分容易，这是非常不错的表现。

伟大的公司往往可以利用行业危机来巩固自己的地位，例如中集集团，利用集装箱制造业整体低迷期消灭了自己的竞争对手。

张志雄：说到品牌企业，你觉得同仁堂这家公司如何？

但　斌：同仁堂是中国老字号品牌代表，但其缺点是：增长放缓、管理层进取心不足，因此我们一直关注但在A股市场并没买入。

张志雄：你们在什么情况下卖出一只股票？

但　斌：真正的好企业是非卖品。但通常企业都有生命周期，在其经营开始转坏或者股价已经极度高估的情况下，需要卖出股票。注意，我说的是极度高估时，我们才会卖出股票。如果股价稍微有些溢价，我们不会卖出，因为用便宜的价格再买一家逊色的公司对我们而言没有吸引力。

张志雄：相比其他机构投资者，你们交易频繁吗？

但　斌：经纪商对我们很有意见。不同于大多数投资机构，我们现在基本上没有交易，买进后就一直持有。

我一直在思考一个问题：巴菲特长期持有获得了巨大的成功，为什么全球模仿他的人还是那么少。我的朋友们回答是中国有中国的国情。如果答案真是这样，印度有印度的国情，日本有日本的国情……总之各国有各国的国情，价值投资的标准就无从谈起。

我认为，价值投资应该有一个超越国度的评价体系。投资界总有各种借口：共同基金说资金的性质使我们做不到价值投资，私募基金也会说受到客户的压力更大，因而无法坚持长期持有，但对我们而言，坚持价值投资是不需要任何借口的。

张志雄：你们的客户难道没有给你们施加压力，甚至赎回么？

但　斌：客户如果不认可我们的理念，我们一开始就不会接受其资金。在操作过程中，如果有人产生疑虑，我们会用事实说服他。

比如我们有些后来的客户刚买进烟台万华时，股价从16元多跌到9元多，有的客户动摇了，我们就和他一起实地调查上市公司，看看这家公司到底怎么样。我们投资的是实实在在的公司，市场波动无法改变公司的内在价值。经过和客户的反复沟通，现在客户都能理解我们的投资思路，认可价值投资的理念。

张志雄：但是遇到市场狂跌时，你们就没有动摇过？

但　斌：市场狂跌正是我们买入的机会。一家好公司平时是8元交易，股价随市场狂跌至5元甚至4元，这不正是我们一直寻找的绝佳买点吗？在这种情况下，只会让我有一种遗憾——没有更多的钱买入更多的股票。真正的价值投资者不惧怕熊市，在牛市中反而会发生一些问题。

张志雄：如何让客户与你们一起在狂风暴雨中坚守？

但　斌：好的企业像宝石一样珍贵，做投资就是要找到这样的企业并加以珍藏。但是长期投资者要穿越周期，穿越历史，如何才能坚持到底？这时候就要借鉴历史的经验，思考如何在乐观和恐惧中处理好自己的投资。

从历史经验中吸取投资的智慧，投资不是买进后再去应对，而是要让别人感觉到你每时每刻都在担负责任。这样你才能得到别人的信任，才能有效说服客户。

现在我感到我们不仅仅是在做投资，更是在从事财富管理。如何让财富穿越几代人，实现世代相传，这是超越了炒股的观念。

张志雄：如何让客户接受你的世代财富管理观念？

但　斌：现在客户拿一笔钱找投资经理，一般是问一年或者五年回报多少。但我们会从他孩子未来的生活以及父母家人的角度来规划这笔钱，有时候客户会想到这笔钱另有用处，我们会建议他少投一点。

恰恰是因为世代财富管理，价值投资的长期稳定性回报才凸现出来。

张志雄：能不能列举3只可以持有10年的股票，让大家进一步理解长期投资理念。

但　斌：我们的第一个客户就签订了10年财富管理合同，我们给他做了一个投资组合，里面选取了我们判断未来10年可以战胜市场波动的股票，主要有贵州茅台、深万科、招商银行和烟台万华。

以烟台万华为例，它是在2001年A股行情最高点时上市的，过去几年大盘一路下行，上证综指最低至998点。但如果在烟台万华上市时投资1000万元，现在分红累计是606451元，股价则上涨了5.1倍，现在你账上应该有6016万元。（见备注）而烟台万华也从2000年4980万的净利润，到2006年有可能达到8.2亿的净利润，净利润增长约16.6倍。所以，好的投资回报要靠企业分红和内生性增长，而不只是简单预测市盈率变动等这些不稳定的因素。投资好的企业可以穿越周期，即便是经历大熊市，也能获得不错的回报。

张志雄：介绍一下烟台万华吧。

但　斌：烟台万华的主营产品——MDI是一种化工产品，烟台万华是MDI全球仅有的拥有自主知识产权的6家生产商之一，中国也因此成为第四个掌握这种技术的国家。

烟台万华在化工行业中的地位如何呢？石化行业有18个大门类，中石化拥有17个门类，唯独MDI不能生产，可见烟台万华技术壁垒之高。

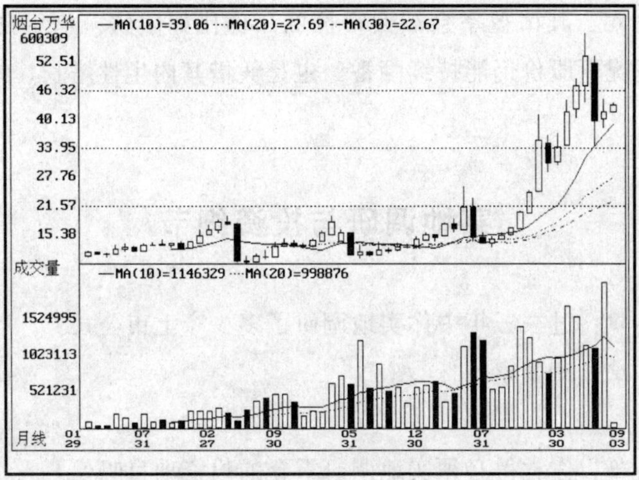

烟台万华股价月 K 线图(2003 年 1 月~2007 年 9 月)

张志雄：巴菲特在20世纪60年代末解散自己的基金离开市场，因为他判断股市总体已经绝对高估。假设A股在2008年或者2010年处于绝对高估，你们如何操作？

但　斌：如果出现这种情况，我们绝对是卖出股票。不过内地股市泡沫来得没有那么快，至少十年后才会出现这种情况。看内地大多数企业，比如万科，其总市值目前才300多亿元人民币，而香港一些大型地产公司市值都在数千亿港元。就中国如此庞大的市场以及十五年左右的经济快速成长期而言，万科市值最终达到三五千亿人民币是很正常的。2008年和2010年万科还达不到这个规模，需要十到十五年的时间。

张志雄：假设一下，万科达到四十多倍甚至五十多倍的市盈率，你也不认为它被高估？

但　斌：从静态看，肯定是高估的。但看动态市盈率，比如万科通过收购兼并，买进了20家8倍市盈率的企业，其市盈率就会大大降低。从长期看，企业通过内生增长会不断拉低市盈率，比如平安保险目前市盈率很高，但如果五年内平安资产管理的业务规模能达到5000亿元，其市盈率会被大幅拉低。再比如微软，早年在80倍市盈率的情况下股价仍能持续翻番，也是凭借其内生性增长。

实地调研与投资细节

张志雄：过去三年中你实地调研了多少家上市公司？

但　斌：50多家。

张志雄：你觉得必须实地调研重仓的投资项目吗？

但　斌：是的，我很在意是什么人在经营这个企业。

张志雄：有人认为读企业的报表和研究报告比实地调研更好。

但　斌：实地调研对投资非常有好处，我去过很多家公司后，判断企业好坏的灵敏度大大增强了，一家公司的日常管理和文化制度等方面决定了其质地。比如说参加股东大会，你是有可能通过观察上市公司高层人员细微的互动，哪怕一个眼神也许就会让你感受到不一样的东西。当然这需要有极强的感受和阅读人的能力。

张志雄：你遇到那种善于做表面功夫的公司或者管理者，该如何判断？

但　斌：我的经历使我在判断能力方面有不少优势。小时候，我不是一个好孩子，打架闹事都有过。后来，又从社会底层开始奋斗，历经磨难，和三教九流的人打过交道。现在我看过一个人后，凭直觉就能判断其好坏，企业如人，所以看企业也差不多。

张志雄：举个例子吧，比如你去贵州茅台见到的是谁，对方是怎样的，由此对公司作出了什么判断？

但　斌：茅台接待我们的是季克良（茅台集团董事长），一位满头白发、非常慈祥的老人，出身江苏的酿酒世家，后来去了茅台，在茅台干了一辈子，他给我的第一感觉是一个非常好的人，值得信赖。

茅台其他管理层也很有眼光，股份公司的董事长袁仁国写过很多文章，比如《茅台品牌的传统继承与价值创新》，这篇文章让人感到袁仁国的境界非常高，其对企业发展观的阐述非常符合我们对好企业的看法。

真正的好企业需要一个好的经营者，带领一个好的管理团队，具备传承能力，当然还需要身处有前途的行业。具备了这些条件，企业将创造伟大的事业。

张志雄：再举一个你认为管理层有点问题而让你放弃的上市公司吧。

但　斌：有一家从行业和公司质量讲都不错的公司，我不必说它的名字了吧，但它的领导人是一位枭雄，能力确实很强，却让人不放心其内在的品质。我们就放弃了这家公司。

张志雄：你们现在主要投资几只股票？

但　斌：主要是6只，地产行业里有万科、招商地产和华侨城，这3只股票可以算1只，主要是基于行业投资，均衡这个行业中有显著竞争力的企业。

张志雄：你每天都看很多研究报告吗？

但　斌：并不是每天都看，很多券商出了不同的研究报告时会看一下。

张志雄：您每天阅读哪些类型的报告？

但　斌：主要还是看招股说明书、年报以及公司公告，还有一些研究员写的我感兴趣的行业或公司的研究报告，他们能够提供一些我没有考虑过的视角。

张志雄：您如何使用研究员？

但　斌：我希望他们能够独立思考，逻辑上要完整和合理，不要简单遵从常规看法，尽可能深入去了解一家企业，这很辛苦也不容易，但是投资要成功就无法规避这些努力。

张志雄：您自己做研究的经历及心得？

但　斌：不要丧失大局观，这是框架，但是一定要兼顾诸多关键细节。

张志雄：如何防止选择公司失败？

但　斌：失败是无法避免的，只是通过细致的研究，持续的观察，尽可能减少失败的次数。

张志雄：您如何看待或利用市场共识？

但　斌：还是那句话，别人怎么想和我怎么做没有太多的关系，或者说没有关系。

张志雄：您认为目前的投资团队中最重要的人是您吗？还是其他人谁最重要？

但　斌：我认为这是一个协同工作的机制，没有说谁一定更重要，也许我的工作性质决定需要对很多事情作出决定。但是我得说，每个人都很重要，尤其是当他努力去了解一家公司的时候。

张志雄：您经常与多少位分析师通电话或见面？

但　斌：我会看对一个行业或者一家特定的公司，有哪位研究员具有超出他人的深度和准确理解力，我会和他保持联系。时间上并不固定，数量也不好说，好的研究员是很宝贵的，我很敬重他们。

张志雄：有过止盈或止损的事件吗？请评价。

但　斌：前几年我们投过深赤湾，在比较好的价位上我们把持股售出了，促使我作出这个决定的考虑因素是赤湾的地理局限，造成它的岸线无法扩张，这限制了企业业务的扩展。

张志雄：请举例说明您最后悔的一件投资事件。

但　斌：没有，即便是早年的失误，于我而言也是财富。

张志雄：您害怕过吗？请举例。

但　斌：因为我现在投的都是中国优秀的企业，我也在持续地观察它们的表现，所以如果这样都无法夜夜安枕，我想其他的做法应该更难。

张志雄：现在有一种说法，私募基金只不过利用了共同基金的研究投资信息，你对此怎么看呢。

但　斌：肯定不是如此。现在信息浩如烟海，真正赚钱还得看个人的价值观和判断力。共同基金自身的研究人员数量以及获得的经纪商支持，使得它们覆盖的行业范围和公司家数会多于我们，不排除在交流过程中给我们带来启发，但是我们投资的核心是选择有限的几家极为出色的公司，因此对个别公司的研究和人力资源配置，并不显示劣势，相反有更强的优势。

天真和质朴体现出企业的透明度

张志雄：你决定长期投资一家公司时，最看重的品质是什么？

但　斌：企业如人，个人的优秀品质，比如天真、质朴、待人真诚也应是好企业所具备的。好的企业都比较透明；相反，老谋深算的企业总存在着问题。天真和质朴体现了企业的透明度，好的企业不怕给大家看，不好的企业则惧怕透明。

张志雄：在诚信环境很差的中国，好企业家不容易找啊。

但　斌：中国历来不缺少救国救民的企业家，洋务运动、戊戌变法以来涌现出来多少爱国的企业家啊。

为什么我们看好烟台万华，在接触了丁建生等公司领导后，我发现他们就是民族的脊梁，他们不为国外企业高薪挖角所动，我们有什么理由去怀疑这样的企业家呢？

张志雄：当年四川长虹的倪润峰高举民族工业的大旗，但后来的表现却让人大失所望。

但　斌：产业的变革是自然选择的结果。比如一家企业过去生产马鞭，但现在已经不用这些东西了，它不变革，就会衰亡。每一代总有每一代的企业图腾出现，下一代人又用其他企业来担负这种责任，江山代有“名企”出。现在的华为和中兴通讯就扛起了民族通讯行业的大旗。我认为，产业的变革跟个人的雄心并没有很密切的关系。

张志雄：你的职业生涯中，就有在好企业但没有成功的经历。

但　斌：从君安证券到大鹏证券，倒下的原因不一，但带来的震撼是相同的。

君安证券那么好的公司在一夜之间突然倒下，带给我的震撼非常大。以君安证券的资质和潜力，有可能成为中国的美林、摩根士丹利。至于君安证券是如何倒下的，有的人说是内部关系没有平衡好，也有人说是跟市场大环境有关，如果君安证券现在MBO就会没什么事。大鹏证券是因为投资失误而倒闭的，本来我有机会去阻止错误的投资的，却没有发挥作用，就那样看着它一步一步垮掉，真的非常遗憾。

有了这些经历，我感觉到伟大的公司不能只关注自己的经营能力，还必须具备社会良心、开放、谦逊、负责任等等品质。

人文精神和人文关怀

张志雄：您每天的日程是如何安排的（从早到晚）？

但　斌：每天7:20起来，8:30到公司，通常工作到下午6点钟左右。如无应酬回家吃饭，然后锻炼身体，看书学习。大概12点休息。

张志雄：您周末或假日做什么？

但　斌：除去应酬，还是希望和家人在一起，也会抽出一定时间锻炼身体，当然，有时也加加班。

张志雄：您觉得自己幸运吗？为什么？

但　斌：我觉得自己很幸运，生活在这样一个黄金般的年代，我有爱我的家人和朋友，我的工作为他人创造价值。

张志雄：您最爱的运动或娱乐？

但　斌：高尔夫，娱乐几乎没有。

张志雄：您最好的朋友是投资圈子内的吗？如果投资界外的，是什么领域的？

但　斌：各行各业的都有。

张志雄：除了投资专业书籍之外，你比较喜欢哪方面的书？

但　斌：文艺复兴和启蒙时期一些名家的作品，美国联邦党人文集以及一些著名的小说。启蒙时期的作品对我影响很大，我小时候有上战场当英雄的想法，但到大学里，在接触了卢梭、伏尔泰等人的作品后，这个想法就改变了。

现在，每当生活或投资缺乏灵感时，我就去翻阅这些书，它们是帮助我找到灵感的钥匙。我越发感觉到这些书里的价值观和价值投资理念有很多相通之处，价值投资理念蕴含了丰富的人文精神。我为什么要讲人类经历了这么多挫折和苦难，因为我一直在用人文精神和人文关怀去观察和思考它们，然后把投资贯穿到人类历史中。

张志雄：你正在读哪些书？

但　斌：《圣经》、《进化论》、《论人类不平等的起源和基础》、《法的精神》、《战争与和平》、《日瓦格医生》、《不战而胜》、《股市真规则》、《戴维斯王朝》和《伟大的搏弈》，有新书，也有百读不厌的经典作品。

张志雄：基督徒认为《圣经》和《进化论》是对立的。

但　斌：我们年轻的时候都是唯物主义者，不信《圣经》之类的东西，我们都是用进化论来解释人是怎么来的。但《圣经》是在大学三四年级后才慢慢体会其含义的，小时候我们不信神，天不怕地不怕，对事物没有敬畏感，但是随着阅历的增长，体会越来越深，越能把握《圣经》里的那种敬畏感。

张志雄：达尔文对你有什么影响？

但　斌：对于爱反思社会、反思历史的人来讲，都会问一个问题：人是怎么来的。达尔文的《人类的由来及性选择》把进化学说推广到人类，它也帮助我们思考了为什么一个民族消亡而另一个民族强大并延续下来，为什么由农民组成的封建国家更容易取得强势等等问题，这些问题的影响是深远的。

张志雄：你觉得最幸福的时刻是何时？

但　斌：看着孩子快乐长大，看着中国一天天强大进步，我心里充满感恩。

张志雄：看到自己管理的资产升值，你不感到幸福么？

但　斌：我当然很高兴，不过这并不是一件很了不起的事情。因为做得好是上帝的指引，我们做了自己应该做的事情，哪怕再优秀也不是我们的功劳，而是上帝的。所以我虽然高兴，但内心非常平淡。

张志雄：在世俗化的投资环境下，你的言行有点高调和远大。

但　斌：我想得很实际。我们要反思年轻时用青春用热血去追求的是什么，不就是希望中国更加美好吗？我们这代人都有这种信念，而且不会随着岁月的流逝而磨灭。这样的信念支撑着中国的进步，没有中国的进步，我可能还在经历磨难，我的青春、爱情、家庭和健康等等不就都没有了么？我现在还在想，如果中国没有进步，我怎么能有今天的这些呢？所以我带着感恩看待中国的进步，有时候看着万家灯火，眼泪就止不住流了下来。

张志雄：您能否总结一下您管理的类别资产（股票/债券/商品或某一风格产品）的经验之谈？

但　斌：买好公司，拿住它。

张志雄：您展望一下您管理的类别资产的未来趋势？

但　斌：中华民族是勤劳创富的民族，这决定了中国经济增长的动力远未消退，优秀企业的业务成长空间非常大，盈利的增长对股票市场而言是积极的。

张志雄：您对未来有何预测？

但　斌：做我们认为正确的事，余下的交由上帝来完成。

张志雄：您推荐给读者的几句话或几个人或几本书。

但　斌：几句话——资本市场从来都是慷慨的，但她只惠及拥有智慧和善于利用别人智慧的人。

有的人从来没有坚定过，因为他从未真正思考过。

如果投资亏损了，一定是因为我们的专业技术，而绝不会是因为我们的人品。我保证！

几个人——达尔文、巴菲特、芒格、托尔斯泰等。

张志雄：你是有强烈社会责任感的投资人，你如何看待回馈社会？

但　斌：我们相信，一个融合了善意之心和社会良知的企业能够走得更加久远。如果我们真的能成就一个伟大的企业，那一定是上帝假借我们之手回馈他——永不止息的爱！

有一天我也会像巴菲特一样，做一些有意义的事，目前我只是救助一些贫苦学生。

张志雄：您的投资职业梦想是否已经实现？

但　斌：路才刚刚开始。

张志雄：您的生活梦想是什么？

但　斌：对其他人产生积极的影响。

张志雄：您给中国职业投资经理（如基金经理）的建议？

但　斌：和时间做朋友，与优秀企业站在一起。

张志雄：您给普通投资人（但也许他们已经接近甚至超过职业

投资人）的建议？

但　斌：多考虑公司本身，少考虑股价波动。

张志雄：您愿意每隔三至五年接受我们的跟踪采访吗？哪怕您已经不再做投资经理了。

但　斌：十年一个周期可能更好。

张志雄：您想过退休吗？多少年后？

但　斌：没想过，但考虑到未来公司的继承性，我和太太说好，如果我老了，人不在了或者不能为公司出力了，我想我们只会保留一小部分公司的股权，余下的给当时有才华的年轻人。我相信真正的好公司一定是大家的、公众的。

张志雄：您认为投资大师的标准是什么？您喜欢什么样的投资经理人？

但　斌：要有很高的人生境界，否则，我相信上帝也不会把巨大的能影响人类生活的财富托付给他。他是财富领域的社会良知！

我喜欢巴菲特这样让人景仰的投资人！

备注：烟台万华的累积回报（截止2006年9月15日）

股本基准日期	2000-12-31	2001-12-31	2002-12-31	2003-12-31	2004-12-31		2005-12-31	2006-12-31	
基准股本(股)	120,000,000	240,000,000	384,000,000	384,000,000	652,800,000		848,640,000	1,188,096,000	
除权除息日	2001-4-19	2002-4-15	2003-6-11	2004-5-17	2005-4-1	2005-4-24(股改)	2006-6-5		
送股比例	0.2	0.1	0	0.2	0.3	0.16	0.4	0.4	
转增比例	0.8	0.5	0	0.5	0		0	0	
每股派息(税前)(元)	0.1	0.2	0.2	0.2	0.2		0.15	0.1	
每股派息(税后)(元)	0.04	0.14	0.16	0.12	0.1		0.095	0	
1股流通股的股数演变	1	2	3.2	3.2	5.44	7.07	8.20	11.48	
历年红利派发(税后)	0.04	0.14	0.32	0.38	0.32	0.00	0.67		1.88(合计税后红利)

上市首日收盘价	31	31(1股市值)
2006-9-15日收盘	15.19	174.38(演变市值)

股改配发权证	认购权证	$\frac{5.44}{10}\times 2$	1.088	11.605(收市价)	12.63(市值)
	认沽权证	$\frac{5.44}{10}\times 3$	1.632	1.344(收市价)	2.19(市值)

600309总计回报（市值+红利+权证）

$$\frac{174.38+1.88+(12.63+2.19)}{31}-1=5.16$$

二、坚持是价值投资的核心

采访者：《证券市场周刊》吴晓兵

采访时间：2006年11月3日

[引言]

从2007年1月24日上证综指的高点2994点到2月6日最低点2541点，指数下跌了15.13%，抛售股票的念头不知又充斥在了多少人的脑海里，但历史告诉我们持有并珍藏那些能经得起时光考验的企业会有多么不一样的未来！

坚持是价值投资的核心

《证券市场周刊》：你认为价值投资理论复杂吗？

但　斌：很简单。巴菲特提到价值投资观念的核心是“以40美分的价格买进一美元的纸钞”，而成长是优秀公司价值的一个必要组成，也即是说，这个一美元的纸钞随着时间仍在继续增值。这个方法本身不是很难，很容易讲明白，但是坚持不容易。这里面我认为存在三个无法避过的阶段：一是理解和接受价值投资的观念；二是要本着严谨的态度，以逻辑合理的方法去评估企业的价值；三是在动荡的环境中坚持。规则很简单，但是坚持太难了。

价值投资理论不是巴菲特创立的，是格雷厄姆和费雪尔的东西。

格雷厄姆的学生都很富有，只不过巴菲特最富，相信这个流派的人都是富人，这是缔造财富的一个流派。不是说学问很深，这个学问很简单，主要是看你能不能身体力行，你能身体力行就会很富有。另外价值投资跟你的人生阅历、价值观和看事情的角度有关系。

《证券市场周刊》：我们市场的效率还不高，有很多内幕消息，条条大路通罗马，各种道路都可以赚钱。巴菲特的方法推到10年前，在中国好像也不能适用吧？

但　斌：价值投资本身是全世界通用的，10年前如果你买了万科会得到回报，你买的所有好股票都是不得了的回报。

《证券市场周刊》：但这段时间肯定很难受。

但　斌：也不难受，10年涨10倍，怎么会难受。怎么说呢，因为中国证券市场刚开始的时候大家没有经验用这个东西，如果有经验做到了一样赚钱，10年前如果我们认识到价值投资，现在已经10年10倍了，我们知道有这样的案例，万科有一个股东叫刘元生，1988年12月在万科发行股票时认购了360万股，以后随着万科送配股加上刘先生通过二级市场增持，目前已经持有5827.63万股。刘先生认购原始股加上二级市场买入股票的成本，共约400万元。经过18年，现在市值4.8亿元，盈利120倍。如果他很早就出来而不是一直投资万科，那才是真正的难受呢！

《证券市场周刊》：东方港湾大概是什么时候开始转向完全复制巴菲特的？

但　斌：我们公司是2004年3月份成立的。但我们都从业有15年左右了，我们是在做投资的时候慢慢悟到这种理念的。主要从2001年开始，正好是熊市开始的时候。在熊市里我们每年都赚钱，按道理说熊市肯定亏钱，怎么赚钱的呢？举个最简单的例子，烟台万华2001年上市，它在2000年有4980万的净利润，到2006年有可能达到

8.2亿的净利润，净利润增长约16.6倍。打个比方如果你在2001年投资1000万，累计分红约60万，由于企业内生性增长强劲，5年熊市下来，其上涨约5.1倍，投入1000万的收益就是约0.5106亿元。

《证券市场周刊》：看来2001年真的是个转折点，我听说很多机构都是2001年去投资香港了，也有好多在熊市里爆仓的。

但　斌：巴菲特说，退潮了才知道谁没穿裤头。

《证券市场周刊》：有很多私募基金是对冲基金的风格，譬如著名的索罗斯，对于对冲的做法你有什么评价？因为现在中国的市场还不是很有效，有些人确实对这个市场的转折点把握得很准。

但　斌：作为投资来说，成功的方法各式各样都有，但是关键你想成为什么样的。打个比方说，罗马军团要行军，必须逢山开道遇水搭桥。遇到河流一百个人顺着沟就过去了，这是游击队的做法，这个做法本身可以打一枪换一个地方，但是正规军必须得走康庄大道。巴菲特是没有疆界的，不同架构下的不同文化、不同投资哲学，开始的时候没有什么太大的差别，但是走得远了差别就出来了。

《证券市场周刊》：巴菲特也投资了几百个企业，他就没错过吗？

但　斌：小的就不说了，大的投资他从来没有错过或者说错的很少。作为重大的长期投资，必须要很严格的来筛选企业。打个比方说，2006年的投资，有很多热点，诸如有色、军工、3G和权证等等，如果以一年论输赢，你就需要不停的从一个弹坑跳到另一个更利于隐蔽的弹坑里。但如果投资是要留给孩子的，要几十年，要跨越几代人，就是另外一种做法。时间越长实际上选股票标准越高，找到的好企业越少。这是巴菲特的重大投资为什么只选那么少股票的原因。

《证券市场周刊》：价值投资是不是很容易就能讲明白？

但　斌：很容易讲明白但是坚持不容易，规则很简单，写巴菲特的书很多书店都有，巴菲特价值投资本身就是一些规则——垄断、消费，这很简单，是个高中生初中生就能看明白，但是坚持太难了。比方说天天早上起来跑步对身体好的道理大家都懂，可有几个人能坚持下来？

《证券市场周刊》：也就是说，买对股票以后正确的选择是一直不卖。可是几百年来总是有投机的高潮，然后有一个低谷，股票随着大家的情绪在波动。为什么不利用这一点呢？

但　斌：我举一个例子（见下图），一般理解最好的投资是A点买进，然后B点卖掉了，C点再买进。但是按我们理解，真正的赢家不是做波段的人，而是在这几个点都在买的人——前提是你投资的是一个伟大的企业。对一般的投资者来说，他可能只有一笔钱，当然希望A点买进，B点卖出，然后再等低位买进；但是我们做的是一项事业，就像巴菲特，他的资金是源源不断的，他每时每刻都要做投资的决定，他思考的力度和角度不是一般人所能理解的。历来的

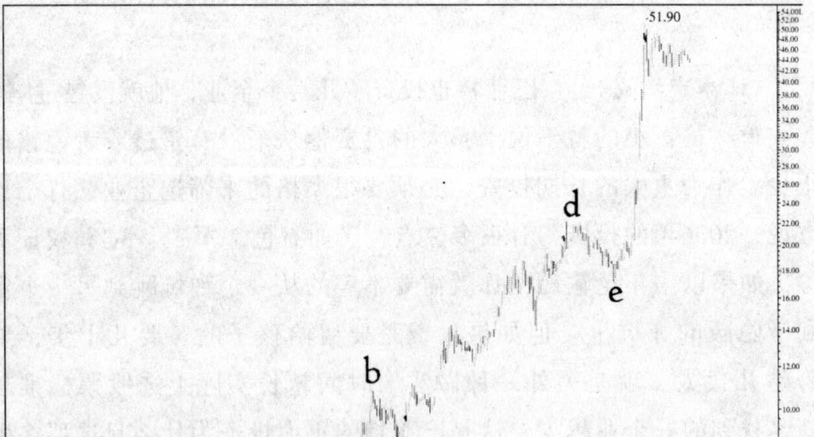

投资实践证明，真正的赢家是持有不动的，而且不受外界的干扰，碰到任何问题都敢买。如果你投资一家价格不是极度高估的优秀企业，那么你每个月都去买，不管高还是低，10年以后数目就大了。这中间隐含的逻辑是，我们所投资的公司因为具备持续增长的竞争力，它赚取更多高质量的收益，能够不断提升资源质量和股东价值。

比如沃尔玛，股价上涨到20世纪90年代，大概40多倍PE的时候，变得相对平稳。大概过了五六年PE又变成十几倍了，又开始涨。星巴克，现在是50倍PE，将来一定还会降下来。过去50年美国涨幅最大的企业是菲利浦·莫利斯，每年的回报是19.8%，一美元50年以后翻成8300多美元，就是8300多倍。这就是长期的概念，体现了长期持有优秀公司的巨大成功。再比如汇丰，有人赚10元、有人赚100元，真正赚得多的是拿着不动的人，这个不动看似简单，实际上做起来非常难。

《证券市场周刊》：那么买入股票就永远不卖吗？

但　斌：有一些情况我们是会卖的，就是这个企业本质变化了。2004年东方港湾成立以来，在较高的历史价格，先后卖出过深南电（理由成本变化）→深赤湾、盐田港（岸线资源问题）→同仁堂（进取不足）→云白药（增长放缓）→张裕A（A股卖出，换了我们认为更出色的企业，B股我们坚持）。从来没有卖出过的是茅台、万科与招商银行等企业。投资是会错的，但我们要知道错在哪里？为什么会错？希望我们的投资决策越来越科学，更细化，这样我们的投资水平才会蒸蒸日上。当然，在艰难的时刻，我们也愿意坚守在未来能给我们带来收获的伟大企业里，与它们共经风雨。

《证券市场周刊》：不过多数人还是想做差价。

但　斌：这也是我们公司跟其他公司最大的不同。我们的投资要想得长远，大多数公司都是对冲基金的那种模式，他们思考都是一年或者几年时间内的事情；我们进行的是财富管理，希望财富可以传几代人。

选择7只股票投资

《证券市场周刊》：刚才提到汇丰，我记得你曾经问过汇丰前董事长，汇丰经历了上百年时间、前后七任董事长而一直是个卓越企业，这里边的根本原因是什么？那么我理解你的方法就是对内关注自己怎样能够在一个重大历史时刻坚持价值投资的原则，对外关注这个企业为什么能够成为百年企业。你是怎么看企业的？

但　斌：我们做长期投资，对企业的长期竞争力非常关注，也就是关注企业的生命周期。一个企业如果不能长期存在，投资它风险实际上是非常大的。所以我们看企业的时候，对企业长期的生命力要做定性的判断，要看它所处的行业是否能产生大企业，而且又能持续经营下去等。

巴菲特对企业的洞察力不是看报表或走访公司看出来的，真正的好企业是公开的，没有秘密。我觉得投资当中最关键不是定量的方法，而是定性的东西——你怎么样看到这个企业长期的竞争力。既然特定企业的竞争力和它所属产业的持续能力是投资最关注的地方，那么怎么来做判断，当然也有一系列的具体步骤要考虑。

作为重大的、长期的投资，你必须要很严格。如果是短期投资，今年可以有很多热点选择；但是给孩子留的，要持续20年的投资，甚至要跨越几代人，就是另外一种做法。投资时间越长，选股票的标准越高，找到的好企业越少。这是巴菲特为什么选择那么少投资目标的原因。

我们的定位就是长期投资，希望得到15%的年回报率就很不错。实际上，长远看连续达到15%增长的企业是非常少的。

《证券市场周刊》：发现这些企业的门槛不高吗？大家都能选到吗？

但　斌：真正的好公司是公众的。大家很容易看出来，就是不愿意做。可口可乐很多人都喝吧，你说好不好？吉列，不是每个男人都刮胡子吗？《华盛顿邮报》很多人都在读，麦当劳很多人都在吃，你看不到吗？茅台好不好，全中国人都知道。这些都是很简单的例子。

《证券市场周刊》：但是这样的集中投资风险是不是比较大？

但　斌：我们对组合理论的理解，大概7个股票是最好的结果，超出了可能很难达到最大的收益，降低了可能风险就稍微大一点。好股就那么多。一个经济体中，企业的构成像金字塔，最好的企业就是塔尖那么几个，越往下越差。你的资金越集中在金字塔的顶部，收益越高。

巴菲特、芒格和林奇

《证券市场周刊》：就算都是价值投资，还是会有一些偏好的差异吧？彼得·林奇（麦哲伦基金的著名投资经理）、芒格（巴菲特的合伙人）跟巴菲特就不一样。

但　斌：林奇可能选择另外一些机会，但是林奇也说过最好的股票就是永远不卖的。

《证券市场周刊》：我是指他们两个看公司的方法，巴菲特主要是看财务报表，林奇更多的是跑到下面去看。

但　斌：巴菲特不只是看财务报表，他对企业的洞察力可不是看报表看出来的。

《证券市场周刊》：他也不去公司调研吧？

但　斌：早期巴菲特收购伯克希尔公司，以及GEICO，持股华盛顿邮报，都是亲历亲为去拜访上市公司管理层的。可能后来去的少了。我的理解是，定量的方法不是投资当中最关键的，定性的东西才是。你怎么样看到这个企业长期的竞争力，这个难度是比较大的。林奇去看企业，实际上也是这种方法，真正的高手可能都是这个方法。

《证券市场周刊》：不过林奇的侧重点更多的是看这个企业的市场占有率、市场前景等等。

但　斌：林奇管理的是公募基金，他的资产必须要分布在各个行业里，他不能像巴菲特那样就买几个，这是一个最根本的原因。但他实际上跟巴菲特看公司的角度是一样的。另外，他虽然买入的股票很多，但真正让他赚到足够多钱的还是持仓最多，坚持时间最长的少数股票。

《证券市场周刊》：林奇的做法难度更大。

但　斌：表面看是这样。但是在另外一个方面，实际上有些时候这样做难度反而更小。为什么呢？比如说我是一个波段操作者，高的时候我就卖掉了，或者碰到历史关头，一看不好就卖掉了，因为你不愿意承受这个煎熬，谁愿意承受这个压力呢？不愿意承受就卖掉了，这是最容易做的事情。最难做的事情就是坚持。投资其实是一副重担，你要怎么来扛它，这个是很困难的。

《证券市场周刊》：是不是对巴菲特就没有这种问题了？

但　斌：这种思考是不一样的。芒格推荐过一本书，里面说为什么这个民族留下来了，那个民族灭亡了；为什么有些民族发展壮大了，有些民族却变得弱小了，或者被淘汰了。我觉得这些大师从这些角度来理解投资，所以说眼界和想法是非常不同的。

关于万科、招商银行和茅台的讨论

《证券市场周刊》：你们在香港市场也有投资，主要投什么？

但　斌：香港和内地两边股票差不多，主要有中石油、中海油、中国人寿、中国平安、招商局国际、港交所等。

《证券市场周刊》：巴菲特也持有中石油，但很多人觉得国企不好投资。

但　斌：不是，你看招商局国际，那是李鸿章当年留下来的唯一企业，有上百年的历史。中国人对中国企业的文化等各方面更了解，中国的好企业大多数还是国有企业。

《证券市场周刊》：我在2006年年初的时候看到大摩、美林的一些报告，非常看好中国市场，后来走势确实跟他们的判断是一样的。以前香港、台湾也有这种经验，就是大摩一个报告出来股市就涨，是不是说国外大行已经部分掌握定价权了？

但　斌：那不是。2005年底我说中国股市的黄金时代来了，后来还公开发表过，题目叫《中国股市黄金时代来临》。而且这几年，我们一直也是这样做的，有钱就买进。当然，我这样说不是想说我们多么厉害，而是想传达一个规律性的东西。投资真正顺应的是时代的潮流，这不是哪一个人或哪一派团体所能决定的。另外从切身经历说，我们10块钱买招商局国际的时候，大摩的报告说不值那么多钱，但后来涨到28块钱。另外他们对中石油也老是估错。

《证券市场周刊》：关于万科我想听一下你的看法。

但　斌：房地产是“剩”者为王的游戏！现在万科是300亿元左右市值，中国房地产企业的长期趋势是越来越集中，香港1977年到

1997年这段时间中，早期有几百上千家房地产企业，后来就剩下一些大企业，现在香港大的地产企业有两三千亿港元市值。如果说十年到十五年后万科还是中国最大的房地产公司之一，5000亿元的市值很正常，而且房地产还有一个特点，资金密集型，谁能在资本市场很好地融资谁就发展得快，万科在这方面做得很好。

《证券市场周刊》：万科现在还能买吗（当时每股价格8.30元人民币）？

但　斌：为什么不能买，闭着眼睛都能买。A股目前的情况是，真正好的房地产企业估值不高，尤其是跟它的成长性比，就更是不高。同样是房地产企业，重组的房地产企业可能30倍PE，万科才17倍，反而是这种好东西价格低。实际上大家都看好但不愿意买，为什么，赚钱少，都想一夜暴富，这给了中国价值投资者很好的机会。

《证券市场周刊》：我看过一个研究，说因为房地产企业是周转率比较慢的公司，他们实际上在资本市场的外部融资不是非常频繁，比如两年一次，对这个公司成长性的帮助不如企业本身的ROE，即使外部资金进入，因为周转率非常慢，几年增长率特别快的话，资产负债率又非常高了。

但　斌：因为中国的时代背景不一样，不能简单理解这个问题。特别是亚洲国家地产企业都是大企业，不能对所有的企业一概而论。你说两年做不到，万科几乎每年都在融资，它做到了，地产企业对资产负债表的管理，确实是我们关注的重点。但不能因为这个原因就否定整个行业当中的那几个佼佼者。更何况中国所处的时代，在这个时代不投资这种行业会失去很宝贵的机会。

《证券市场周刊》：再说招商银行，因为国内的商业银行之间的并购还是没有放开，招商银行只能凭借自己慢慢做大，不靠并购自身能做到多大的规模？作为对比，在证券业，像中信证券可以通过并购成长。

但　斌：银行业跟证券业不太一样，证券公司这个行业比银行业周期更明显。银行业从全球来看，是一个能缔造伟大企业的行业，银行业之所以能够缔造伟大企业主要不是靠规模大，而是靠文化、靠经营的效率，把一个小银行做成大银行。而且金融企业有一个特点，只要不出事，一百年以后一定是大企业，因为它是累积财富的过程。招商银行没有什么严重的问题，有一些小问题，但是总的来说它拥有很好的传统，能让它稳稳走下去。招商银行人均创收在银行同业里面遥遥领先，每个支行网点的收入盈利情况也是别的银行的两到三倍。

《证券市场周刊》：你们投资茅台也有几年了，因为市盈率高等原因大家对于茅台的争议比较大，你怎么看？

但　斌：我们投资茅台有3年了。茅台今年销售了大概不到8000吨，到2015年能销两万吨，茅台镇所有能够用来造酒的地方大概可以生产10万吨茅台酒，这还是刚刚开始。由于中国的城市化，收入水平越来越高，以后茅台的消费人群会增加很多。

《证券市场周刊》：可茅台只是中国的品牌，能够成长得这么快吗？

但　斌：在世界六大蒸馏酒当中，中国的白酒是唯一用纯粮食酿造的，其过程是：高粱、玉米、小麦等谷物粉碎——曲粉——入池——发酵（60天左右）——高温缓慢蒸馏——量质摘酒——分级储存（陶缸、酒海或不锈钢等容器）——自然老熟——勾兑尝评。世界上其他五种蒸馏酒基本都是糖化发酵生产的。比如：威士忌（Whisky，英国）是麦芽和谷物分别糖化发酵经储存陈化；白兰地（Brandy，法国干邑地区）是葡萄经破碎压榨后液态发酵蒸馏所得；伏特加（Vodka，俄国、瑞典等国）是薯类糖化发酵（液体）用桦木碳过滤、配制；朗姆酒（Rum，南美和欧洲）是糖蜜或甘蔗汁糖化发酵（液体）过滤、配制；金酒（Gin，英、荷、法、德等国）是食用酒精为酒基，加入杜松子等香料共同蒸馏配制，主用于勾兑调和鸡尾酒。而茅台酒的酿造过程更需要与大自然中的微生物融合，是真正的自然饮品。

中国的白酒其实有它的核心竞争力，问题是怎么把中国最好的酒让世界去认识。因为是这种工艺，茅台这种酒理论上可以放一千年，越放越值钱。如果瓶口密封解决好以后，就不得了。白酒原来做不到超长时间储存，时间长了它就挥发了。但是当你把瓶口密封解决以后，它就可以超长期储存了。现在中国白酒的出口量越来越大，茅台酒现在还只是中国的品牌，但为什么不能成为世界品牌呢？也许有一天法国人会喝五粮液，英国人会喝茅台，都有可能。

《证券市场周刊》：我还是对茅台有一点疑问，就是这个市场怎么能够连续10年、每年50%的增长？

但　斌：中国的消费人群会突然增加很多，像刚才说的中产阶级，随着中国的城市化，收入水平越来越高以后，总的消费能力是不一样的。而且，中国的白酒如果能走向世界呢？另外静态地看，即便不考虑销量增加，今天卖300多元一瓶的茅台酒，假设15年后卖到2000元一瓶，它又是什么情况？

《证券市场周刊》：听上去也有道理，但是相对而言，我很容易接受对万科和招行的预测。

但　斌：投资是这样的，不需要每个人认识都一样，这样才会有买有卖，才会有不同的风格。茅台还有一个问题，不知你是否注意到：我们小时候可能卖7块钱一瓶，现在你看贮存50年的酒卖多少钱一瓶？茅台酒能抵御通货膨胀，你信不信！

《证券市场周刊》：现在对基金重仓茅台有些争议，这个不关心吗？

但　斌：对此我们不关心，也不知道，我第一次听说这种争议。你可以看一下袁仁国的讲话，看看他对茅台的评品与理解。你想一下企业的销售方式，先把钱打到酒厂然后等着把货提出来，而且现在的产能只能满足一半的需求，全世界哪有这样的好企业。

《证券市场周刊》：可是茅台确实市盈率太高。

但　斌：投资不能那样算，打个简单的比方，同样是中国真正的好企业，我们在香港买过腾讯，现在还在持仓，腾讯的PE去年70倍左右，那么按今年业绩增长100%计算，PE今年就是30多倍了。我们前几天接待一个日本来的投资者，他说在日本同样的企业估值是300倍。

《证券市场周刊》：你谈了买入的时机，那么什么时候卖出呢？

但　斌：真正好的投资是买了不动的。比如说沃尔玛在20世纪90年代PE达到过40多倍，然后就不涨也不跌。大概过了五六年PE又变成十几倍了，然后又开始涨。你说什么是高点，我看不同的人理解不一样。

买了不动就是经典

《证券市场周刊》：除了刚才谈到的对世界整体和长期的认识、看问题的角度，还有其他一些东西对巴菲特投资风格的形成产生过重要影响吗？

但　斌：实际上还是财富观的问题。

《证券市场周刊》：那你讲一下他的财富观。

但　斌：就是说你对财富是怎么看待的。比如说一般的老百姓说我有钱了，要买好车，要买好房子，娶个好老婆。但是财富就是改变世界、影响世界的工具，就是这个财富应该被谁驾驭，这是一个社会问题。假设有上帝，上帝会进行选择，他会选择把这些财富交给什么样的人来管理，这是很重要的。为什么中国的富豪老出事呢？就是这个人如果不义，上帝也不会把更多的财富给他。

《证券市场周刊》：你只是借上帝来举例子，还是你也有一些宗教情节？

但　斌：我觉得应该是这样的。

《证券市场周刊》：就是认同这种文化？

但斌：是的，世界实际上很公正的，一个人会做到他应该做的事情。投资大师要有很高的人生境界，否则，我相信上帝也不会把巨大的能影响人类生活的财富托付给他。巴菲特代表着财富领域的社会良知！我喜欢巴菲特这样让人景仰的投资人！

《证券市场周刊》：用价值投资的方法来投资，在道德感方面没有什么问题吧？

但　斌：是这样的，巴菲特真正在做的是什么样的事情呢？就是回归到资本市场本质的一件事情。资本市场的本质是什么？就把社会财富放到最有效率的一个企业里，让最能干的人、最好的团队、有最好文化的企业来运用。把财富交到这些人手里，然后让他们去创造财富。巴菲特做的事情就是把钱放到这些好企业里。

《证券市场周刊》：但是金融市场很大程度上被异化了。

但　斌：这个没有办法，全世界都是这样。你不能说因为这个刀能杀人，就不做菜刀了，这不是工具的问题。但是一个人做了回归资本市场本质的事情以后，他就成为最了不起的人。比如说自己做的是别的行业，想做茅台酒，但是做不了，那就把钱投资在茅台上面，让茅台酒厂不断壮大，然后获得好的收益，实际上就是这么简单。

《证券市场周刊》：你除了投资以外，有没有自己做实业？

但　斌：没有，因为做实业本身很辛苦，做投资需要纯净的心灵，主要是求内在的，不是求外部的东西，这个跟做实业不一样。

《证券市场周刊》：大家对价值投资者的直观认识，就是很长时间不看股价，经常出去跑，你也是这样吧？

但斌：股价还是看的。不过我们确实经常跑，不是旅游，主要是看企业。

《证券市场周刊》：讲一下你们投资的经典案例吧？

但 斌：对那些可能成为伟大企业的股票，我们就是买完不动，如果这也可以算作经典案例的话。

三、价值投资的内在逻辑

采访者：《证券市场周刊》 吴晓兵

采访时间：2007年8月9日

[引言]

价值投资是一种信仰，是一生的、甚至是穿越几代人的一个目标。

价值投资的优势在于共赢

《证券市场周刊》：做价值投资是不是需要相对闭塞一些，消息太多的人恐怕做不了吧？

但　斌：这倒不是一个核心问题，如果你自己有主心骨，比如说巴菲特自己有信仰，谁告诉他明天加息，他没有什么反应的。还是你自己的这种抑制力、信仰和对投资的理解在起作用，一个成熟的投资者不会因为别人告诉他一个什么东西就跟随别人的做法，这是大忌。

《证券市场周刊》：跟其他投资方式比较，做价值投资的优势在哪儿？

但　斌：叔本华说人生总是在得不到时的痛苦与得到之后的厌倦之间徘徊，那这样的人其实总是有很多短期的目标，所以才会不断重复痛苦与厌倦。但是价值投资是一种信仰，是一生的、甚至是穿越几代人的一个目标，所以它是可以让人摆脱这种低级循环的。实际上一个价值投资者的一生会很沉稳，你要想让一笔财富穿越很长远的岁月，你更多的注意力就不会在这个短期的过程中。而这种对遥远岁月的判断和把握，会让你思考得更多、更深邃。

比如我一个朋友原来炒垃圾股，买呀买呀，一不留神变成第一大流通股东了，后来亏得很厉害。现在他做价值投资，你看他生活很潇洒，去西藏、去非洲旅游，他开摩托车横穿沙漠，他说夜里我一个人躺在沙漠里面，万籁俱寂，我想想我的股票，我可以不去管它，很放心地十几天在外面玩。他已经不需要天天动脑筋去想股票短期走势，他的生活完全不一样了。然后他做慈善，在思茅，现在改名叫普洱市，建立了一个希望小学。他设立了一个专门账户，我们帮他免费操作，这个账户只要挣钱全部捐给希望小学。所以说价值投资这种方式，对自己、对他人、对社会，可以让各方都获益，而且大家都是一个比较积极的心态。

实际上价值投资的这种优势有内在逻辑性，它是一个游戏规则的问题。资本市场里有两种规则，一种是零和游戏，就是我输你赢，跟去澳门赌博没什么两样。多数人都是按照这个规则在玩，听个消息，赚一把就走。但实际资本市场还有另一个非零和游戏的规则，比如万科总是在增长，是这个企业给你带来收益，谁赢了呢？企业赢，国家赢，投资者也赢，参与者都共同获益，这才是资本市场的本质。大家更多的是合作而非博弈，用不着互相算计。它的核心是靠企业的增长。

这种规则，就像我前面说的，你只要选对了企业，躺着就把钱赚了，而且你跟其他人的关系是和谐的。像索罗斯确实很伟大，但是他在很多国家都不受欢迎。但是巴菲特呢，从政府到民间，每一个国家都欢迎他。巴菲特投资中石油，中石油请他来参加股东大会他没有来，那么中石油的管理层亲自去家里拜访他。如果10月份他能够成行来中国，我想他会受到极高规格的接待。就是说他是一个建设的力量、起一个积极的作用，他做的事符合资本市场的本质。

《证券市场周刊》：索罗斯似乎总是在挑起冲突。

但　斌：单纯从赚钱的角度来说这也没有错，就是发现漏洞，然后冲上去。但是一个社会、一个人身上有弱点，你去指责他、打击他，他本能地会抵抗，这是天性。那你表扬他，他总是高兴的，所以一个建设性的参与者更容易获得认同。从更大的、社会学的逻辑来说，巴菲特这种赚钱方法更符合社会发展的规律，我觉得是这样。

好股票卖了难回头

《证券市场周刊》：最近的操作策略是怎么样的？

但　斌：我们还是没变，基本上是有钱就买，买的股票也没多大变化。

《证券市场周刊》：“东方马拉松”信托项目里一共多少股票？

但　斌：也就12个左右。

《证券市场周刊》：主要是哪些行业？

但　斌：银行、保险、地产、消费。地产配了3个股票，银行2个。

《证券市场周刊》：信托项目里边的资金受“双10%”限制吧？

但　斌：对，不过稍微好一点，是按照成本法计算的。

《证券市场周刊》：在东方港湾投资的整个过程中，卖出股票的情况多吗？

但　斌：寥寥无几，深赤湾、盐田港、云南白药和张裕减持了不少，但是张裕B股没有卖，更早的时候还有深南电。其实这些股票的基本面还是不错，主要是估值原因。然后其他股票更有吸引力，就换一下。应该说我们运气也不错，基本上都是在最高点减持，换到更好的股票里面。

《证券市场周刊》：假如股票长期不卖，随着股价的上涨，会出现缺乏安全边际的问题吧？

但　斌：如果真的能够发现非常伟大的企业，不断给我们惊喜，为什么要卖掉它？最好是永远不卖。但实际上在投资中，一个企业确实可能被高估，到底多少算高估？这是一个问题。如果是50倍的PE，连续三年增长50%，就变成15倍PE，如果它仍然是一个伟大的企业，这时候看就是低估了，关键就是你能不能看远一些。

看远一些首先是心态上，你是不是价值投资。然后是判断能力上的问题。中国这一轮高速增长能持续多少年，这个你怎么判断？很多人一提黄金十年就想到股价上去了，其实它首先是经济增长、企业增长的一个判断。你要说真是黄金十年，就相当于台湾地区、新加坡、韩国、香港、日本高速经济增长期的那个回报，那为什么不可以长期投资？起码现在还看不到这个经济增长有刹车的迹象，今年深圳税收据说增长了50%以上，税收都增长50%，你想想企业增长是什么样的情况。

再一个我们以前一直在说万科连续10年增长30%会怎样，那比如说中间有3年是100%增长，然后再回到30%，这个差别又很大。就是说像2007年这样的高增长也许不能持续太长，以后即使增长率回来一些，但仍然维持在一个稍高水平，那么这个成长还是很可观的。

《证券市场周刊》：但是现在个人投资者普遍感觉股价太高，没有特别安全的股票了。

但　斌：熊市的时候有很多股票可以挑，打个比喻，就像打高尔夫球一样，很多球都落在地上，可以不断地打，打飞一个以后还有。熊市里，如果错过茅台还有招商银行，错过招商银行还有万科。现在是打一个少一个，快打光了。

很多人“5.30”空仓了，他想球还会落在地上，还会让他有一个合适的位置打，但是恰恰相反，他想买的东西不断往上涨，他不想买的东西不断往下跌，他没有球可打。更可怕的是，如果他认为这些股票高估的假设是成立的，也许还能够等到这个球，如果事情的发展超出他的想象，真的100%增长连续3年，这个球就永远打不到了。

如果思维方式不变，或者是对于这个增长老是持怀疑态度，他永远打不着这个球。所以投资难在哪？长期投资坚持的是什么？是对于一个国家、一个企业，它长期发展的逻辑有没有一个合理判断，有了这样一个合理的判断，你才有机会打出好球，否则的话会很遗憾。

《证券市场周刊》：茅台在达到百元之后，最近一段时间比较沉寂。

但　斌：去年茅台销售差不多是7000吨，相比茅台最终能够达到的产量，比如说四五万吨，现在实际上只是一个零头。另外，将来10年、20年当中，茅台提价能提多少？所以除了这个企业的经营、产量增长之外，它还有自然增长，能够提价抵御通货膨胀。实际上从投资来说，你能够抵御通货膨胀，某种意义上就胜出了。人们往往高估了我们这一代人的重要性，低估了人类繁衍的持久性与未来久远岁月的影响力。我们比较容易看到自己眼前的东西，不愿多想20年后的事情。比如说70年代，茅台7块钱一瓶，那时候打死你也不会想到它变成700块钱。那现在让你想20年以后，你敢想吗？

《证券市场周刊》：对招商银行怎么看？

但　斌：招行实际上我们也一直在讨论高估低估的问题。还是从大的背景角度来看，第一次接受你们采访的时候，招行市值大概是1200亿，现在招商银行4000多亿市值，也就是500多亿美金，第一大股东持股比例是21%。假如我有钱，我现在愿意拿出多少钱来控股招商银行？假如我是美国比较大的金融集团，我拿出100多亿美金，就能够控制一个未来10年、20年有可能是中国盈利最好的一个商业银行，我干不干？换句话说，招商银行能够这样便宜卖给他们吗？这是个判断的角度问题。而且说老实话，这个银行只需要在中国做业务就可以了，因为我们的经济体规模足够大。

谁也不能阻挡13亿人追求幸福

《证券市场周刊》：该怎样看待股市过热对工业精神的损害？

但　斌：我觉得应该分两方面来看。一个是最近一年多的这种涨法确实有些不正常、不可能持久。但另一方面，从积极的角度来看，它实际上是对全民的财富观念的再教育。只有这种东西才能唤起全民的觉醒，包括现在猪肉涨价很多人突然对通货膨胀有感觉了。实际上过去60年，美国的通货膨胀是1000%，英国是4000%，这种通货膨胀是一个必然的结果。好了，那我怎样来抵抗通货膨胀，通过什么方式保值增值、延续财富？实际上是一个全民的再教育。

说到工业精神，我的理解，可能在某一阶段会出现异常现象，挪一部分资金出去做短平快的事情，但真正的企业家他怎么可能去做这个事情？他要投资也是请专家来做，比如华为该做什么还是做什么。股市热了才过来、冷了就撤出的人不会是价值投资者，一般也没有什么好结果。进来炒一把只能是短期的，真正具有工业精神的企业家他自身能够抵御这个东西，而资本市场长期发展靠的就是这样的企业家和企业。所以说工业精神可能在股市过热的某个阶段看起来有点失落，但这个社会不会失去这种企业家精神。

《证券市场周刊》：您对中国经济增长很乐观吧？

但　斌：历史上中国曾经是一个经济大国，将来回归到经济大国的行列是很正常的。对于很多国人来说，好像中国变得这么强大是不可思议的，这其实是一个常识错误。你看中国和国外从硬件上来说，实际上差别已经不大了，要是给中国20年的机会，中国真的会成为很了不起的国家，这是我的强烈感觉。这期间一定会有一些最好的企业，它理应高于社会平均增长的水平，会有一些伟大的公司不断给我们惊喜。在这样一个大背景下，你该做什么呢？那就是挑最好的企业，做完这10年、20年的时间，就这么简单。至于它能涨多少你是不知道的，谁都不知道，问题是你挑的这个东西能不能走过这10年、20年，如果能走过你就赢了。所以说大环境是很重要的。巴菲特的成功因素之一，是他生在美国，他这几十年正好是美国蓬勃发展的几十年，这肯定是有关系的。

近代一些国家的崛起，都是伴随着资本市场的这种便利，资金的流入提供了更多可供建设的资源，导致一个一个国家的兴起，可以肯定地说，资本市场在中国崛起当中一定会发挥很重要的作用，今天（2007年8月9日）正好沪深股票总市值21.1466万亿首超GDP，2006年我国GDP总额为21.087万亿，这应该是有纪念意义的一天。另外一点，中国还不是完全市场经济的国家，随着市场化程度的进一步提高，比如并购，会给各行各业带来根本的变化。

《证券市场周刊》：消费主义的兴起对经济增长也起了很大作用吧？

但　斌：我觉得更重要的，是没有任何力量能够阻挡13亿人追求幸福生活的权利。这种强烈的愿望超过任何一个时代。中华民族压抑了几千年了，这样一个强烈的追求生活幸福的愿望，在此刻爆发了，压都压不住。包括股市上涨带来的对理财、对财富的重新认识，都是一个正面的东西。

第四篇

东方港湾与私募基金的未来

本篇记录了东方港湾的投资准则和工作总结。我们一步一步，从年轻走向成熟，从急功近利走向理性智慧，从风雨涤荡走向硕果累累。通过我们的坚持和努力，把有价值的思想传递给更多的人，这是东方港湾所有人的心愿。

东方港湾的投资准则

一、东方港湾的投资与思考方式

学习与培养一种正确的哲学与思考方式，无论对于个人，还是对于一个组织，都是至关重要的。正如巴菲特的合伙人芒格所言："你能全面彻底地吸收几种（正确）的观念，生活会与以前大不相同。""人们往往低估了一些简单却优秀的想法的重要性。"人们想成功，必须学会控制他们的思考方式。据我们多年投资活动与观察，许多失败的投资者一直被似是而非的观念困扰着，无法理清自己的思维。投资哲学是投资活动的灵魂，没有哲学指导的投资犹如一座没有神灵的庙宇！

我们曾参与过国际外汇、期货、债券、股票等多个市场的交易，也研究过国际上主要的投资思想与流派，但直到近几年才坚定了核心投资理念，正如凯恩斯说的："困难的是摆脱旧思想的束缚，而不是新思想的运用。"国际金融投资历史，主要有技术分析流派和基本面分析流派。技术派注重市场价格的研究，以道氏理论、波浪理论、市场有效理论为代表，而基本面分析派以巴菲特的两位老师格雷厄姆和费雪尔为代表。从商业角度看，技术派的宗师们鲜有商业成功的；而基本面分析派的大师们都取得了不凡的商业成绩，这其中的巴菲特把价值投资理论与现代商业逻辑结合得最为完美，堪称现代投资的典范。

东方港湾公司信奉的工作哲学是"永远向第一名学习"，"想成功，与成功者为伍（To be winner ，work with winners）"（巴菲特语录)。结合我们多年的实践，研究巴菲特的成功历程，我们深信尽管证券市场千变万化，其中必有其自然规律，其中核心的投资原则是亘古不变的，正如《圣经》中所言：“发生过的事还要发生，做过的事还要再做，太阳底下一件新事都没有。”同时，在哲学的范畴里，我们相信最简单的方法可能是最有效的：“发现优秀企业，趁低购买，长期持有 (BUY AND HOLD IT)”的策略是目前为止证明最有效的投资方法！“成长型价值投资法”是我们罗盘上指向北极的唯一指针。

二、东方港湾的信念与使命

东方，尤其是中国，经历了几千年的磨难，自二十多年前邓小平先生确立改革开放的革命性政策后，正在不屈不挠地崛起，我们坚信我们这个勤劳智慧的民族必将成为文化经济的强国，必将涌现出一批优秀的企业家和卓越的企业。投资需要信仰，我们坚信：中国的经济未来一定会更辉煌，中国的社会未来一定会更美好，投资中国一定会有丰厚的回报！

东方港湾的使命是“追随投资智慧，传播价值投资思想”。对大部分甚至绝大部分投资者而言，证券投资既没有给他们带来财富，又没有带来快乐，我们希望传播正确的思想与科学的方法，让投资成为投资者生命中快乐的一部分。同时我们也深知社会责任，当我们将社会有限的资产投资于最有前途的企业与事业时，事实上我们在从事社会资源配置的工作，当我们能优化部分社会资源配置时，也是我们应尽的社会责任和使命！

三、东方港湾崇尚的乌龟精神

龟兔赛跑的寓言尽人皆知，我们崇尚的乌龟精神有两层含义。

乌龟精神一：乌龟能耐得住寂寞，慢慢地爬，稳稳地前进，最终会走得更远；

乌龟精神二：俚语有称胆小鬼为“缩头乌龟”，尽管是贬义词，但乌龟有坚固外壳，每当听到风吹草动，便迅速将头缩进壳内，规避风险。乌龟的风险意识与本能是值得我们投资时学习的。

广义而言，投资犹如一生的马拉松比赛，想要得奖，首先得要跑完全程，投资者其实没有固定的比赛对象，真正的投资者更像“孤独的乌龟与时间竞赛”。

四、东方港湾的工作目标与投资风格

我们的经营宗旨是：专注长期股权投资管理。

“专注”，是因为我们深知我们的竞争优势圈，因为专业才更具价值，正如IBM公司的托马斯·沃森爵士（Thmos·J·Watson）所言：“我不是天才，但某几点上我很精明，所以我固守其中。”

“长期”，对投资而言，时间是最宝贵的资产，正如日本股神邱永汉先生所说的那样：投资回报相当于“忍耐费”。

我们的工作目标：追求长期而稳健的增长。

年轻的时候（这是相对而言，其实目前我们仍觉活力不减，青春焕发），我们曾经追求快速致富，结果是欲速则不达。真希望早点明白爱因斯坦说的那句话就好了，“除金字塔、长城外，世界第八大奇迹是——复利”。投资回报能长期稳定增长，结果可是了不得的事，复利是金融行业的TNT炸药，复利具有爆炸性特征。

为了实现这一目标，我们采用的风格为：坚定的长期和相对的集中的投资。

真正优秀的企业必须经得住时间的考验，俗语说“路遥知马力，日久见人心”，时间是优秀企业家和企业的朋友，我们只能用最好的耐心与奉献最宝贵的时间来获取丰厚的投资回报。短期的波动对我们意义不大，除非给我们增加购买更多股权的机会。对于市场波动，很少有人能长期准确预测，这些东西对投资者来说是代价昂贵的消遣。

那为什么又要“相对的集中”呢？由于我们选择企业时，有可能做出错误的决定，为了规避非系统风险，我们投资于几家相互不太关联的优秀企业，同时我们深知，真正卓越的企业犹如钻石般稀少，杰出的企业寥若晨星，所以我们采取了“相对的集中”策略。

英国经济学家凯恩斯于1934年8月15日给他的合伙人写的一封信中写到：“随着时间的流逝，我越来越确信，正确的投资方法是将大笔的钱投入到有所了解的企业以及完全信任的管理人员中。认为一个人可以通过将资金分散在大量他一无所知或毫无信心的企业中就可以限制风险，完全是错误的……一个人的知识和经验绝对是有限的，因此在特定的时间里，很少有超过两三个企业，我认为值得完全信任。”据我们所知，凯恩斯是难得的一位学术研究与投资事业同时成功的人。

五、如何选择企业

在投资的时候，我们既不是市场分析专家，也不是宏观分析师，更不是证券分析师，我们把自己看成企业分析师（假如你允许我们这样称呼的话）。因为我们相信，长期而言“股票绝不可能表现得比企业更好”，选择杰出企业是我们成功的关键。我们曾用一句英文来概括须考察企业的八个方面：“I met a huge magic Figure”：

I——Industry代表行业；

m——market代表市场；

e——entrepreneur代表企业家；

t ——technology代表技术；

h——human resource代表人力资源；

m——management代表经营管理；

c——culture代表企业文化；

F——Finance代表财务状况。

简而言之，我们希望选择的企业符合几项标准：

a. 有长期稳定的经营历史；

b. 有高度的竞争壁垒，甚至是垄断型企业，最好是非政府管制型垄断；

c. 管理者理性、诚信，以股东利益为重；

d. 财务稳健，负债不高而净资产收益率高，自由现金流充裕；

e. 我们能够理解的，能够把握的企业。

作为投资人，应该更多地研究企业经营，简单称为“产、供、销”几方面，只有经营得好的企业，才有投资价值。

六、我们如何评估价值（何时买进卖出）

当我们选择了优秀的企业后，正如我们挑选了钻石后，下一步至关重要的是以什么价格购买。

学术上，企业内在价值严格的定义是：“一家企业在其余下的寿命中可以产生的现金的折现值。”对于内在价值的计算应该是这个世界上“好说不好做”的经典案例。内在价值是估计值，而不是精确值，它随利率变化和企业未来现金流的预测修正而改变。难怪某年股东会议上，伯克希尔的股东问询巴菲特如何计算企业价值时，芒格插话说：“我从未见他在办公室用计算器计算企业价值。”而巴菲特幽默地说：“有些事情是要私下做的。”尽管内在价值难估，但有条线索是可以跟踪的，长期而言，内在价值变化的百分比通常与企业账面价值变化的百分比成正比。实际上评估企业的价格有许多方法，例如：市盈率法（P/E）、市净率法（P/N）、成长率-市盈率法（P/E/G）、现金流折现法等等。但有件事是可以确定的，企业估值需要定性配合定量，科学与艺术相结合，可以估测一家企业的合理投资价值区域。既然连投资大师巴菲特在谈论估值时都闪烁其词了，那么也敬请大家别怪罪我们不能把精确的估值方法公布于世了！

寻得价格合理的卓越的企业，自然会买进，那么何时卖出呢？理论上讲，好企业最好长期持有，但以下三种情况我们也会选择卖出：

A. 好企业被市场高估太多了；

B. 好企业开始衰退期；

C. 当我们发现更好的企业，更换旧的投资。

七、我们的风险规避措施

金融投资的秘诀是：你不会全对！所以要不要风险控制是原则问题，正如汽车不可缺少刹车一样；如何风险控制则是技术问题。

首先，对投资而言，最好的风险控制方法是事前的深入调查与研究，知道哪些有风险，我们就别走过去。

第二，假如我们选错企业或者选择的企业出了差错怎么办？我们通过适度分散投资来规避风险，每家企业投入的资金我们有比例限制，要不然我们何不将所有的钱投到一家企业上去呢？这样我们大家都不需要那么辛苦又能赚大钱了。

第三，假如我们企业的价值评估错了怎么办？正如前面所言，企业估值是极复杂的活儿，我们只能尽可能合理估值。如我们确实买高了怎么办？因为我们是长线投资者，时间可以帮我们减轻痛苦。因为对长期投资而言，买卖股票时相对内在价值有什么样的溢价或折扣，时间越长，重要性就越少。对价格而言，我们宁愿以高一点的价格买杰出企业，而不愿以低的价格买差的企业。

第四，出现股灾怎么办？理论上讲，投资市场的波段操作是收益最大化的，低位你总能买进，高位你总能卖出，请留意我们强调“总能”，而不是偶尔一次，千万别把运气误以为是能力。我们相信彼得·林奇所说的话：“在《福布斯》四百位富翁排行中，没有一位靠预测市场起家的。”我们也不会精确预测市场，正所谓“世事难料”，何时战争，何时股灾我们不得而知，既然我们不知何时地震，我们最好平时做好防震措施。我们信奉《圣经》中诺亚的原则：重要的是建造方舟，而不是预测风暴。

八、我们的商业模式

“绝对回报法”是我们的商业准则：只有在我们的投资者或客户实现盈利后，我们才收取部分投资管理费。我们想成功，必须先让我们投资者或客户成功。我们确立的商业模式迫使我们“先天下之忧而忧”，但不一定“后天下之乐而乐”，因为在投资盈利之前，我们首先享受了调查研究、评估价值和“眼睁睁地看着”挣钱的全过程的乐趣。我们既享受部分结果，但更享受全部过程。投资事业给我们带来生命快乐和生命价值，我们热爱而陶醉于我们的工作。我们也希望更多人享受过程与结果的快乐！

九、我们的承诺与不承诺

我们承诺我们“专注长期股权投资管理”；

我们承诺我们会向世界上最优秀的投资大师学习，寻找最优秀的上市公司，然后尽可能以合理的价格购买股权；

我们承诺我们会公开我们的投资思路。

因为投资肯定有风险，所以我们不承诺：

a. 我们不承诺一定会有盈利，尽管长期而言，我们充满信心；

b. 我们不承诺我们会炒作短线与市场热点；

c. 我们不承诺我们会快速致富；

d. 我们不承诺投资的每个企业都告知投资者，因为这是商业机密。

最后，我们认为投资是经济领域看似很简单，又是最复杂的专业工作，因为它涵盖商业领域的全部方面。既需要诸如财务数据等方面的定量分析———“器”的层面，又需要经济社会乃至人类发展的宏观层面的哲学思考——“道”的层面；既要研究经济商业的客观规律，更需要研究人类自身内在的感性和理性的主观规律。投资趋于成功的过程，便是认识的深化，思想的提炼和行为的历练的过程，是人类理性战胜感性，文明超越原始的演进和升华！

[备注：钟兆民先生与我及公司的全体员工倾注了全部热情与精力，完成此文。某种意义上这是我们工作的准则，也是一路坚持的原则。]

2007年8月7日

东方港湾2006年投资管理工作分析与总结

深圳市东方港湾投资管理公司董事长　钟兆民

[引言]

钟兆民先生钟情“东方”，而“港湾”是由我的灵感而来，我们希望东方港湾成为永续财富的源泉；东方港湾现在取得的业绩，是更多伙伴努力的结果。如张弘，为我们带来了管理资产规模的扩大；杨云与周明波，使我们的研究力量得以增强；张敏、王兵、吴慧玲，为我们保证了完善的后台工作。

要想走得更远，需要大家付出更多的努力。从钟兆民先生的这篇文章中，我们可以看到东方港湾能够走到今天的原因。

一、投资业绩与历史的镜子

东方港湾2006年中国A股投资取得233%的回报*，而同期上证指数上升了130.43%，深圳成指上升了132.17%。最近三年东方港湾投资回报与上证指数对照如表一：

表一、东方港湾投资回报与上证指数对照

年份	东方港湾	上证指数	东方港湾VS上证升幅
2004	44.50%	-15.40%	+50.90%
2005	38.16%	-8.33%	+46.49%
2006	233.35%	130.43%	+102.92%
年复合增长	84.11%	21.35%	

*扣除投资管理费用之前，公司内部统计，未经审计。

2006年上证指数翻番有余，但在中国证券史上，上证指数年度升幅超过100%的年份仅有1991年和1992年，分别为129.41%和166.57%。众所周知，1991~1992年系证券市场起步阶段，当时的指数不像现在的指数那样更具代表性（表二），让我们再翻阅美国资本市场从1899~2006这108年间，道琼斯工业平均指数最大升幅为1915年的81.66%，其次为1933年升幅为63.68%，由此可见2006年我们遇上了资本市场多年难得的良机。

表二、上证指数历史年度涨幅

年份	年度回报率（%）	年份	年度回报率（%）	年份	年度回报率（%）
1991	129.41	1998	-3.97	2005	-8.33
1992	166.57	1999	19.18	2006	130.43
1993	6.84	2000	51.73	--	--
1994	-22.30	2001	-20.62	--	--
1995	-14.29	2002	-17.52	平均回报率	31.71
1996	65.14	2003	10.27	最低回报率	-22.30
1997	30.22	2004	-15.40	最高回报率	166.57

东方港湾已经连续三年大幅超越市场指数，但据我们对投资历史的了解，持续超越市场指数是十分困难和充满挑战的。让我们看看历史上几位最伟大的价值投资者的投资记录：

第一位是巴菲特（Warren E.Buffett），第二位是芒格（Charles Munger），第三位是Bill Ruane（Sequoia Fund红杉基金），美国价值型基金的代表，第四位是Lou Simpson，Berkshire Hathaway下属GEICO公司的投资经理，常在巴菲特年报中得到表扬。从下列表中可以看到，最杰出的投资经理平均有三分之一的时间无法超越市场平均指数。

表三、四位价值投资者的投资记录

年份	统计区间	超越指数年份	低于指数年份	低于指数年份占比(%)
Warren Buffett	1965-2005	35	6	15%
Charles Munger	1962-1975	9	5	36%
Bill Ruane	1971-2003	18	11	37%
Lou Simpson	1980-1996	13	4	24%

我们再查询国内外共同基金的投资业绩，80%以上的基金经理无法超越指数，我们对历史事实了解得越多，我们的期望会越趋合理。

尽管我们对长期投资中国充满信心，我们追求年度复合回报15%的决心不变，但我们深知未来充满挑战，矢志追求长期的成就，必定要忍受短期的痛楚。

二、投资策略——长期投资为何如此难以坚持？

在《东方港湾2005年投资管理工作与分析》第二部分“投资原则”章节里（参考公司网站www.ebay-invest.com），我试图阐述为什么要“坚定的长期投资”，为什么要“相对的集中投资”，我们很欣慰的是，近年来东方港湾推崇的“长期·集中型”股权投资风格，认同的投资者越来越多。虽然大部分投资者都知道“长线是金”，“放长线钓大鱼”的朴素道理，我们的同事但斌在《追求跨越几代人的财富积累》（《证券市场周刊》2007年2月）中也深入论述了长期投资的重要性，但为什么实际操作中长期投资如此艰难呢？

首先，能长期生存、基业长青的企业为数甚少，发现长青企业同样挑战智慧。

1. 据美国《财富》杂志报道，美国大约62%的企业寿命不超过5年，只有2%的企业存活达到50年，中小企业平均寿命不到7年，大企业平均寿命不足40年；一般的跨国公司平均寿命为10~12年；世界500强企业平均寿命为40~42年，1000强企业平均寿命为30年。中国集团公司的平均寿命是7~8年；小企业的平均寿命是2.9年，中国企业的平均寿命约3.5年。

百年企业，铸就辉煌，追求基业长青，几乎成为每个企业的目标。但根据上文数据可以看出真正做到基业长青是企业家最大的挑战。

2. 而作为投资者，由于受到每个人的知识经验的局限，发现基业长青的企业也充满挑战。正如查理·芒格所言：对于一个投资者来说，一生中能发现一到两个真正杰出的长存的企业并坚持长期投资，就已经会十分富有。

3. 另外在长期投资过程中，企业不断面临新的内部和外部变化。例如：企业内部会出现股东的变化、管理层的更替等等。企业的外部环境同样日新月异，例如：万科面临宏观地产调控，股价持续下跌，如何处理投资时时面临不确定性。要在长达数十年甚至更长时期内坚定地对一个企业做长期投资，是对人性和智慧的挑战。发现一家杰出长存的企业很难，但像珍藏珠宝一样长期珍藏公司则难上加难！

其次，诱惑长期投资者的美丽女妖塞任（sirens）——波段操作。

请恕我大胆估计，据我从业十多年的观察，99%以上的投资者很难抗拒“波段操作”。而且这个比例并没有下降的趋势，假如我们将股市比喻成大海，投资者是希望达到彼岸的海员的话， 那么“波段操作”极似希腊神话中的半岛半人的女妖塞任，常用美妙的歌声引诱航海者。“波段操作”本身并没有错误，而且是使投资者收益最大的理想化方法，像塞任的歌声那样美妙绝伦，问题是在于历史的长河中和实际操作中几乎没有人能持续成功。

关于波段操作的论述，本人这几年阅读过的文章没有比我们的同事张敏女士摘录在公司网站上的那篇《千万不要尝试波段操作》(摘自查尔斯·艾里斯《投资艺术》，中国财政经济出版社) 更精彩的了。在此恕不赘述。

我们有些投资者，在持有的股票深度调整时，给我们打了很多电话，心急如焚，希望能波段操作，可我们不认为我们有这种能力。我们也有一位投资者幽默地告诉我，他每次想动手或已动手波段操作时，他总会把上面这篇文章拿出来再读一遍，以此增强抵抗波段操作的免疫力。

第三，投资者“心理倒错”的心理影响长期投资。

由于过去在证券公司的工作经历，我有机会接触了许多投资者，大部分投资者在买了股票以后，将注意力集中在股价上，而不是盯住已投资的上市公司的经营层面上，这类似你在打网球时，为了取得好成绩，你总是紧盯住记分牌，而不是注意运动中的网球，结果可想而知。而且注意力集中在股价上，极易导致投资者的“心理倒错”。

例如，某位投资者在研究后确认A公司能长期投资，便在10元/股的价位投资了100万股，当股价上升到13元时，盈利30%，这时候关注股价的投资者十分担心和害怕股价的回落，已有的浮动盈利回吐了，因此急于平仓获利了结，通常的结果是，随着时间的推移，A公司的经营业绩迟早反映在股价上，股价一路上扬，投资者后悔莫及。这种情况下，投资者本应当对未来充满信心，放手长线投资，分享企业成长带来的快乐时，投资者却做了相反的决定。

反之，当投资者在10元/股投资后，股价反复走低，例如到了8元/股，亏损20%时，在公司经营层面良好时，由于市场波动造成股价下跌，投资者应该等待或在更低的价格继续追加投资，部分投资者却作出了相反的决定，因为担心亏损进一步加大而急于斩仓。更有甚者，当企业经营恶化后，企业不再有投资价值，股价下跌时，投资者却常常抱住不放。大部分投资者总是在赢利时做短线，在亏损时做长线，那是在用情绪和腺体做决策，而不是用理性和头脑在决策。

投资者在应该充满信心时却恐惧，在应当恐惧时，却抱有侥幸和幻想，我们称之为“心理倒错”。山高人为峰，投资者最难逾越的障碍是投资者自身，长期投资的真正敌人也是投资者自己。

第四，企业长存充满变数，资本市场跌宕起伏，而我们的世界也动荡不安。

让我们看一下我们最近收集的美国资本市场百年图表（图1）。

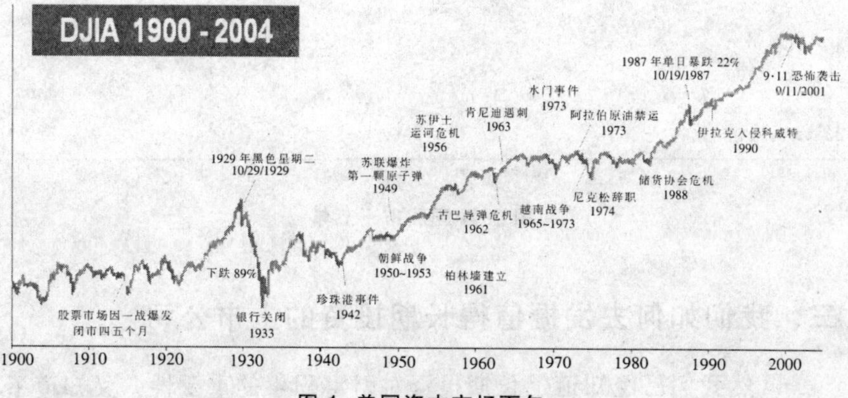

图 1　美国资本市场百年

假如在美国市场投资，在这百年中，经历两次世界大战，经历了在美国本土的珍珠港事件和9·11恐怖袭击，你实际上面临生死考验，你们要坚持长期投资，信心坚如磐石，何其难得，需要有大无畏的勇气和坚定的信仰！正如9·11后巴菲特在电视上发表讲话中说：“如果你是投资者并且是9月10日相信美国经济会出现长期增长，那么你在9月12日也应该这么想。”

中国股市这十几年，又何尝不是沧海桑田呢？参考图2，中国股市经历了邓小平去世、亚洲金融危机、“非典”事件，长期投资者历尽艰难，而不改初衷，需要过人的意志和定力，真可谓“梅花香自苦寒来，宝剑锋从砺磨出”！

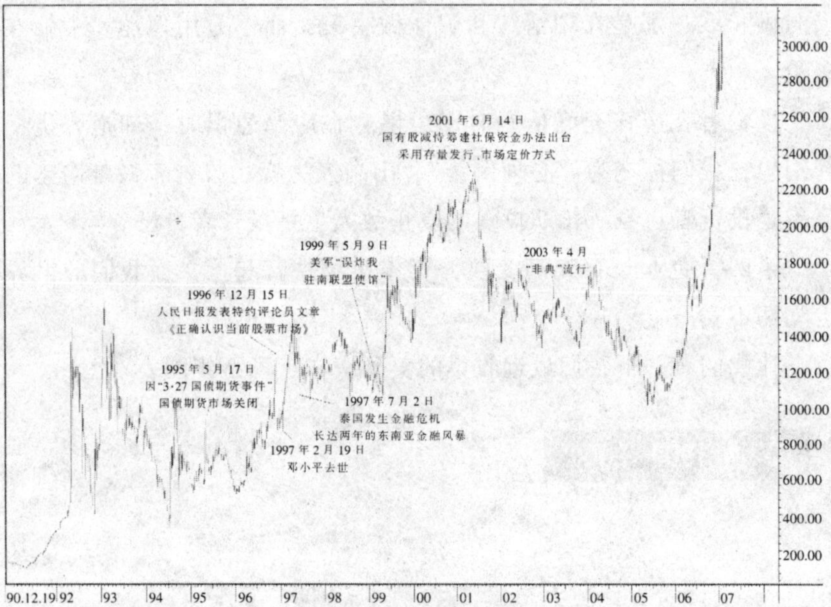

图2 中国股市十五年

三、我们如何去发掘值得长期投资的上市公司？

既然我们已经知道了长期投资对财富积累的重要性，又知道了长期投资的艰难性，那么当我们遇上一家可以真正长期投资的公司时，是非常幸运而且值得庆幸的事。发现一家这样的公司，犹如发现一座可以长期开采的金矿，甚至比金矿更有价值。因为一座金矿的储量总是有限的，而一家优秀杰出的企业寿命可能上百年，甚至更长，所以我们曾经将茅台比喻成开采不完的液体黄金。

但是这样的上市公司的发掘，需要付出大量艰苦的努力、长时间的思考和调研。希望很少的付出就可以赚到大量的金钱，就如同希望第一次拿起球杆就能打出一轮精彩的高尔夫球赛一样不现实。

大约10年前，我在原君安证券公司工作时，有位新来的投资者，简单地将他的资金三等分，买了000001深圳发展，000002深万科，000003深金田，结果是不言而喻的。让我们统计一下1997年4月1日到2007年4月2日十年时间按收市价计算的收益情况，深发展的升幅是28%，深万科是1179%，而深金田呢？已经被PT退市了。可见，长期投资，失之毫里，谬以千里，结果是多么的大相径庭，选对了，坚持长线充满挑战，选错了，还坚持持有，结果则是毁灭性的！

因此大家便会更加明白为什么价值投资的鼻祖们总是反复强调：投资的第一准则是不赔钱，第二准则是永远不要忘记第一条。

所以选择长期投资的企业的第一条标准是：安全性分析。你想跑赢马拉松比赛，前提是必须跑完全程。投资想胜出，前提是你选择的公司中途不要“牺牲倒下”了。商业领域的竞技，更多的是靠耐力而不是爆发力。

商业模式通常可分为垄断型和竞争型。我们又将垄断性分为政府行政型垄断和企业自身禀赋型垄断。垄断型企业通常要比竞争型企业容易生存，投资的安全系数较高。对经营者而言，垄断自然好过竞争，对投资者也一样。再进一步，两种类型的垄断中，行政垄断型企业，大部分是公用事业企业，会有稳定的回报，但由于考虑社会运行成本，通常不会有超额回报。我们会优先考虑自身禀赋型垄断企业，例如贵州茅台，在离开茅台镇后，无法生产出同样的优质白酒。烟台万华是全国仅此一家拥有生产MDI的专利技术，全球也仅六家公司拥有此项专利技术，形成了寡头垄断的格局。而云南白药则拥有国家级保密配方，企业的垄断性大大提高了企业的安全性。

至于竞争性行业，在惨烈的竞争中，一家企业靠自身的长年打拼形成相对竞争力，因竞争型企业无法像垄断型企业那样做到“人无我有”，只能争取做到“人有我优”，靠相对优势构造自身的“护城河”。正如招商银行行长马蔚华说，招行就靠“早一点，快一点，好一点”创造领先优势。我认为这句话道出了竞争性行业的经营真谛！因此竞争型企业通常最有价值的是管理团队。对于竞争型企业，其管理团队犹如列车的火车头，掌握企业的方向和动力。我们可以想象，假如万科离开王石、郁亮团队，苏宁电器离开张近东、孙为民团队，两家公司会多么的不一样。

假如我们从商业模式和管理团队分析企业的安全性的话，对垄断型企业我们会更注重商业模式，而对竞争型企业则会更注重管理团队。

在排除了企业致命的风险后，企业的稳定性是我们选择企业的第二标准。对于一个组织，稳定是压倒性的，稳定了才能求发展。企业外部的变迁是企业无法控制的，企业唯有顺应社会经济发展趋势，与时俱进，才能求得发展。一个公司的稳定性包涵诸多方面，其中股东和管理层的稳定对业务的发展至关重要。以招商银行为例，其大股东招商局具有悠久的历史和良好的企业文化，招行在20年经营历史中，管理层也十分稳定，仅更替过一次行长。股东稳定，管理团队稳定，经营可持续性强，招行年度利润也从2002年上市时的17.3亿，历年屡创佳绩，2006年利润则高达71.07亿。而同处深圳的发展银行，10年来几易行长，股东也不稳定，经营业绩显然也不会稳定。

回顾企业的过往历史，稳定的企业继续稳定的可能性很大，优秀的企业很可能继续优秀，这很符合物理学中的牛顿第一定律：惯性定律。

第三条标准，企业的收益性和成长性。长期而言，股票市场的回报来自于两部分：投资收益和投机收益。投资收益主要来自企业给股东带来的增值部分，包括分红和留存利润；投机收益来自于市场对上市公司估值变化，即市盈率的变化。根据美国先锋基金管理公司创始人约翰·博格尔的统计，20世纪的100年里，美国股票市场平均年收益率为10.4%，其中5%来自分红，4.8%来自盈利增长，只有0.6%来自市盈率的变化。可见长期投资收益主要依赖企业的盈利能力。

作为股东，衡量企业收益性最好的指标为股东权益回报率，或叫净资产收益率ROE，一家企业ROE连续多年稳定在15%以上时，一定是值得关注的企业。

我们可以用杜邦分析法解剖一下ROE：

ROE=净利润/净资产=净利润/销售收入*销售收入/总资产*总资产/净资产=销售净利率*资产周转率*财务杠杆比率

可见，从财务分析角度看，一个企业想提高股东回报率，无非三种途径：提高产品或服务的价格，增加销售收入，或提高融资比例。

例如：由于近年贵州茅台和张裕葡萄酒一直在直接或间接地提升产品价格，直接导致销售毛利率和ROE的提升。

贵州茅台销售毛利率和ROE变化如下表：

年 份	2003	2004	2005	2006
销售毛利润(%)	80.12	82.22	82.52	83.84
ROE(%)	17.06	19.68	21.97	25.51

张裕葡萄酒销售毛利率和ROE变化如下表：

年 份	2003	2004	2005	2006
销售毛利润(%)	56.90	63.29	65.05	66.72
ROE(%)	9.65	11.73	16.89	22.09

产品和服务能否提价，销售有无下降，客户有无流失，是产品市场竞争力的试金石。

另外要增加销售收入。一个企业内部控制成本与费用是必要的，但是是有极限的，但企业的外部拓展的空间却是巨大的，理论上是无限的。

企业增加销售除提高产品价格外，尚有三种办法：（一）销售更多的产品和服务；（二）销售新产品和新服务；（三）通过并购扩大规模。

例如，家电连锁企业苏宁电器，2003年仅有38家门店，销售额为60.3亿，到2006年年底，直营门店已达351家，销售收入达249.3亿，同时综合毛利率从11%提升到15.28%，未来仍然有巨大空间。

商家通常喜欢用“薄利多销”的手段增加收入，但真正有竞争力的企业可以做到“厚利多销”。遇上能够长期“厚利多销”的企业我们真的会爱不释手。

假如企业主要通过并购扩大销售，那么投资者要十分警惕，我们通常将这种外延式增长视为低质量的成长。因为收购后整合总是比预计的困难，其中除了两家战略调整，组织调整，业务变动外，两群人或几群人的磨合可能是管理上最大的挑战。家庭可能是社会上最小的组织，目前中国的离婚率高达13%左右，美国的离婚率高达42%左右，而且呈上升趋势，两个人的磨合都那么困难，更何况一群人与一群人的整合呢？

通过收购推动的增长是充满危险的，并购专家们鼓吹的协同效率是不能轻信的，失败的案例比比皆是，不胜枚举。

第三种提高ROE的途径是放大负债比率，但这需十分慎重。例如2006年张裕葡萄酒的有息负债为零，而地产开发企业，像万科或金地，负债率通常很高。从审慎原则而言，负债越小，风险越少，而负债大于50%，视为风险警戒线，负债对企业发展是把双刃剑。

企业的收益性是企业竞争力的基础，如果企业同时具备持续成长性，则更具诱惑力，一家公司在ROE大于15%的前提下，每年仍然成长20%，4年后利润翻一番，谁不希望这样呢？

前面我们从安全性、稳定性、收益性和成长性几个方面考察了值得长期投资的上市公司的特征。实际要发掘到一家可以将我们辛勤结果的资金可以长期付托的上市公司，与我们生活中选择什么样的小伙子，可以将我们的“千金女儿托付终身”的逻辑十分相似。

第一种情况，假如上市公司现在利润很好，就去投资，就像有人告诉你，这小伙子现在很有钱，请把你的“千金”嫁给他，相信大部分家长是不会同意这门婚事的；

第二种情况，有人告诉你，这家公司未来两三年会很赚钱，就去投资（出于短期的压力，我想大部分公募基金会这样考虑的）。这就像有人告诉你，这小伙子明年后年会发大财的，请把你的“千金”许配给他，我相信负责任的家长也不会认可的；

第三种情况，有人告诉你，这位小伙子人品好，有责任心，有能力，又努力，现在境况不错，未来会更好，那么我也会考虑将我的掌上明珠托付于这位德才兼备的“白马王子”的。长期投资何尝不是将我们的“千金”托付给幸运而能干、诚信而努力的公司团队呢？

四、我们的投资与研究

2006年东方港湾投资研究团队力量“翻了一番”，从但斌和我两人增加到四人，我们的投研总监杨云，是清华大学的毕业生，“芳龄四十有余”，不知是先天遗传还是后天清华的培养，他的性格和投资风格十分理性；另一位投资经理叫周明波，比我们年轻好几岁，恰巧也是清华的毕业生，年龄不到40岁，他十分勤奋而博学，团队里有了他，增加了许多新鲜空气，他投资的审慎与年龄不太相符。之所以将我们的投研人员一一道来，是因为我们团队当中的每一位成员都直接与你的财富增值息息相关。

东方港湾的团队成员之间，包括我们与我们忠实的投资者之间，不仅是合作关系，更像是某种信念的信徒，我们坚信中国明天会更好，坚信投资中国会有丰厚的回报，坚信长期价值投资在中国一定会成功。正如大部分投资者所知，目前我们主要投资在能源交通、金融地产、品牌消费品几大领域，2007年我们除了巩固已经投资的行业与公司外，我们还会再深入研究一些新的行业，其中号称“百业之王”的商业是我们今年重点研究领域之一。

人类社会发展史上，先有农林牧副渔等第一产业，后有工业制造等第二产业，金融商业等服务业则被列为第三产业，但我们相信长期投资的机会，顺序可能恰恰是颠倒过来的。我们相信有13亿人口的中国，本土必定会诞生一批伟大的商业和金融类企业。

有关我们投资研究的新进展，我们会一如既往地通过每月的《投资通讯》与大家共享。到2007年3月份，我们共编辑和撰写了三十五期通讯了，希望大家能享受学习与阅读的乐趣。

我们的投资研究工作，首先是跟踪研究已经投资的上市公司，确保其任何重大变化都能被我们关注到，然后再去开拓新的疆域，研究新的行业和公司。我们将90%以上的时间投入到了公司经营层面的研究，而只用很少的时间关注市场的波动。我们只想投资行业中数一数二的公司，一家公司假如我们不想投资10年，则10天也不想持有；一家公司假如我们100%拥有会有所顾虑，则1%也不去拥有。这是我们投资的基本逻辑，只有方法与人不同，结果才可能与众不同。

五、结束语：学习投资，享受过程，追求卓越

2006年12月份中文版《财富》中《卓越之道》一文（作者Geoffrey Colvin）研究表明，投资与国际象棋、高尔夫球、橄榄球一样，都可以通过后天的严格训练，长期坚持，逐日改进，达到优秀，甚至卓越。

该研究成果之一表明，即使最具天赋和才华的人，也需要10年左右的努力才能达到一流的境界。就连16岁便成为国际象棋特级大师的鲍比·费雪尔（Bobby Fischer），也精心刻苦训练了9年时间。

研究成果之二表明，卓越不是信手拈来的，要靠努力，但光靠努力还是不够的，因为很多人努力了几十年也没有实现卓越，甚至没有取得进步。只有那些花大量时间进行有计划、有目的的“刻意练习”（deliberate practice）的人，才有可能成为领域的佼佼者。正

如钢琴家弗拉古米尔·霍洛维茨（Vladimir Horowitz）说：“我一天不练，我自己能听出来；两天不练，我妻子能听出来；三天不练，全世界都能听出来。”（我想可能全世界都不想听了）

投资极其像打球，会打的人很多，打得好的人却很少，因为需要坚定的毅力，持续不断地练习。去年我们研究了许多公司，走访了不少企业，也常阅读投资经典，我认为最值得推荐给大家的书是《股市真规则》（中信出版社，作者是晨星公司的研究主管帕特·多尔西，中文译者为司福连、刘静）。作者将投资哲学与具体操作完美地结合在一起，既有高度，又非常实用。我们的一位合作伙伴告诉我们：他在收到这本书后，像早年年轻女孩读台湾琼瑶言情小说一样，是一口气通宵读完的。我自己就阅读了两遍。有心的投资者可能会发现，在我这篇年度工作汇报里也有好几处是从这本书里学来的。

正如查理·芒格所言：“我没有见过不读书学习，而成为伟大的人物的。”更何况阅读给我们带来无穷的乐趣呢？最后希望我们的投资者与我们一起长期享受财富之旅，享受探索之旅。学习投资，享受过程，追求卓越。

致东方港湾的伙伴

很庆幸我们生活在同一个时代并且相遇，更庆幸你们给予了足够的信任。为了这份信任与责任，我们极力用遥远的目光关注未来，并细心聆听这片广袤土地上发生的人和事。我们极力将我们的思索，付诸实践并让自己坚定，希望这份远见、信仰与执著也是你们需要的。

我们和我们的国家一样，从艰难的岁月中走来，生生不息的世界伴随欢欣与泪水。艰苦的日子还会发生吗？一定会的，所有的事情都不会一帆风顺，包括我们的投资，因为即便全世界最伟大投资家沃伦·巴菲特先生经营的伯克希尔公司也曾遭受过数次严重打击。1973年~1974年经济衰退期间，伯克希尔公司的股票价格从每股90美元跌至每股40美元；1987年的股灾中，股票价格从每股大约4000美元跌至3000美元；1990年~1991年的海湾战争期间，伯克希尔的股价再次遭到重创，从每股8900美元急剧跌至5500美元；1998年~2000年

沃伦·巴菲特领导的伯克希尔·哈撒韦公司

·1962年巴菲特第一次以每股7美元购买伯克希尔公司的股票。

·1965年5月10日，巴菲特和合伙人收购了伯克希尔公司的股票并开始管理这家公司，当天的股价为每股18美元。

·2007年11月13日，公司的股价达到了每股135700美元！

·平均年增长率为23.7%。

·同期道琼工业指数的年均增长率为6.5%。

期间，伯克希尔的股价从每股大约80000美元跌至40800美元。这就是被人们称为“拼命想要得到的一件礼物”的伯克希尔股票本身所发生的故事。有什么人能避免这一切发生？长长的岁月告诉我们，没有谁能像上帝一样在宇宙的星盘上拨弄星辰，没有任何人有这个能力。所以，我们更愿意乐观地看待未来，清醒地认识危机的发生，并和我们的信念保持一致。

人类的本性具有追求自由、繁荣、安全与富足的愿望。一个国家的繁荣与发展，一定源自工业、商业与科学技术等领域艰苦卓绝的努力，与那些靠勤劳与智慧换取财富的强者们一起，我们不仅能富足自己也能缔造一个伟大国家的未来。在我们眼力所及的世界里，世界末日不会这么快降临，经济会萧条但不会崩溃，万物繁茂周而复始，人们追求幸福生活的努力与股票市场长远来看总是一个向上的过程，这是我们长久生存与卓越回报的保证。

2007年9月26日

中国民间投资领域真正的“华山论剑”

[引言]

2006年4月8日，东方港湾与其他兄弟单位在深圳联合举办了第一届中国私募基金与价值投资研讨会，60余人参加了此次大会。这次被誉为中国第一届私募基金的宣言性的大会，产生了极为广泛的影响力。会议气氛热烈，发言极为精彩，现将部分人士的精彩发言选编如下。

钟兆民（深圳市东方港湾投资管理有限责任公司董事长）：今天天气挺好，春暖花开，生机勃勃。咱们在深圳迎来了来自北京、上海的朋友——一批主要以民间投资机构为主的投资精英。今天会议的题目是《2006年第一届价值投资研讨会》。自然季节是春天，好像股市也是“春天”要来的感觉，所以在这个时候办个私人交谊会有一些特殊意义。

第二，深圳有很多私募基金，基金之间每季度有一个聚会，不过都是非正式聚会，有些人叫“草根”协会，有些人叫“地瓜”协会，感觉很不正规。我们去北京出差、上海出差，通过了解，觉得民间力量很大，尤其康总去年还写过一个《民间私募基金的宣言》，到现在我还带在身上。全国民间投资力量联合起来共同交流、共同探讨对提升境界、推动产业发展，是很有意义的。

这次活动是以平等、交流的圆桌会议形式，让大家一起交流和分享脑力激荡所产生的智慧，希望大家能畅所欲言。讲一个比喻，我看过一本书叫《犹太教的塔木德》，是犹太教的圣经，书上有这个案例，比如我向你借书你不借给我的话，法律是可以起诉你，判你刑的。犹太教认为文化和思想是人类应该共享的、是人类产生的结晶，这种精神对在座的投资界精英也是有益的。不过我们不起诉你，只要你踊跃发言，晚上大家就轮流敬酒。

下面进入正式的主题：今天整个活动内容首先是主题演讲。主要参与单位中有些是新来的，名单上没有录入进去，但是专业水平是很高的。演讲后面有一个自由论坛。整个活动由我和《Value》杂志的主编张志雄先生主持！

先请今日投资财经咨询有限公司的董事长——康晓阳！

康晓阳：在这个市场挣钱对在座的人来说是一件比较简单的事情，每个人都有挣钱的经验。但是要像巴菲特持续挣钱不是一件容易的事，还要持续比别人挣更多的钱那就更难。所以我一直在思考一个问题，就是如何长期的、持续的比别人挣更多的钱。投资是一门艺术，很难说哪一种方法更有效，每个人有每个人的道，关键这个道能不能持续的战胜市场，战胜别人，要保证这两点，我想有几点个人意见给大家抛砖引玉：

第一，你能不能保证自己能够把握比别人更多的选择机会，这一点非常重要。以前我们在这个市场上也犯过很多错误，很多次买了自己觉得很好的股票，结果犯了错。怎样保证比别人选择的机会多而又避免失误呢？我想第一是勤奋，不管是巴菲特也好，谁也好都需要勤奋；第二要不断学习，比跟书本学习更重要的是向成功者学习，要吸收别人好的东西；第三要多交流，比如说这次会议会有很多人做精彩的演讲就是交流，交流是为了大家共享一些思想和信息，通过脑力激荡，形成对自己有用的东西；还有一点就是想要保证自己战胜别人，要避免犯错误，尤其忌讳错误犯的比别人严重。这就像打高尔夫，打高尔夫有时看到别人开个200码、300码很不错，自己也要打，结果一杆子打到水里去了。如果有大失误，那么你的基金业绩就很难把握，要避免这种情况，巴菲特也坚持这个道理。

但要做到这点是非常难的，要避免自己犯错误，尤其能够像巴菲特一样不受市场波动的影响是很困难的。投资要避免犯大错误就要坚持自己的原则，最简单也是最有效的原则就是要避免受市场其他投资者的影响。巴菲特为什么能够持续战胜市场，就是因为他坚持自己的原则，而不管市场发生任何波动。这一点做得最好的我觉得是钟兆民和但斌，我们很难做到，说句实在话我们想做好也不行，无意识地要犯些错误。

我没有盲目在这个市场上，我是在建立金融投资系统，我为什么建立金融投资系统？也是为了这几点：

第一为了多发现机会。第二避免犯错误。

最近我也学习了美国一些发展成功的人，像奥里尔这些人，我发现他们最终能够战胜市场是因为他们借助系统的力量。所以我也开发了很多模型，目的有两点：第一选择机会比别人多，第二，有的人明明知道这个公司不好，明明知道事情是错误的，但往往头脑发热去犯错，所以要借助系统的力量，它是你做到这两点的有力保障。希望以后有机会大家在这方面多多交流。谢谢大家！

钟兆民：下一位有请新同方投资公司的刘迅董事长。

刘　迅：我们公司从1998年开始的，由几个同学一起做的，经历风风雨雨之后也想积累一些稳定获取回报的途径和方法。现在我谈谈我们的一些心得。

当初我们几个人一起来做公司，很多人问我们跟清华同方有没有关系，其实我们跟清华同方只是血缘上的关系，没有其他关系，因为都是一届同学来做的。关于投资理念讲了很多，我就不讲了，讲一下风险。我起初在长城财务做金融投资的，刚开始面临市场气氛热闹，贷款都是15%-20%贷出去，那时候觉得收息最简单。当时，我的工作是给老总计算利率，最后离开公司时我统计了一下80%以上的贷款都“稍息”了。所以对我来说这第一课非常有教育意义，所以风险在我们投资里面是第一位的。

关于风险我谈几点：

第一，风险我们能够度量的，我们知道是概率，还有一种是不确定性。对很多公司我们抓不住重点，比如说万科，我们没有投资万科，因为我们不能把握万科的核心以及未来的情况，而我们做的是有把握的事情。我们避免风险靠的是集体，大家一起决策，每一个品种要经过至少两次会议。

第二，进入“篮子”后，我们也不会非常集中，我们按照自己的原则来回避风险。

第三，进入篮子后我们操作也还存在一些不确定性，因为我们不是巴菲特。我们有自己的组合方式，出现问题要有相应的对策，对与错我们也有自己的对策。大家在教课书本上面都看到过流程，但是我想核心不是学习，而是执行，因为投资需要严格执行程序。我们在座的每个人都有自己的投资理念，这个理念最后能不能形成稳定的利润不是靠一个两个人而是靠长期持续按程序操作来完成的。我们建立了一套自己的工作流程，而且这个流程每年都要进行1~2次的检测。

我觉得现在我们面临一个很好的机遇，怎么才能真正抓住它？其中一方面我看是需要建立一个原则，能成为市场主流的原则，比如能不能建立一个相当于公约性的东西，恪守对客户的责任，这一点对所有的未来的想做资产管理的人非常重要。

钟兆民：下一位是同威资产管理公司的李驰总经理。

李　驰：刚刚大家就说到巴菲特投资不需要高等数学，谁都可以学，巴菲特自己也说过高等金融不需要学，这可能有点极端，但是真理解起来也就那么回事。实际上巴菲特的投资是非常难学到的，知易行难，他讲过实际上整个的投资可以做一个打孔机，如果预先想好一辈子只准备打20个孔，那每打一个孔的时候就会非常谨慎。

而我们自己早已经超过20个的投资，理解起来容易，做起来是真难。

关于炒作的频率。巴菲特自己说的选择一个股票问他什么时候卖，他回答没有卖的时候，终身持有。但是中国证券市17年以来谁持有一个股票到现在？这点我觉得确实难，我感觉如果要稍微聪明一点，就会以一个几年为波段的操作，这很现实，不过如果这样做，我觉得跟巴菲特就相差比较远了。

巴菲特的投资实际上是很难做到的，为什么？我们研究过一个真正长期的股票，往往在人家升的时候它不升，纳斯达克升的时候巴菲特的股票一路实际上是在下跌的，你要学巴菲特就要忍受孤独寂寞，对很多人来说是巨大的折磨。巴菲特很冷静，1969年他离开市场，到1973年回来，因为到1973年美国股市才真正崩盘。一种实际上好股票是群众给予你的，很公开的，比如说伯克希尔、汇丰、招商银行、和黄以及前几年巴菲特在香港买的中石油等等，但是我发现很多人不会去买它。这也就是因为他不以大势议事，去年到今年香港的股市汇价指数涨了很多，但是你发现和黄、还有汇丰、招商银行并没有与大势同步，但是它们长期看来升了很多倍，看起来是好股票，但是你并不一定会买它。所以这也是讲坚持，我刚刚讲的坚持是非常难做到的。

对真正上涨的股票我们的理解就是它在数理上是一个数理等值，爱因斯坦曾经说过世界第七大奇观是复利，中国有一句话叫“差之毫厘，谬以千里”也是说它的。实际上就是刚刚说的看不见的小点，一个点、二个点、三个……到后面，他给你带来的财富是非常巨大的。可能大家都知道一个故事，就是印第安人几百年前25美金把曼哈顿卖给美国人，如果25美金让他去投资可能6%-7%的利息的东西，复息给他，现在他们可以买回曼哈顿。这就是为什么要买好股票的原因，好股票就是明年赚十万，五十年之后赚十个亿，股本几乎不扩大的股票，如果能找到这样的股票，那就刚好可以做巴菲特了。

另外关于增长的长期性，刚才说的短期今年赚2倍，明年赚多少，可能有些人很容易做到，但是买的股票一辈子持续的涨，确实很难做到，所以我们的经验要找一个好人，这个好人要像雷锋一样一辈子做好事，所以要做一个好公司也要抱着这样的态度去寻找。这是我们对持续上升股票的一个理解，只有这一段集中表达了我们对价值投资和集中投资的一种基本认识。

另外，证券市场的周期性对我们的操作也有一定的借鉴。股票市场实际上在永恒地波动，高潮、低潮，就跟有下雨天、太阳天一样，几百年几乎没有发生怎么变化，所以实际上如果要波段操作的话就是低迷期进入，高潮时离场，说起来容易，做起来难，真的是“知易行难”。

还有做投资要与众不同，叫逆向操作，但是怎么逆向操作也是非常难的。比如说现在大家都说人民币升值，你说我来赌人民币贬值，这叫逆向操作吗？这不叫逆向操作。实际上逆向操作的关键是在大家都非常看淡的时候你要看好，如巴菲特讲的人家疯狂的时候你非常悲观，人家悲观的时候你非常兴奋，疯狂地买。每隔几年就会有这样一个转折点，退场的点、进场的点，只有这个时候逆向操作才能成功，但是长期的上升阶段和下跌阶段都需要做顺向操作。转换，像《易经》里面的八卦图从黑变到白，从白变到黑，只是这一瞬间，出现两个拐点，这个时候才做逆向操作，否则大部分时间还是做顺向操作，如同黑是黑，白是白一样。这也是证券市场周期性里面的一个规则。

现在讲定价的话语权，好像我们迷失了这种感觉，这个地方我不太展开。我觉得有一点，就是美国市场现在的市值17万亿左右，香港将近1.4万亿，中国才零点几万亿，都是美金。我是学力学的，觉得问题很简单，太阳的质量比地球大，地球的质量比月亮大，所以地球围着太阳转，月亮围着地球转。这个规定是一种物理，而不是一种想象。所以现在的定价标准还是来自于美国，我觉得这是非常简单的一个事情，哪一天中国的市值大于美国了那中国就可以定价了。所以这上面写了好莱坞与百花奖，如果美国人到中国来领百花奖了那就是中国标准了，同样，意大利的歌剧在中国唱，大家觉得是一种品位，美国的歌曲到中国唱是潮流，但是京剧到美国去唱就是另类，那就是中国定标准了。同样大家都知道白酒就是中国的或者是俄罗斯伏特加，但是主流在哪，刚刚讲了茅台涨价涨得太厉害市场份额就缩小，你不能把茅台卖到120多个国家去，但是可口可乐可以。这就是巴菲特的成功，主要是市场扩大而不是可口可乐的涨价。

最后一条，我觉得在永恒的游戏中赢家永远有机会。400年一轮证券市场从荷兰开始到美国，从阿姆斯特丹到现在的纽约，美国200多年的历史和中国不到20年的历史，这个周期性的证券市场的里面，市场平均市盈率或高或低，都给大家提供无数盈利的机会，所以我不再多讲，我觉得大家都是明眼人。最后一句话：大家抓住机会，共同盈利。

钟兆民：讲的内容很精彩，很受欢迎。他的搭档韩涛也来了，下半场请韩总给我们讲一讲，他们公司有很多经典的投资案例，曾经成为民间茶余饭后的经典话题。下面请但斌跟在座的汇报一下我们东方港湾的情况。

但　斌：演讲部分在第一篇（略）

钟兆民：下一位是赤子之心的赵丹阳，他是一位名人，我就不多说了。

赵丹阳：在座的各位都是我的老师，怎么说呢？我本身在这个行业并没有待很长时间。这两年有一点回报，我觉得很侥幸，因为我自己做过企业，那么我就谈一些对风险问题的认识。

过去几年里，很多媒体都在鼓吹，鼓吹中国和香港资本市场的牛市到来，香港的牛市实际上已经走得非常远了，A股已经确立，牛市已经起来了。我相信在座的各位在经历熊市的逃离之后能够生存下来，我觉得各位都是市场的精英，而且我相信在未来一段时间里，在证券市场也会有非常好的回报，证券行业的资产价格，资产拥有量可能会达到另外一个台阶，我相信今后一段时间是大家的黄金时代。但是我们在熊市里想到的是牛市，现在牛市已经开始确定，我想谈谈最近我的一些看法、想法。打个比方，这是一个历史，在古罗马时代，每一位将士如果打胜仗，罗马人一定会给他们凯旋归来的荣耀，不过在举行荣耀游行仪式的时候，一定会有一个人在后面不断地提醒他：你是一个人，不是一个神。这句话的意思就是说在未来一段时间里，每一位投资者，包括我们的朋友在得到好的回报的时候，一定要记得在古罗马时代有这样一句谚语。

我谈一谈我现在对市场的一些看法：

首先，牛市起来以后，不知道大家有没有想过，牛市未来会怎么演变？它所能达到的高度是多少？深度是多少？时间有多长？结束日期是在什么时间？以什么方式结束？有什么事件来推动它？牛市结束之后我们应该怎么做？在牛市的过程中我们处在什么位置？就像爬山的过程中我们处在山里面一样，今天我们已经不再考虑牛市来不来的问题，而是要考虑牛市在未来几年的发展以后，结束的时候我们能不能察觉到那一天？这是第一个问题，我把最近思考的一些东西用问号的形式提出来，因为我自己没有答案，如果各位朋友有更好的答案，希望能够提出来，这样大家可以一块交流，因为这些问题我很困惑。

第二个问题，牛市的根本内在原因是什么，是上市公司的业绩好转吗？牛市在2006年起来以后，到明年——2007年春天的时候上市公司就一定会比今年大幅增长吗？还是因为流动性的原因，热钱的原因导致这拨牛市？目前我一直在思考这个问题，牛市的根本前提是热钱推动起来的，还是上市公司业绩支撑起来的？这也是我困惑的问题。

第三个问题，很明显我们的通胀可能会进入一个大幅的通胀恶化期。比如最近铜及一些有色金属的价格。刚才和李建民（深圳文瑞投资发展公司董事长）聊天的时候聊到上海的楼盘价格又起来了，前些天我们和但斌一起去山东的时候，讨论上海的房地产价格下一步怎么走？但斌当时跟我说找机会杀进去，现在已经是四月份了，不知道有没有买进去？我想上海的楼盘和它的收入能不能支撑住？包括这一轮席卷全国的房地产的牛市，整个全国房地产价格的上涨，将来的安全性到底有多大？再加上商品牛市的狂热，铜每吨从3000美金涨到4000美金，当涨到5000美金甚至更高的时候，我们将感到“高处不胜寒”。很多银行，包括中国的国储局可能会爆出更大的丑闻来，由于上市公司市场的转移，可能会继续被西方的商品基金架空，我不知道中国会怎么结束这个过程。包括铜、黄金、白银的价格到底到什么位置上才算结束，我们的生活，我们整个社会的通胀，包括石油会怎么样演变？

还有一个问题就是说，格林斯潘有一个谜，他加息加了很多次，美国的市场都没有认可，但是最近美国的城市基金已经开始上涨了，这是支撑社会资金成本最重要的汇率。各位老师都谈到过，在美国证券市场加息的情况下，把整个市场架空的成功率会有多少？我觉得这是我们需要考虑的问题。作为我们投资者来说，我们在十字路上，我们不知道明天该怎么做，但是我们永远在考虑未来的风险在哪里？

钟兆民：下面请我们很尊重的晓扬投资管理有限公司杨总也讲几句！

杨　骏：在座的好几位都是我原来的同事，他们现在都做得非常好，有很多特点值得我本人学习。我以前为机构理财，帮君安理财，就是帮他们管钱，现在自己出来单独做。结合这么多年的投资经验和对中国的看法，包括我对实践的看法和对巴菲特的一些看法，我讲这样几点。

第一，在座的能够坐到这儿来，是因为巴菲特让我们生存下来了，是因为巴菲特坚持的价值理念，无论在投资A股、H股还是其他市场，你都是以价值理念看待市场，所以即使A股大跌，很多人也能够在大跌中盈利。这是因为价值引导了你。不管是买茅台，还是类似的其他股票，虽然A股从2000点跌到1000点，但是很多人的资产也涨了很多倍，这就是巴菲特理论在中国成功的东西，因为巴菲特理论使很多投资者规避了中国股市的熊市。巴菲特的理论当初对我的影响也非常深，我基本上读过关于巴菲特的每一本书，也看过他每一个股票的走势。中国的很多投资者因为不相信巴菲特的理念，后来很多都破产了，因为他不懂得价值在哪里，所以市场抛弃了他，如果你早早研究巴菲特理论，早早看到巴菲特的价值理念，即使在熊市的情况下，你也能够赢得很多钱。

我谈谈自己对巴菲特的看法和对中国现实情况的认识。当初我也是巴菲特的崇拜者，一开始的时候都是围绕巴菲特的价值理念进行买卖，也取得了成功。但是做过一段时间之后，我发现并不是所有人都能学得了的。另外巴菲特对投资的公司极其苛刻，而在中国你很难挑到有投资价值和可以长期持有的公司。因为文化观点和价值观念的不同使得投资者无所适从，怎么样能发现巴菲特持有的股票呢？实际上在中国很少有这样的公司，因为巴菲特喜欢的公司基本不受经济周期影响，而且管理层要特别优秀，很多因素限制了内地公司不可能这样。而且中国的文化传统不允许这样，外国人的企业第一代创业，第二代可能就退出了管理层，因为他们有很多的遗产税。比如波音公司，创始家族持股可能不到1%，其他都已经被几代人用掉、卖掉。所以掌握波音公司股票的是一代又一代董事会的成员，每一次新来的人，没有股份，是靠期权产生价值，靠公司不断的增值。这是令我困惑的。

最后自己摸索出来的投资原则：

中国的企业分两种：一个是国企，一个是民企。大部分国企是持久经营的垄断性行业，在周期非常好的情况下，谁都能够赚钱，所以国企要么是非常稳定的公司，要么是周期非常强的公司；第二个概念是亚洲人的公司，也就是所谓的民企。亚洲人的文化有些劣根性的，最终的结果是价值毁灭。亚洲人的民营企业一般是老子传给儿子，儿子再传给孙子，传给孙子之后，所有的价值基本上都光了。这里我发现一种特殊情况：当你长期持有它以后，这时候你就会发现你的价值就是你自己。从香港的公司就可以看到，原来价值上百亿的公司，现在基本上都是几千万、上亿的壳，他们当初可能比李嘉诚还有钱。在这种情况下，对投资来说难度极其大，既要了解家族的想法，又要了解家族内部存在的东西。

还有国企的人员任免并不是经过董事会任免的，而是由上级机关任免的。在这种情况下，中国投资者的环境实际上比巴菲特、比外国人恶劣。你买一支中国股票的时候，如果是民营企业，就会担心不知道哪一天被抓了，比如说现在的创维公司就是这样，谁知道他五年前犯过什么事。在这样情况下，很难在中国做长期投资，这是我的体会。它只合适短期持有，不适合长期持有，我自己感受很深。你想完全模仿巴菲特，但中国的环境不允许你这样，比如你觉得索尼好，但是他的老板不知道哪一天就被抓去坐牢了。外国人有强烈的法律意识和自我保护意识，但是中国有很多交易实际上都是内幕交易，这种事情并不能构成竞争力。这是我学习巴菲特的一些体会。

第二个要讲的是在这种情况下，这种条件下在中国怎么投资？我作为一个投资者，也有自己的一些体会。不要想着它10年后怎么样，只要想3年就行，只要这3年有增长就行；第二点就是坚持巴菲特的理论，包括那天在报纸上看到一个小伙子，在这种情况下拿着7000万赚了将近4个亿。我觉得很惊讶，他说是巴菲特让他避过了整个熊市。如果在熊市的情况下都能够赚钱，更何况牛市呢？老百姓都可能赚钱，何况我们在座的都是投资专家，在座的各位肯定都能够赚钱，我个人是这么认为的；第三我认为不要预测中国会怎么样，只要预测中国会不会不行。熊市都有人会赚4倍，更何况牛市呢？

钟兆民：这些是杨总的亲身体会，感谢杨总的金玉良言，我建议大家再次以热烈的掌声感谢杨总！下一位有请深圳长润投资管理有限公司董事长王巍先生！

王　巍：我感到很高兴能够跟这么多人一起交流，有的是君安的老同事，有的是老朋友，也有很多新朋友。兆民搞这个活动就是为了让大家在一起交流，包括郑伟鹤（景林资产管理董事兼南海成长执行合伙人）说的价值俱乐部我也觉得非常好。因为时间比较短，刚才杨总讲得很精彩，我就谈一下对巴菲特的看法。

刚才大家都讲了巴菲特，我觉得巴菲特这几年对中国做投资的人影响非常大，可以说中国曾经有很多各式各样的波浪理论、技术分析影响了一代又一代，但是影响如此巨大的可能就是巴菲特。

我想顺着杨总的思路往下说，我自己感觉巴菲特的东西有一点误区（我唱一点点反调），实际上巴菲特的东西从哲学上讲应该叫“知易行难”。也就是说知识非常容易，只要了解他的东西，把道理讲出来，往那里一放，谁都会明白。但是从哲学上讲，越是容易懂的东西就越难执行，非常非常难执行，如果严格去执行，那么里面就会充满误区。现在仔细来讲，我们都知道实际上长期投资就是拿时间来换钱，拿生命力换钱，我们现在在座的差不多都已经是三四十岁，如果要像巴菲特那样富有的话，恐怕要等到七八十岁了，因为最起码要40年的时间，因为没有40年的时间你根本做不到，而且我们现在如果用美金来计算，我们比他起步的时候要晚。你拿自己的生命去努力，也不一定能达到他的高度。所以我觉得我们不要太在乎财富的多少，只要觉得自己学他的东西可以得到很多乐趣，得到很多其他的东西，它能够让你感觉到在变幻莫测的市场当中，实现了你的目标，验证了你的观念，我觉得这可能就是最大的乐趣。

我自己讲难，到底难在哪里呢？我觉得主要有两个“难”：一个“难”，几乎所有的人都经不住短线的诱惑。就像康总说的，那个人一杆子打出去那么远，你就受诱惑了。我们以前都是做A股，一看H股涨了，一下就都过来了，这就是诱惑。本来大家已经很认同H股了，现在又回来做A股，这本身就是诱惑，其实任何人都经不住诱惑的。大家听到王强（保银资产管理有限公司董事长）做了一个这么成功的投资，我们是不是也可以这样做，这就是无比大的诱惑，但是这个诱惑是短线的诱惑，大家被诱惑住了。我们经常买股票，买一支很好的股票，但是因为它比别的股票跑得慢，后来就把它卖掉了，其实你错了，它现在跑得慢，但以后会跑得很快，你本应看到长线的收益。所有的失败都在这个地方。

第二件事情，客观上有很多事情你做不到长期投资，这是很现实的。刚才但斌拿美国跟中国比，我的观点正好跟但斌相反，我觉得中国难，客观上是不能做到的，咱们看地球上这块土地，这么大的地球上能够50年很繁荣，很太平的地方太少了。很难保证。所以必须要打乱你的长期投资，从投资上讲，在50年内，如果把巴菲特的钱全部买成上海的土地；全部买成香港的土地；全部买成曼哈顿的土地肯定都会收益，我没有算过。也就是说只要能够长期坚持下来，肯定都是大赢家。但是问题是两个难，一个就是主观的“难”，主观的就是要进行长期投资；一个是客观的“难”，客观的就是别人不让你长期投资。如果有人把你的钱都分掉了，那么你就没有长期投资可做了，还做什么长期投资呢？我觉得我们应该从另一个角度去考虑，我觉得应该学习他的精神，而不必太拘泥于具体怎么做。

这是我的体会，谢谢！

钟兆民：下面请同威资产管理公司韩涛董事长跟大家分享一下心得！

韩　涛：很高兴有机会跟大家交流！说实话，人太多有点紧张，因为我从来没有在这么多人面前说过话。我进来的时候，给大家的感觉是这个老头怎么来了？我在电梯里小朋友看到我，都叫我“爷爷”。当时我的感受就是，做投资是不是太累了，把头发弄白了，是不是值得？我现在经常想，我们做投资最终目的是赚钱，赚钱是使自己更快乐，我自己认为这是一种生活态度。我跟很多证券公司的朋友聊天，都觉得所有的时间和经历都跟股市联系得太紧密，反而有时候感觉投资是一种负担。

当然这些年起起伏伏做了很多年，香港做了十年，国内我是1990年开始的，应该说一有股市的时候就开始了，1992年的时候还认识了刘迅、但斌。那个时候上千万的是蛮有钱的人，现在也有做打工的，我反思，那时候的人如果理性的话，走到今天也会非常好。为什么会这样？另外我自己的反思，我们虽然说现在有了一点点积累，但这种生活方式是不是我们所追求的？我自己觉得未必是。站在我目前的角度，我不太欣赏为了赚钱而消耗掉了自己的一切的行为。既能够挣钱又能够快乐，才应该是我追求的一种目标或者态度，我觉得大家应该以这种态度去面对市场，反正我觉得这是我自己的感受，希望大家都能挣钱，也能够快乐，这是我的愿望。

至于其他的也没有特别值得说的，条条大路通罗马，我想每个人都有自己成功的经验。

钟兆民：你介意不介意把你投资丰田汽车的案例拿出来讲讲？我觉得很经典。

韩　涛：我自己还是比较喜欢宏观上的研究，不光中国，还包括日本、美国、欧洲，看看外汇怎么走，铜和铝怎么走。因为以前我投资过一个汽车实业公司，对汽车有点体会，当时觉得借鉴外面的很多东西对我们现在的投资有很多启发。像日本战后（20世纪60年代初）来说，他们的产值跟中国差不多，在1960年左右，日本的经济高速增长的时候，为什么那么快就起来了？拿一个具体的案例来说，20世纪50~70年代，美国汽车市场上都是通用、福特等等，日本车差不多从20世纪70年代进入美国之后为什么一下子在美国就增长这么快？我想当时一个很大因素就是70年代的石油危机，石油危机的时候日本车最大优势就是省油了。

现在我们面对一个问题，从2003年开始到现在，油价整体趋势一直在往上走。我们就想，既然历史上出现过高油价导致全球的经济衰退，那么这次经济衰退应该是不可避免的，如何在高油价的时代有可能回避风险，同时又找到一个投资的机会？我们从宏观上研究，高油价一定对有些行业有利，对有些行业无利。当时形成了一个基本判断，整体来说高油价一定会对本田、丰田这类汽车有利，对美国高油耗的汽车来说是相对负面的（像通用、福特）。基于对未来1~2年的判断，油价会维持在一个高位的前提下，如何回避风险？所以我在美国市场上买的丰田汽车，沽出的是通用汽车，客观上说运气真好，2005年日本的汽车市场大概涨价了40%多，而丰田一路涨，通用的财务状况却非常差，股价也一路下跌。我们本来并没有拿这些投资赚钱，只想回避全球经济衰退，是一个风险的投资，结果运气非常好，两头都赚钱了，而且赚得比自己想象的多。像这么一个很简单的案例，也没有什么特别的地方，就把这个体会跟大家分享一下。

钟兆民：下面有请深圳市安际投资公司的蔡木雄董事长。

但　斌：蔡总讲之前我先说两句。我跟蔡总是在中石油的股东大会上碰到的，当时内地去的只有两家，一家是蔡总，一家就是我们，而且他们每年都去，我不知道他们投资中石油的时间是不是比巴菲特早，我去平安保险参加股东会又遇到他，但他又不是我们这个圈子里的。我们是冰山上的，他们是冰山下的，而他们是真正优秀的大多数，蔡总自己也做一些企业……

蔡木雄：我觉得作为一个投资公司，应该没有一个固定的操作模式，应该是条条道路通罗马，要掌握一种最适合自己的方式，这可能是我觉得最深的体会。我自认为不很聪明，而且我又是一直做实业出身，所以我觉得应该找一条自己比较容易走的道路做下去。可能最后在投资上我跟但总有点异曲同工，就是投资应该是投资企业，就像自己亲自做实业一样，找一个企业自己能够看懂，同时又能够把握的。但是对我来说，我觉得每个人能够看懂，能够理解的企业并不是很多，所以我就是找少数几家自己确实能够理解的，同时也能看得懂的企业，我们作为集中投资的方式去投资他，就像但总说的学做乌龟，长时间持有他，就像我在做实业一样，时时刻刻关注它、了解它。我觉得投资本来也是一个需要付出的、需要很勤奋的，经常去了解这家企业的动向，掌握他各方面的变化。我觉得作为一个投资来说，掌握一家企业长期的经营趋势，是很难的，因为企业本身不断在变化，市场也在不断变化，所以我觉得还是要时时刻刻去了解你投资的企业，没有大的变化那是最好的，一直持有，不过一旦有风吹草动还是要及时采取一些措施，适当的进出。但是比较有幸我少数投资的企业一直持有很长时间，包括中石油我也投资了四五年时间，一直没有什么变化，没有什么进步，但是我想如果一家企业如果发生变化，我还是会卖出来的。所以我可能用的这种方法比较简单，但是我觉得是比较适合我的。就像我更适合搞实业一样，做企业一样做投资。这是我的一点体会。

钟兆民：会议快接近尾声了，发言是按顺序走的，我交给张志雄来主持，有请张志雄先生。

张志雄：我觉得杨总今天讲的非常有意思，但您刚才还是太谦虚，没有把自己的更多感受与大家分享，非常希望您能再谈一谈。

杨　骏：跟大家交流一下。我自己有很多成功和失败的案例，摸索到现在。现在的投资方法是比较适合我性格的，我也很赞同韩先生讲的，投资是一种乐趣，而不是哪个东西。

我的方法已经讲过，我本质上是价值投资者，不是我自己判断的，谁就是说明天涨10倍我也不会买，这是我总结的一条，我本质上还受了很多巴菲特对公司价值和对行业的分析的影响。

第二，我把自己的投资方向定义为可选择目标，不能太局限几个行业。比如在我的投资和对冲基金里面，一年交易大概四五百支股票，每年的回报都很高，最少40%~50%以上，好的年份收益更多。但是我发现一个结果就是，全世界的投资方法和估值方法是一致的，就是价值成长。有一段时间熊市到来的时候，大家不看成长而看价值，牛市来的时候大家不看价值而看成长。

第三，还有就是全世界的资金流大概有八千亿美金，甚至更多的钱。在资金流动的过程中有很多因素要考虑，比如一个国家宏观经济的变化、一个国家经济的复苏，还有行业的复苏，全球的钱随这些变化而流动，比如前年的钱流到东欧和一些石油国家，包括巴西，去年的钱流到日本，近来的一些钱急着流动到中国。每年都有几万亿急需找投资收益。所以我的投资是价值性买入，然后投机性卖出。所以我不认为任何公司都只有价值，价值是相对的。你说汇丰有价值吗？有价值，现在将近几千亿的市价，如果你在很久以前买入，持到现在那你是大赢家。现在有些人，特别是年纪比较大的人，买汇丰银行收息，希望有稳定的收入，不希望有波动，希望收息。

一般情况下我犯的一个错误就是喜欢看成长，但不看他现在赚没赚多少钱，我经常发现资本市场既看成长，也看即时盈利，如果是只看成长不看即时盈利，那就是做私人股权基金，如果做对冲基金，或即时盈利的钱，既需看成长也要看即时盈利，看盈利能不能跟上节奏。所以说投资方法有很多，我看他们编了很多书，几十种投资方法，每一种投资方法都有风格，比如O型血的人只持一两支股票。比如我认识一个朋友，就看好张裕葡萄酒，他就天天喝酒，我觉得也没问题。但问题是，有些人觉得还要买点别的，这跟个人性格不一样有关。我原来管理一家证券公司，因为证券公司到年底马上要结算利润，所以对我来说要看很多公司，看它们能不能帮公司赚钱，而把股票抛出来才叫钱，其他的都不叫钱，所以可能早期的投资经历养成了我的投资习惯，就是要看很多公司。我们买日本股票、也买美国股票，赚了很多钱。所以投资上的成功的一个很重要的原因，就是看你的投资风格，看你有没有信心，你喜欢不喜欢，如果你很喜欢，很喜欢看人家的研究报告，这个公司很有意思就去看一看，那个公司看一看。我一年至少买500只股票，所以我的投资风格是不太喜欢看很具体的公司。

国企和民企，有很多瑕疵，但是他一定有一个你看不到的能够吸引人的东西。我觉得一旦企业做到很大的时候，老板肯定比其他人优秀，例如中石油的老板一定十分优秀。不论国企还是民企，公司从小做到很大的时候一定很多东西打动你，一定有他的领袖特色。所以说在半个小时或一个小时的接触过程中，你一定会被他魅力所打动，一旦你被他的魅力所打动，你就爱上他了，就是说你很容易爱上他。比如，一个老板能够做到管几万人，几十万人，他有一定的魅力，基本上在一个小时内有90%的人被打动，你挑不出他的毛病出来，这就容易出现判断偏差。所以我尽量让下面的人看，我保持一种距离，一种客观的心态，因为我随时要卖掉这只股票，这是我的心态。所以说我形成了一种原则。

第二，我认为不仅仅是中国有好东西，其实外面有很多公司做得也很好，不仅仅是国企之类的。我觉得我的投资风格可能受早期管理公司的经验和即时盈利的影响，后来慢慢调整，期间也受到一些资料的影响，就慢慢形成这样一种风格。但是我自己感觉把投资当成一种乐趣。很多人讲有些人只愿意找一个老婆，找完之后一辈子就跟着她。我认为世界上美女很多，你选择了一个，其实其他人也许更好。

张志雄：前阵子您投资日本市场大有斩获，能不能介绍下这方面的经验。

杨　骏：首先讲在日本的投资现在只占5%，最高的时候达60%多，以前是占了很多，现在都卖掉了。实际上这是很简单的一件事，但不一定对其他投资者适合。比如在日本股市，我们进去的时候大概是12000点，那时候所有数据表明显示它的经济是好的，股市刚突破11000、12000点。我们进去的时候准备比较充分，因为信息比较充分。摩根、美林推荐的这些日本公司的股票是一篮子，我们把每家公司推荐的一篮子股票汇总，最后有一个交集，美林推荐Seiko，好几个公司推荐Seiko，摩根也推荐Seiko，那么这个就肯定是好的。投资的一个经验就是国家复苏，原来外向型变成内需型，内需型就是银行、地产、零售、消费电子起来了，等这个Seiko赚了40%，我们觉得股市再没有能力到16000、17000点的时候，就不挑这个股票了。我是UPDOWN的投资者，我首先看趋势，趋势不行的话很难，趋势对了就跟捡钱一样。到16000点的时候我们全部撤离登陆香港了，到香港的时候，中国的数据表明，目前亚太地区的国家只有中国的股票是被低估的。你买中国人寿、平安保险、中石油等等其他的，你只是买一批，我看那些公司特别细致的，我差不多可以买一篮子。有些人就是先买国际指数，再买它的蓝筹。比如说国际指数8000点我卖掉它，这是进入平推式的，就是从下往上挑，先挑小市值、中型公司，这些公司再下来就肯定是往上去的，那时候挑选地产、零售、金属之类的，地产无非中海、华润置地、万科、首创等，不一定非要买一个地产股，可以买好几个，最后这个钱比较容易赚的，这是我的想法。

张志雄：非常感谢杨先生把这些经验拿出来给大家分享。我还想问韩涛先生，您前面讲的快乐投资很好，能不能再具体些呢？

韩　涛：我这个人不太会讲话，接着杨骏的话继续谈一下。

客观说，我自己感觉杨骏对市场的感觉比较敏感，为什么在12000就进日本，如果早期有交流的投资者都知道，2003年我认为日本股票10000、11000之间是历史给的大机会，但是我瞬间把握的机会没有他那么强。我当时认为会起来，当时几个基本判断，日本股市1989~1991年到最高点的时候接近40000点，在38000、39000点的时候，当时由于日元升值太快，日本经济进入了衰退，当时最低点跌破了8000点。那时候有几个因素影响了经济，2003年的时候美国打伊拉克，石油往上冲了一下，当时SARS在香港特别明显。我认为股市有周期的，2003、2004年有一个相对的高点和低点，结合那时候经济衰退的特点，包括美国起来了，包括韩国都起来了，当时觉得从循环角度来讲是一个低点。而日本受一个很大的因素影响，泡沫太厉害，所以恢复也慢，不过也慢慢复苏。它的经济体特征是外向型的，它的银行存款一直是盈利的，但是随着经济慢慢复苏，利率一直是零利率。随着内需增长，我跟很多日本的朋友聊起来，日本的房子他们自己感觉会很便宜，甚至很多消费品都不是很贵，因为最高点的时候，当时日本的地价可以把整个美国买起来，这肯定是非常不合理的，但到03年，他们认为是很便宜的，认为比上海、香港还便宜，当然这跟他们的购买力有关。从这个角度来分析，接触一下普通日本人，我可能会比杨骏还要乐观，日本股市可能还会继续上涨。如果能够告别一个零利率时代，开始加息的时候，股市一定不是顶。为什么加息，是因为通胀，所以刚开始一定不是顶。从宏观讲是不是顶现在我还不敢说，可能短期是一个平衡势。我认为明年下半年日本可能会加息，股市可能是20000点。

另外一个是接着刚才杨骏的话讲，我觉得体会蛮多，反正有成功的，也有失败的，反反复复，总结到今天来说，我觉得自己做投资，不会太冒风险，内在的东西还是在投资风险低的情况下可以做一些选择，日经指数我有投资，我的投资比你还要低。像去年年初跟很多人说过，我认为看好中国经济的增长，像刚才杨骏说的，不需要选很多个股，因为H股指数里都是中国最好的公司，做一个组合，这个赚钱超过很多个股。比如去年年初4000多点，现在差不多涨到7000多点，要做一组合就要翻很多倍。2003年的时候我们做H股、恒生指数上做得比较多，当时循环也是周期的因素，另外他周边的好多市场当时汇丰也很便宜，当时中移动、和黄这些，像和黄当时李嘉诚回购的时候，也是循环周期的组合，他能回购，实际上你就根本不用请分析员，他也不是做秀给你看的。当时中国移动在

14块钱的时候，范约翰自己就说要回购，发的红利他自己都买成汇丰，这些大股票占了60%~70%，买蓝筹股，这个赢面非常大。2003年我们赚了5000个点的指数，我想你们可能也赚不到5000点的升幅。世界上有很多东西，你站得离市场远一点，反而会发现很多规律性的东西，离市场近，一天到晚就讲今天涨多少点，反而看不清楚。如果离远一点，就相当于买房子的心态，你要认为上海房子会涨，你去投资可能赚的比想象得多，当然不好的时候退回来，但是这个很难把握。我的体会是有把握的时候一定把握，到高位的时候反而变成满仓，到不好做、不好赚的时候，尽量轻一点，以现金为主，就是我自己的感受，机会到来的时候一定要重仓。时时刻刻的机会，关键的几步看准了，要敢于下赌注或者重仓，我就讲这么多。

张志雄：赵丹阳刚才问了很多问题，肯定也在思考这些问题。能不能你自己来回答这些问题呢？

赵丹阳：不好意思，我首先讲的这些问题，我们一直在想，真的不好回答。首先讲一些宏观的东西，我觉得如果我们想做好投资的话，而且想一辈子从事这个行业的话，必须尽早学习更多的东西，也许有用，也许没有用。像杨骏他们做日本股市都是非常科学的东西，必须把你的视野开阔，包括经济、宏观这些东西，我们自己也做过一些实验，但后来发现我们自己的一些看法都是错的，我觉得这些东西很难确定，包括宏观经济的东西什么时候是终点，什么时候结束，我觉得没法判断。我问的这些问题的根本原因是，你必须知道你的钱怎么赚的，到底什么原因赚钱的？因为我们知道有人过去在牛市所向披靡，赚的钱非常多，但是并不知道他的钱是因为什么原因赚的，现在很多煤炭老板莫名其妙赚钱了，你不知道什么原因坐在那条船里，但也许那条船让你很发达。而我们考虑的根本问题是你必须知道你的钱在哪里赚的，你的风险在哪里？过去熊市里面反复强调牛市，但是今天牛市可以确定的时候，反而要考虑未来几年什么时候、什么状态、或者在什么位置上有问题。我们现在没有答案，包括对房地产，我个人觉得对一个国民来说的话，如果本土的人们没法居住的话，那么在房子价格上就是政府的一个错位，至少政府应承担很多公屋的责任，否则房子涨到一定程度的时候，政府一定会出面干预，就像1989年日本经济泡沫的时候，是连续加息从零到六，日本整个产品形态全部出现泡沫，当时股票整个进入一个恶性循环，我说的意思就是，我们的投资者一定要对这些问题反复检讨，知道你的风险在哪里。

张志雄：有人提问对现在房地产的看法，杨总能不能总结一下？

杨　骏：资金过多，这就是促使股票和所有资产大涨价的原因。资金过多没有投资渠道，没有投资渠道就逼着资金更多流向赚钱越来越多的行业，比如说房地产。我先说自己对房地产的看法，因为我一直在房地产里，包括去年、今年都赚了不少钱。我认为中国13亿人，现在5亿人是在城市生活，8亿人在农村生活，而现在受教育的人，你自己看一下，原来一个小地方能考上一两个大学生不错了，现在就连最贫穷的地方有一半的小孩上大学，上完大学这些孩子一定会留在城市里，留在城市里他一定不会在小地方，一定会在中心城市里，这里面变成了一种观念，所以有购房的需求。再仔细看一下中国的历史，1949年中华人民共和国成立的时候，到邓小平的改革开放，大概是20世纪80年代末90年代初，中国实际上没盖房子，中国所有的东西在北京、南京、武汉、成都、都是破破烂烂的，房子都是破的，是筒子楼，真正盖房子是从90年代开始的，才盖了20年，才感觉有点样子。而在20年的过程中，我研究生毕业，毕业出来我的工资一百多块钱，到现在大学生、博士生，一般开价是几千到上万，他的工资水平涨了多少倍，你的房子水平涨了多少倍？

第二个讲中心城市越来越集中，包括广州、深圳。你到日本横滨去看，城市已经连在一起，东京和横滨连在一起，大阪和神户连在一起。到美国看，纽约和芝加哥之间没有农村，类似包括韩国，三分之一的人口集中在汉城，以前很少出现这种情况。所以我认为中心城市、中心地区土地是珍贵的，更多农民的孩子、更多其他地方的人到城市生活，他原来有房子，他希望现在的生活更舒服，有地铁什么的。所以我认为整个工资、生活水准大幅提高，而你的房子的比例，就看深圳，现在说涨1万、2万多，已经不得了，可深圳前几年没有涨多少。我自己有感受，一般的时候股市先涨30%，回落再涨的幅度比你想象的更多，赚钱的人不是最早抄底的人，而是中间加大仓的人，规律就是这样。我认为中国的利率没有大幅提高，在中国这种情况下，提高太多利率消费不起，消费不起这个国家就不行，这里面有一个宏观政策，这一定要看。只要中国的利率没有大幅度提高，上海的房子还会涨，仔细看一下前几年中东的钱，美国人把中东的钱赶到亚洲来了，把钱推跑了还有8千亿美金，中东人住在上海，整栋整栋买酒店，原来20亿的酒店现在全部加一倍，现在变40亿。原来我们中国人穷，希望资产一下子恨不得今年翻一倍，明年翻50倍，而外国人的资产希望有7%的回报就好。所以到中国一看这么便宜，这东西翻1倍都抢走了。我自己觉得无论从人民币升值的角度，还是从中国人口城市化的过程，很多东西促使人民币升值，地产肯定要调，把老百姓收入提高等等，所以我自己比较看好。很简单，香港的房地产到现在还在涨，你说价格没法想象，但是还能涨，具体涨到哪还不知道，但是一定给你时间卖，不要考虑熊市到了，因为你的钱是很少的，调整过程中你两天就卖完了，大公司要等一个月。我不能判断中国是不是牛市，如果你判断牛市来了，根本就不要在乎是不是熊市怎么逃命，这是我跟赵丹阳说的，熊市逃命官方有的是钱，你没有多少钱，最多十多个亿，而对他来说几千亿，所以说熊市到来你说跑就跑。比如说你在一段上升的中间卖掉股票，希望它跌一下再买，但这很困难，其实等股票到顶部后下降的时候再卖掉他，都比你中间涨的再卖掉它还赚得多。这是这么多年我积累的经验，我慢慢学会这种东西，第一，有些东西牛市来的时候你一定会看得出来；第二，看得出来你一定来得及反应。这是我的一点感觉。

张志雄：康总能不能为研讨会做个总结？

康晓阳：刚刚杨总讲了很多，我跟他谈了很多年了，他的话我最清楚。实际上我一直困惑的一个问题是什么呢？你到底是买自己喜欢的东西，还是买市场喜欢的东西？其实这是一个很难受的事情。自己喜欢的东西说白了是大喜大悲，有的做得特别好，有的我见过特别差；市场喜欢的东西，有可能也赚钱了，有可能赔回去了。我喜欢跟人交流，我认识的人当中，可能有59%的人喜欢市场喜欢的东西，可能有40%的人喜欢自己喜欢的东西。

但是你们讲巴菲特，因为我今天也没准备，不知道讲巴菲特，我比较喜欢推崇在美国基金里面做得好的，全球规模最大对冲基金之一的文艺复兴科技公司（Renaissance Technologies），该公司由全球最会赚钱基金经理人之一的James Simons管理。第一，保证你看到的机会。为什么他这么多年赚钱比别人多？因为他看到的机会比别人多，虽然也是自己喜欢。应该这么理解，自己要有判断力，但不能只相信自己的判断力，我喜欢一大堆东西但是市场不喜欢，干吗要持有它？投资市场很难，一般只有一维、二维空间，自己投资有五维空间，很多投资者讲股票可以不可以买，我说这是笑话，只要是股票就可以买，关键是你的预期，然后是股票上涨空间有多大，最后是以多长时间持有这个股票。同样上涨50%，持有5年或者1个月，很多人花了很多年持有只升20%，杨总说我几天就持有升30%，所以三维空间是时间，还有四维空间。第四维空间是什么？是你犯错误的概率有多大。第五维是刚刚韩总也讲的，你买多少。我相信微软这种公司很多人买了，但是你买多少？你的配置是多少，所以投资是很难的事情，这么多年我总结的也不一定对。其实最好的方法就是以开放的心态，系统的方法，把你喜欢股票的类型随时找出来，像杨总举的例子，每天有100个“美女”供你选择，犯错误的机会很少，保证你有很多选择的机会。

第二，股票为什么能够涨？关于地产的走向去争也没有意义，为什么有的人看好，有的人看坏？关键看好的人多，还是看坏的人多，看好的人多，钱就多，你没有办法，它就是涨。你的货没有他的钱多，所以最好办法是保持你眼睛当中有100个可以选择的对象；然后在市场喜欢的时候买入，市场不喜欢的时候卖出。现在中国人都学巴菲特，我不是说钟总不对，巴菲特最难的一点，其实在股票回报率上他不是最高的，最高的是通过保险公司，他投资保险公司的资金是1%，靠1%赚取20%的稳定回报，他是在融资，用别人的钱给自己赚钱。我给他跟索罗斯算过一笔帐，比如第一年巴菲特管10个亿，索罗斯管10个亿，巴菲特盈利10个亿，他盈利了2个亿，巴菲特扣除1%成本，剩下全部是他的。索罗斯赚30%，但是钱是别人的，他只能赚6000万。关键是巴菲特又是在和保险公司竞争，他的保险公司有一些比较稳定的收益，所以巴菲特的保费越来越多，杠杆不断放大，巴菲特自己的钱他算过，他说现在所有股票22%的回报率，按照当时100万他现在没有这么多财富，完全靠杠杆。索罗斯中间赚了30%，这30%的人说明年不干了，明年必须100%钱才会给我，所以利润就很低了，所以他必须不断冒险。

所以说我个人理解，其实讨论什么观点没有什么意义，真正的意义是你自己看好的东西是什么，市场的喜好是什么，选一个结合点。比如现在我们都很看好银行股，我们与市场抗衡，招商银行在香港发行H股，大家认为H股不可能翻50倍，为什么？因为建行要去香港上市，大家预期IPO不可能有很好的价格，担心IPO会拖累整个银行。但是一旦市场过了，建行的股票涨了，你就买入招商银行。你现在去买招商银行是可以涨，但是关键是跟什么比？你的投资因为多维，最后你的配置永远在100个“美女”当中选最好的30个，永远去比是最好的，银行是100个美女，但未必是你今天选的最好的30个，我说的就是这个意思。

在2007年“十佳私募（证券）基金管理机构”颁奖典礼上的感言

[引言]

2008年3月30日由深圳市金融顾问协会举办的“第二届中国私募基金高峰会”在深圳召开。其中，深圳市东方港湾投资管理公司被评为2007年度十佳私募基金管理机构。

很高兴荣获这样一个荣誉，我想，首先，这个荣誉仅仅是一个象征，为什么？因为还有更出色的人在默默从事投资事业。相对于资本市场来说，中国的资本市场还是非常年轻的，这个奖项只是一个象征意义。

第二，评价一个基金人的业绩需要5年时间，评价一个基金管理人的地位可能需要10年时间，因为10年时间基本包含一个市场一轮或几轮的牛熊，一般10年足以看出一个投资人的水平，但是一个大师级的人物可能需要20、30年的时间，这意味着一个人从进入这个行业到离开的过程，真正进入殿堂级的人物，比如巴菲特，可能需要30、50年的时间，只有这样的时间，才能让一个人真正赢得最辉煌的成就，所以我相信现在只是刚刚开始。

作为投资人，应该很谦虚。2007年5月份我在芒格的股东大会上听到他讲：巴菲特先生65岁的时候投资业绩突飞猛进。作为投资人，持续学习、永远的谦逊、努力进取，这是所有投资人应该遵守的规范。

最后，如果真的像靳总（深圳创新投资集团董事长靳海涛）说的，中国有那么好的未来，如果中国到21世纪中叶，能成为全球最大的经济体，我相信中国会出现一大批类似巴菲特、索罗斯、林奇、罗杰斯这样的投资家，这些投资人有可能在我们今天在场的投资人中出现，也可能出现在这一刻还在某个角落默默工作的人。不管怎么说，如果有这一天，这不仅仅是一群人的幸事，而是一个国家一个民族的幸事。

2007年度“十佳私募（证券）基金管理机构”
深圳市晓扬投资管理有限公司
深圳市东方港湾投资管理有限公司
深圳市同威资产管理有限公司
深圳市天马投资管理有限公司
深圳市民森投资管理有限公司
深圳市万利富达投资管理有限公司
深圳市明达投资管理有限公司
上海涌金投资管理有限公司
上海景林资产投资管理有限公司
上海证大投资管理有限公司

私募基金的未来

给私募基金更大空间

资本市场平静的表面下有一股激情暗流涌动，人们都在期待着私募基金坚冰破裂的一刻。

2004年6月1日实施的《中华人民共和国证券投资基金法》规定基金管理人由依法设立的基金管理公司担任，但在2001年《中华人民共和国投资基金法（草案)》（第四稿）中，基金管理人不仅可以由基金管理公司担任，符合一定条件的投资顾问机构也可以担任。“向特定对象募集资金”项下就有如下条款，如“投资人数应在2人以上50人以下”，“每个投资者的最低出资额由基金章程或者基金契约规定，但不得低于10万元”，“设定特定基金，应当向国务院投资基金监督管理机构备案”等等。如果上述条款能被最终采纳，坚冰也许能裂开一条缝隙。

不过，就自然人是否能充当基金的管理人这一点，争论较大，但从我的实践看，证券投资的决策过程更多是依赖于个人和某一个非常小团队的智慧，这一点中外没有差别。当今世界最伟大的投资家巴菲特与索罗斯，均出自民间。我们更应该相信人，相信自然人的力量，相信中国人学习控制和承担风险与创造利润的能力，并据此制定一些“宽松”的政策，否则，我们会失去产生伟大投资家的机会。理论上基于一个民族和伟大国家的崛起与复兴，中国完全有条件出巴菲特与林奇这样的人，而且不应该是论个的，而是一批人。

在传统的社会里面，政府往往倾向于充当上帝的角色，替人思考替人决策。以管制和审批为特征的政府管理经济的模式，能否对私募基金的发展起到鼓励而不是遏制作用？这点业内仍有所担心。中国正在进入现代国家的行列中，而我们也正在学习如何处理政府与个人、个人与社会、个人与个人的关系。私募基金如何借助政府的制度构架和运行理念，协调发展可能是一个重要的课题。我们希望政策的制定者不仅要意识到这一点，而且要视野开阔些，更有智慧更有超越性。

深圳证券交易所有一篇报告，对海外私募基金的特点和监管作了系统研究。报告总结了私募基金的几个特点：私募基金是一类在经营管理上有着更大自由度和多样性的投资方式；私募基金的委托代理关系比较简单，投资人与基金经理之间有着密切的联系和紧密的利益关系，整个基金是建立在相互信任和共同的投资理念基础上的契约关系，而共同基金委托代理关系相对更加复杂，由投资人委托基金管理公司，公司再委托基金经理运作，投资人与基金实际运作者之间缺乏联系与沟通，利益关系不密切；私募基金是一类适合于高收入富有阶层的投资方式。

私募基金的高自由度和委托代理链短的特征决定了其参与者少，人均投资数量大的特点，所以私募基金的投资者应该是那些有一定投资理念和分析能力，同时来自资金相对宽裕的社会阶层，而不适合向普通投资者开放。私募基金这些特点，正是它在众多投资方式中得以存在和发展的重要理由。政府在监管私募基金时，应该使这些特征得以保持。

海外对私募基金的监管是在认同其基本特征合理性的基础上加以规范和监管的。首先，认同私募基金在经营管理模式上的多样性，所以监管的重点不在于私募基金的投资风险和信息披露，而通常将监管重点放在制定相关豁免条件，以及审查相关私募基金是否符合豁免条件上；其次，从私募基金委托代理关系相对简单出发，对投资者人数有明确的要求；第三，认同私募基金作为富人投资工具的特征，对投资者的资产和收入水平和投资额度等都有各种明确的规定。

这些监管措施，进一步凸现了私募基金的特点与优势，有力地推进了私募基金的发展。事实证明，合理的监管对近年全球私募基金的迅速发展与风险控制起到了非常重要的作用。

相对于公募基金，中国私募基金近年来展现了更蓬勃的发展势头和旺盛的生命力，这意味着中国民间孕育的大量财富需要与之相应的投资渠道和方式。不论是回顾历史还是面对现实，我们应深知这一问题的严肃性和重要性。我们的民族已挣脱了身上的枷锁，但为了跳得更高走得更远，还需要解除更多束缚，对私募基金的发展同样如此。

比赛需要客观的标准

——公募与私募基金业绩比较

在我理解，投资某种意义上是与永恒时间相抗衡的游戏。如果用体育运动类比，投资应该是马拉松运动而不是百米竞赛。百米竞赛，马拉松选手一定是输。为什么？短跑选手体内更多的存在ACTN3相关的R等位基因，而长跑选手体内更多的存在ACTN3相关的X等位基因。投资事业是马拉松比赛，巴菲特五十多年的投资生涯中，每年比巴菲特投资业绩做得出色的很多，但是几十年下来就非常不一样了。巴菲特每年都跑第一是不可能的，每年都有投资短跑选手的业绩远远超越他。这类似于一个人跑马拉松，每100米如果都有人与他比赛，每个100米他都跑不过别人，但是投资首先是要跑完全程。但即便是百米竞技，也需要有一个公平的起点，有一个好的裁判，发令枪响的那一刻，要防止人偷跑，如此才能保证公正的结果。

这些天，与朋友谈投资，谈到公募基金与信托业绩的时候，不少人引用下面的数据——“2007年3月1日到7月31日，公募基金排名第一、第五和第十五的华夏大盘、华安宏利与建信优选，涨幅分别为80.9%、71.17%和65.63%，而同期那些最好的私募信托，除了上海证大（81.37%）和晓扬一期（85.21%）之外，其他都没跑过名列公募基金十五名的建信优选，如万利富达（58.14%）、上海睿信（55.84%）、景林（60.32%）和晓扬二期（54%），当然也包括东方港湾的（56.55%）。”其潜台词的意思是：“既然你们私募信托比公募基金收费高昂，却跑输公募基金，情何以堪？”（张志雄先生语）

本不太想写争论的文章，但凡遇到对此感兴趣的朋友，不管是专业还是非专业，倾向性非常明显，都认为这个数据反映了一个客观事实。由此，我想还是有必要提出些意见来讨论。其实，这样的比较结果，在我理解，有一个原则性错误。如果这是一个五年的比赛，这个结果没问题。但如果只是指2007年3月1日到2007年7月31日这个期间，这个结论就有需要严肃探讨之处了。

国外，计算基金净值，常采用（equalization）等值法，这个办法也是国内基金与信托采用的办法，但国外也有采用（Series）系列法计算基金净值的，即按照每次资金到账的时间计算业绩。比如1月1日与3月1日到账的钱，分开按时间计算业绩，这个办法因为以时间为基数，所以与等值法计算的单一一个净值的比较非常不同。

而2007年3月1日到2007年7月31日这段时间，以公募基金为例，募集发行100亿的基金完全是超额认购，然后很快可以开始运做；但对像东方港湾这样的信托基金，钱是呈“倒金字塔型”来的。2007年2月28日平安·东方港湾马拉松信托成立时，我们只有很少的钱，之后的每个月，才有客户的资金不断加进来。截止2007年8月24日平安·东方港湾马拉松信托项目，信托单位净值186.70，这个净值是不同时间到的资金的一个均衡值。而且还是扣掉了手续费与20%的业绩提成，如果不算手续费仅加回这20%，实际的业绩应该是86.70×1.2=104.04。

所以，一种是开始就募集满的基金，一种是不间断募集资金的信托。来钱方式的差异，是导致2007年3月1日到2007年7月31日牛市中，公募基金与信托业绩有所不同的根本原因。如果按照（Series）系列法计算基金净值，我想比较的结果会有极大的不同。

当然，你可以选一个开始就募集满的信托基金与超额认购的公募基金比较，这还是有一比的。否则的话，这样的业绩比较，就像开跑车与开普通车的在一个赛道比赛，结果可想而知。

大起大落是投机，每年稳稳地赚这是商业。基金与基金、信托与信托除了业绩，理念也有很大的不同。我们想一直稳健、长久地跑下去，这也是我们起名“马拉松”的原因。

2007年8月31日

私募基金经理还可以做些什么

2007年6月24日是我女儿11岁生日，想写点什么，等她长大了，也许会对她有意义。

这让我想起，在20多年间年均回报率达到了40%的Gotham资本公司的创始人和合伙经理人投资家乔尔·格林布拉特写给他11岁孩了的书。在这本薄薄的小书里，这位投资家深入浅出地告诉他的孩子，他的父亲从事着什么职业，他是如何在这个充满竞争的世界里管理财富并取得长期绩效的原理。

原想东方港湾委托专人翻译这本据说在美国也很受欢迎的小书，但就在我们这样想的时候，这本书已被译成了中文，只是书名《股市稳赚》让人感觉有点夸张，也许起一个沉静的名字，倒可以让眼下喧嚣的中国股市有些思考。

作为专业投资者，学着给孩子从小进行财富教育，也许是件有意义的事。不过，想想她们这一代人成长之后的世界，还有什么样的事情，能让他们以自己的方式表现他们的热情与创造力?

我也像世界上大多数父母一样，希望教给孩子如何去做。但我知道那些让我们感受痛苦的思想并不会远离她们，她们还会在成长的道路上思考，应该去懂得什么，而不去做什么。我们过去的思想和信念造就了我们现在的时刻，我们现在所选择的思想和行动也将会影响我们下一代人的观念。

我想告诉我的女儿，你父亲身处的年代，几乎每个人都渴望着对财富与富裕生活的追求，当然，这并没有什么错误，只是他们很少去思考财富的本质，他们常用灰暗的心情迎接赐予他们生命的雨露。当然，这样想，也有些沮丧，因为你父亲从事的就是在这样一个时代里，与创造财富有关的事业，而关于财富，特别是巨大的财富，有些人实际上是一想到它，就摆脱不了嫉妒与愤怒。但这些并不可怕，可怕的是我们只是用它来享受生活，而忽视了财富本身更广阔的意义。

在我生活的璀璨年代里，有些出类拔萃的投资家，他们不仅具有创造自我的力量，而且能让这种力量变成一种积极的力量，他们努力在现实生活中创造和谐与平衡，像晓扬投资的杨骏伯伯，他将公司每年盈利的25%，都拿来用于帮助农村不能上学的像你一样大的女孩子;还有上海睿信投资的王丹枫阿姨，她走遍贵州的贫穷山区，靠当地人的积极参与，力所能及地建起了一些乡村诊所……他们虽然是常人理解的赚钱机器，但他们还有朴素的思想，他们知道他们的所思所想，所说所做，都在创造着我们与你们的未来。

生活的每一刻都可以是一个新的开始，如果我们相信我们的生活会变成我们心中所相信的那样，努力下去，也许信念总能变成现实。让我们继续努力学习和工作吧！

2007年6月24日

第五篇

找寻巴菲特的足迹
——带一双眼睛去美国

4 月 28 日至 5 月 13 日，前往美国参加 2007 年伯克希尔和 Wesco 股东大会。我希望自己能带上一双眼睛，不仅能见到当代最伟大的投资家，探寻他的投资精髓，更能感受一个真实的伟大国度，一片能够激励我们满怀信念追逐梦想的土地。

[引言]

4月28号将前往美国参加奥玛哈一年一度的盛会。对做投资的人来说，能见一见当代最伟大的投资家也是件幸运的事。

读书的时候，就对这个世界上迄今最强大的国家充满了好奇。《联邦党人文集》、《美国历届总统演说辞》、《光荣与梦想》等书籍和80年代中后期各种文化思潮以及文艺复兴时期最伟大的作品一起深深影响着我。

当年，和美国最近距离的接触，就是我们同寝室的一位高大漂亮的小伙子，因找了一个来自美国的非常美丽的女留学生做朋友，由此，也能和美国人民的“代表”有一点接触。前天晚上见到了当年我们系的主任，他还在说这事：“他拿着吉他，带着个美国妞……”

想想一晃20年过去了，我的这位同学也经受了他人生最苦难的岁月……听说之后他整个人萎缩了——当年漂亮的小伙被折磨成了驼背的“小老头”。人需要多么坚强的意志，才能经得起最残酷的打击?!

我曾失去了很多，但拥有了更多……我的阅历让我宽容、珍惜并热爱所见的一切美好事物，我用心在聆听……在感受……

今天，我希望不仅感受自己的国家，还希望带着一颗心去感受世界，感受那个产生过托马斯·杰斐逊、乔治·华盛顿、富兰克林·罗斯福、马丁·路德·金、沃尔特·惠特曼、罗伯特·弗洛斯特、小约翰·洛克菲勒、安德鲁·卡内基、沃仑·巴菲特等等伟大人物的国家，想起他们，和那片广袤的北美大陆，我的好奇心不是满足，更多的是感动……

巧合的是，在我即将赴美之际，早晨接到一位住在加州老朋友的电话，她告诉我她刚刚听到当地最大的华语电台1300，介绍我们公司的情况，其中提到我们选择王冠上明珠一样的企业的投资理念，我的办公桌上没有股票显示器以及我有一个很奇怪的名字——“但斌”的事。

在遥远的国度，把东方港湾和我当新闻，这有赖于国内证券市场的蓬勃发展，此次伯克希尔股东大会与我同行及约在美国见面一起前往的朋友，已有相当的阵容，确实中国人在走向世界，在投资这个领域也是如此。

当然，我的目的不仅仅是朝圣，人类对精神世界与知识的追求可以让我们的生命蔓延并谦卑……

28日在中国

2007年4月28日下午四点半接到同事张弘的电话：已快到楼下。赶到大门口，车刚好到。为什么不是出租车？刚上车张弘就解释，出租车在这个时间都不愿跑广州，因为他们怕误了7点钟交接班的时间；有的出租车一开口就要极高的价格，根本就是不想去。没办法，只能叫了这辆车（深圳俗称黑的）送我们去白云机场。

司机话不多，广东人，我们问一句他答一句，不像北方来的司机，常常问一句，说一串。车行东莞新塘，一直听说但从没经历的事发生了，他将车停在路旁，拿出一副公安的O牌贴在了他原来的车牌上。一路高速行来，不用交费（大概来回能节省150元），直到白云机场。我想如果他被抓住了会怎样？就问：你这副车牌是真的？他说是真的，不过是套牌，很少人查，就算抓住也能搞定。

中国的事，就是这样，想想近期中国股市发生的诸如广发证券高管炒股、杭萧钢构事件以及基金经理开老鼠仓的事情，你说像美国安然公司、环球公司造假事件，如果我们也能动真格地认真调查，就真的查不出事情的原委吗？当然，查清是一回事，处罚的力度又是另一回事，美国安然公司前总裁杰弗里·斯奇林，被判入狱24年零

4个月；曾把一家微不足道的电讯公司建设成了WorldCom这样一个产业巨头的WorldCom总裁伯纳德·艾伯尔斯因110亿美元的财务欺诈获刑25年；丹尼斯·科日罗夫斯基，Tyco国际有限公司的总裁，也因为欺诈案获刑8年零4个月。相比之下，中国上市公司以及证券市场的违法者付出的代价就太小了。

今天中国的证券市场风起云涌，我认识的各路神仙包括那些在熊市中消失以及曾受过处罚被市场禁入的一些人，又重回市场，作为朋友，我为他们重新抖擞精神感到庆幸，但同时也希望这些朋友汲取教训，不要重回老路，虽然历史有时候惊人的相似。希望我们共同靠智慧、勤劳与努力工作赢得尊严与财富。

28日在美国

飞行约12个小时，终于在美国西部时间28日晚6点半到达洛杉矶，洛杉矶国际机场感觉非常大，我们飞机降落的同时有另外的飞机在相邻的跑道起飞，而且随着穿梭巴士将我们送往关口，感觉整个机场至少有四条跑道，而且机场的地勤人员很少，几乎见不到工作人员，如果机械化程度不高，保持这么大机场的运转简直不敢想象。

入关时因一位同行人填错了入境表的一项内容，Yes选了No，引起海关人员的注意耽误了一些时间，处理完拿了行李箱向到纽约的候机楼走，一直到走出大厅也没有一个工作人员跟我们核对行李票，难道这样就可以将行李拿走吗？中国式的思维习惯让我有些疑惑。到了大厅外，张弘兴奋地要照相，我则观察着四周，说实话如果将各处标示的英文换成中文，这和国内的大机场没有任何分别，中国机场候机楼的硬件已经达到世界一流了。

到达转往纽约的候机楼处，经过相当严格的安检进入了候机楼，在一处卖比萨饼的地方正好有NBA火箭对爵士的直播比赛，有了最热爱的运动做伴，旅途不再寂寞，中国的机场候机楼卖吃喝的地方也应该实时转播体育比赛。原来以为紧张的旅途很难看到今年姚明与NBA的比赛，这下就不用担心了，在NBA的故乡，人们在候机的时候一样有机会欣赏精彩扣人心弦的体育比赛。站着看这场比赛一直到最后登机的时刻。

飞行6个小时，美国东部时间2007年4月29日早上5点多钟到达纽约肯尼迪机场，拿了行李还是无人核对就出了大厅，这下我可以肯定了，在美国的机场拿行李是靠自觉的，这在人流如织的地方，做到这点，要靠多么巨大的信任！但对任何一个国家和民族来说，做到这点难道不应该是最起码的底线吗?!

肯尼迪机场旧旧的，没有一点想象中恢弘大机场的感觉。找了辆的士向纽约时代广场我们入住的酒店MARRIORT进发。路旁高大的乔木、湖泊、草地与绿树让人感觉城市很大气很开阔。从纬度上纽约和北京的气候有点相似，努力从思绪中得到的一丝中国感触就是如此。

机场到纽约市中心有27公里的路程，快走到进入纽约主城区的时候，路两旁大片大片的墓地吸引了我的目光，在纽约这样土地资源极其珍贵的地方，占地面积如此之大的墓园在中国人看来简直不可思议。中国人讲究死人不与活人争地，我去浙江东阳老家祭拜父亲、爷爷奶奶和太奶奶，都要到好高好高的大山上去，去一趟可真不容易，但这些埋葬在城市最珍贵土地上的人们，可以让他们的后人很方便地祭奠，这也许是在精神上不畏惧死亡民族处理死亡的方式。每个人都会死去的，但让那些死去的人占据什么样的位置，确实体现了巨大的社会与文化差异。

车行曼哈顿市中心，在一处红绿灯处停下，街边几只肥肥的麻雀旁若无人地在旧的街道、破损的路面叨取食物，路中央的树木开着硕大的白色花朵非常漂亮。到了时代广场，中国人从电视上经常见到，它没有我想象中的奢华、惊艳、震撼，但它真实地告诉我，这将是我们展开真正美国之旅，感受美国这个伟大国家开始的地方。

纽约上空自由飞翔的鸽子

因为下午三点才能入住MARRIOT酒店，将行李放到酒店后，到时代广场旁的麦当劳边吃边等在摩根士丹利资产管理部门工作的朋友来带我们游览纽约。

窗外，是1935年就已矗立在Two Times Square大厦上的可口可乐广告牌。当知道这个广告牌已有72年历史时，真是让人惊讶和震撼，要知道1935年的中国，日本人刚刚占领中国的东三省两年，而中国共产党及红军正经历遵义会议、四渡赤水、翻跃雪山。1935年8月1日，中国共产党发表《为抗日救国告全体同胞书》，稍后的岁月，中美两国将携手并肩迎击共同的敌人——日本。当然，在美国经历战争的同时，并没有忘记建立商业文明，耸立在One Times Square Plaza和Two Times Square Plaza大厦上的广告就是时代变迁的证明。

上午10点，摩根的朋友到，他提议带我们坐观光车游览曼哈顿。

游览曼哈顿

车行曼哈顿，导游带着浓厚的口音介绍每一处有故事的建筑物，美国短短两百多年的历史与中华文明几千年的历史无法相比，但现存城市中央的大部分建筑物却显得比中国的普通建筑有更多的故事。我们在众多美国电影中看到的纽约景象都能在这里找到，比如《色欲都市》拍摄的场景就是我们经过的一处街景，导游还特意介绍。

有故事的城市才有历史。现代文明和艺术，再加上众多的博物馆已让纽约这样的城市有了更多韵味与记忆。而纽约中央公园也让人印象深刻，在城市的中心有这样一个让大众休憩并远离城市喧嚣的地方，让人敬佩城市规划者的远见。听说深圳五洲宾馆后的深圳高尔夫球场到期将被收回改造成城市中央公园，如果真是如此，也算深圳市民的福气。

曼哈顿街头重要的建筑物风格迥异，前面大部分地方绿树如荫、树种搭配仿佛精心设计非常有层次感，随着建筑风格、季节变幻和角度而不同，是个需要用心和时间慢慢体会才能感受的内涵丰富的城市。来不及细细品位，车行到了纽约大都会人寿大厦的楼前，听同行的摩根朋友介绍，原来这栋楼准备建的高度是现在的一倍，但因为1929到1933年的大危机，没办法只建了一半。原来听过一个摩天大楼和经济危机关系的一个论点——世界上最著名的高楼建成之日往往是市场衰退之时。纽约大都会人寿、帝国大厦和吉隆坡双塔等每一幢世界最高大楼与商业周期的剧烈波动高度吻合。如果德意志银行的安德鲁·劳伦斯先生的研究结论成立，那么中国上海何时能建造出新的全球最高大楼？这是否又会让我们提前对可能到来的危机有足够的警醒呢?!

9·11纪念地，这是无论如何都要前往的地方，我们下车步行前往。在摩天大楼中穿行，抬头仰望世贸大楼的方向，尝试着想象当年纽约人看到飞机撞击大厦、冒着浓烟与倒塌时的情景。当年的那一刻正好在看凤凰卫视，恰好看到电视镜头中第二架飞机撞向大楼，相当震撼且难以置信……今天的世贸中心遗址游人如织，工地前的铁栅栏上有死去三千多人的名单和一些记录历史时刻的照片，摩根的朋友指着上面一个个汉语拼音的字母说，他（她）们肯定是中国人……

参观完世贸中心遗址，我们转向它正面的一处教堂，教堂前是一片墓园，大部分雕刻墓志铭的石碑已风化，在一处保存较好的碑文旁看了一下介绍，下面埋葬的是一位在美国独立战争时战死的法国将军。这片全球金融中心教堂前的墓园，在9·11时成了救护伤员和纪念死去者的中心，今天还可以看到纪念离去者的黄丝带。进去教堂看介绍才知道这里也是纪念美国第一届总统华盛顿的地方。1781 年 3 月1 日，也就是美国独立战争即将胜利的前夕，十三个殖民地的议会批准了《邦联条款》，并据此组成了邦联政府（1781 年至 1787 年)。这个政府具有各州联盟的性质，只设一个邦联国会来掌管国家，因而实质上没有形成一个统一的中央政府。那年年底，华盛顿手下有个名叫刘易斯·尼古拉的上校，写了一封信给华盛顿，说他代表战友们的意见，要求华盛顿借军队力量掌握政权，统一领导全国。华盛顿见信后非常生气，严厉斥责尼古拉说：“在我的言行之中，从来没有以军政府来强制人民的意思。我们国家的命运当不至于如此。”

上天保佑美国，在可能出现皇帝的时刻，因华盛顿，她选择了自由。218年前的1789年4月30日，在由大法官主持的宣誓仪式上，美国第一届总统华盛顿在纽约市华尔街的联邦大厦发表就职演说“维护神圣的自由火炬”。华盛顿誓词的最后一句话是，“我宣誓，愿上天祝我！”从华盛顿开始，历届总统就职演说大都少不了一段赞美上帝的话，它既表达对上苍的感激之情，又表现对未来的信心和希望。今天的教堂里布满了9·11时死难者的纪念物与照片，我看到几位美国少女和同行摩根的朋友邓晓立先生的眼里闪着晶莹的泪光……

再次回到等候观光车的地方，上车只有几站就到了投资人每天都极为关注而想至少有一次亲历的地方——华尔街（Wall Street)：一条狭窄的街道，两旁古老的建筑。比起着眼于21世纪，将成为太平洋西岸最为重要的金融中心之一的 1997年12月19日开业的上海证券交易所证券大厦而言，1792年华尔街“梧桐树协议”至今已215

年，窄窄的华尔街在仿佛静止的时间中更充满了历史感。

当然，来到这里免不了要在华尔街前的铜牛像前留影。据说矗立在百老汇大街正中央，雄视前方华尔街的大铜牛，是三位中国风水先生的杰作。1929年的金融危机时，束手无策的金融家们请来了中国风水先生，风水先生从北往南一路走来，发现北高南低，最南端——也就是曼哈顿岛的尽头，是茫茫大海，风水先生的诊断是，财气流入了大海，所以股市出了问题，开的处方是在百老汇大街的中央立一铜牛以挡住流入大海的财气。如今这座铜牛像成了金融市场蓬勃发展的标志，同行的叶萍女士说：摸摸它能给我们带来好运气！

从铜牛步行不远，就到了坐游轮参观自由女神像的渡口，长长的等候乘船的人流旁是一些街头艺人和画家，以及兜售LV包等假名牌产品的黑人“走鬼”，听说“美国城管”来时，他们也是一通乱跑，当然很遗憾这些人兜售的假货多是中国制造，而那些画家则多是不折不扣的中国人。

普通中国人对美国的了解远远多过普通美国人对中国的了解，当年我们就从书上知道自由女神的来历。自由女神像源自于法国政治。1865年，拿破仑三世即位后，法国一批资产阶级学者希望能够结束君主制，建立起新的法兰西共和国。因此，出于对大西洋彼岸的共和国的赞许，也为了增进法国人民和美国人民相互间的感情，他们筹资并委托著名雕塑家巴陶第设计了这座雕像，作为庆祝美国建国 100周年的礼物。巴陶第与雕塑大师罗丹同时代，在创作中非常严格地遵循古典的学院派创作法则，以创作巨大体量的雕塑见长。对于自由女神像的设计，他投入了极大的热忱。这一作品深受德拉克洛瓦的名画《自由领导着人民》的影响，而女神的脸则反映了作者母亲严峻的面庞和神态。

自由女神像在法国建造完成，并于 1886年7月4日美国100周年国庆日时作为法国人民的礼物正式交给了美国大使。随后，女神像被拆散装箱，用船运往纽约，再重新组装在自由岛内由美国政府出资并委托美国建筑师理查德·莫里斯·亨特设计的巨大基座上。1886年10月28日，纽约港内轮船汽笛长鸣，烟花绽放，在21响礼炮中美国总统格罗弗·克利夫兰亲自宣布自由女神像正式在美国落成。

一百多年来，每当船只和飞机进出或经过纽约港时，首先目睹的就是这座雄伟壮观的雕像。如今，自由女神像已经成为了纽约乃至整个美国的象征。年轻的时候这个象征也曾打动过我这颗中国青年的心，一晃近20年过去了，今天终于在哈德逊河上目睹了她在纽约午后阳光下在自由岛上的光辉……

在哈德逊河上与纽约湾回望纽约，缺少了世贸中心大楼的曼哈顿好像少了点什么，它提醒我们此刻美国正在与恐怖主义斗争。目光所及的地方，不远的将来又将耸立起一座新的高楼，它又会成为美国新的精神象征。

华灯初上，夜晚的时代广场璀璨明亮，人流、车流如梭。时代广场正中央的街头，一个大汉仅穿着一条三角裤，弹着吉他在高歌。没有人惊扰的鸽子，在街头漫步，在空中自由飞翔。

伟大国家的象征——华盛顿

5月1日飞华盛顿，靠着舷窗注视着机翼下辽阔的美洲大地，碧绿的原野上土地被分割得整齐划一，间中点缀着乡间的别墅和看似庄园的大片土地。接近华盛顿杜勒斯国际机场10分钟左右的飞行距离里，大片大片的森林覆盖着大地，机场周围郁郁葱葱。在南京曾听朋友自豪地说南京是绿化最好的城市，但比起华盛顿，中国所谓的国际花园城市不知是以什么标准评出？

出来机场，好像有专用道路通向市中心，尽管旁边同一方向的车辆很多，但都只能在自己的车道上行驶，听朋友介绍华盛顿堵车很厉害，这可能也是照顾机场出来的客人。在接近华盛顿的地方，车子驶入了车流，缓慢前行，接近市中心首先映入眼帘的是宽阔的波托马克河，一个城市有了河流就像拥有了灵魂和生命，再看到的就是169.3米全世界最高的石质建筑——雄伟的华盛顿纪念碑。我们入住的MARRIOT酒店距此不远，但由于要送车上的几位客人到不同的地方，等于围着城市核心地带转了一圈。比起纽约曼哈顿，这座200多年前由法国人朗方设计的城市显得安详、恬静，车行之处，绿树掩映中一幢幢白色建筑让人记忆深刻。华盛顿是个一眼看上去，你可能就会喜欢的城市。

到酒店，不像在纽约的MARRIOT酒店非要等到下午三点才能入住，进房间换了衣服便开始了美国的首都之旅。

第一站便是白宫，这是对全世界产生重大影响力的地方之一。看到很多人排队，以为我们也可以参观，问了才知道需要提前很多天预约才行。没办法只能从外面看看白宫及电视上常见的美国总统接见各国政要举行仪式的南草坪。隔着栅栏眺望白宫没多久，警察过来让我们到马路对面去，一对美国父子也在被驱赶之列，警察一转身，这位父亲就开起来了玩笑，做了一个炸弹爆炸的样子……美国人的幽默无处不在。

从白宫往华盛顿纪念碑走，大片大片的绿草地，显得广场极其开阔，阳光下有几对美少女躺在草地上晒日光浴，可能是春天的原因，这里的阳光并不烤人，不像在国内，在太阳底下站得稍久就有灼热感。当然，也可能是我们亚洲人的皮肤不适合晒日光浴，在国内看到老外在深圳的骄阳下暴晒，常常感觉不可思议。登华盛顿纪念碑也需要预约，围着它转了一圈，便向林肯纪念堂进发，走过一大片草地、经过一处独具匠心代表美国51洲的喷泉，我们来到了林肯纪念堂前的林荫大道。由于对植物知识的缺乏，不知大道两旁的树木是不是樱花树？一直怀疑樱花树能否长得如此之高？但听说华盛顿特区最值得一游的是在樱花盛开的四月，自从1912年日本将

3020棵樱花送给华盛顿以来，经过多年精心培育，目前华盛顿的樱花树已达3700多棵，如果我们能早到20几天，就能看到缤纷的樱花和游行庆典活动。

走在林荫大道上，伴随阵阵凉风，树上飘落下片片也许是凋零的樱花，这是久违了的一种感觉，仿佛回到了儿时北方深秋的树林中。旁边就是能将林肯纪念堂完整地映在池中的倒影池，也是1964年8月28日那个闷热的夏日，黑人牧师马丁·路德·金发表著名演讲《我有一个梦想》（I Have a Dream）的地方，也是克林顿千禧年新年祝辞的地方，同时也是《阿甘正传》主角天天跑步的背景地。累了，索性找了一处阴凉地躺了下来，闭目思想间，张弘问我在想什么？我说在想17年前，当我从几十米深的污水泵上来时，随便躺在泵房旁的地上仰望天空中南去的白云时的情景。我无论如何也想象不到17年后的今天，我会在华盛顿看着野鸭与海鸥在林肯纪念堂前自由嬉戏、飞翔……

从林肯纪念堂下来，看了看与中国有关，曾给美国人心灵造成极大创伤的两次战争纪念碑——韩战与越战纪念碑。在韩战纪念碑前，看到一群像我父亲一样年龄的老人，他们是否和我父亲一样曾是那个年代的士兵？韩战的纪念碑文上写着：“我们的国家以它的儿女为荣，他们响应召唤，去保卫一个他们从未见过的国家，去保卫他们素不相识的人民。”历史，同样的历史，换一个角度就是不同的理解，我想我父亲和他同时代14万长眠在异国他乡的士兵不会认同韩战纪念碑文的说法，但这样的墓志铭同样可以铭刻在中国志愿军战士的墓碑上……

历史总是给人沉重的感觉，但我们还是要探寻华盛顿的精神所在——国会山。从印第安人博物馆向前，经过一片草地到了一处人工湖，对岸有一组美国南北战争时两军对垒的雕塑，也许它在时刻提醒这个国家汲取教训面向未来。

顺着湖边走向国会大厦，前边就是可以容纳五万听众的国会广场，我阅读过的美国历届总统演说辞的发生地就在这里。我们先去

售票窗口，可惜时间已过，这意味着此次华盛顿之行的几处重要建筑，我们只能从外欣赏它们。今天国会广场的草坪上，搭了一个演讲台，台下的观众寥寥，但并不妨碍上台的人通过高音喇叭发表他（她）们的演讲，谁都可以上台，演讲者有成人也有小孩。在登记顺序演讲的地方，有100多种语言的圣经供人阅读，不远处有一位父亲正与儿子兴致勃勃地打棒球，更远的林荫路上有人在跑步。

这是国会广场前平常的一天，但2008年的11月2日这里又将有人在此面对塞满宾夕法尼亚大道的国人发表慷慨的演说，他（她）将给这个伟大的国家与未来的世界带来什么？

英灵的长眠地——阿灵顿国家公墓

2007年5月2日早晨，和风煦日，在我的倡议下，一行人乘地铁前往阿灵顿国家公墓。

22岁时，曾经在一个历史性的时刻，感受过死亡来临时的气息，在即将失去生命的瞬间我没有恐惧，更多的是遗憾。一个遗憾——

我才22岁，生命刚展开就将凋零；另一个遗憾——还没有经历过真正的爱情，与所爱的人一起分享惊奇与喜悦，就将死去。从那之后，哪怕更艰难的岁月，我对生活都充满了感激，并带着感恩看待周围的事物和景致。但今天我们参观的地方，大部分人在青春伊始，就献出了他们宝贵的生命，他们再也无法安慰多情的母亲，享受最温柔体贴的情感……

阿灵顿国家公墓所在地，就在跨过华府波托马克河西岸的弗吉尼亚山丘上，距离林肯纪念堂与白宫非常近，此地乃于1864年没收李将军（Robert E. Lee）的产业后建成。在历时长达100多年的时间里，估计有26万以上的美国英雄人物及阵亡将士长眠于此地。从地铁口出来不远就到了公墓的入口，相对于难得一见聚集一起的美国人来说，这里的人可以算太多了。可今天是周三，普普通通的日子能有这么多人前来，有点出乎我们的意料。按我们中国人的理解，除非是重要的祭奠日子，陵园里应该冷冷清清、人迹罕至。

与在纽约见到的墓园一样，墓地没有悚然与诡异的感觉，就像走在公园里。一排排样式简单的白色墓碑一望无际，有种纯洁、神圣的感觉。除去乔治·华盛顿、帕克·柯斯悌司及其夫人、乔治·马歇耳将军、约翰·甘乃迪总统及罗伯·甘乃迪等少数墓地外，墓地不分

等级，将军与士兵，紧密相连。在阿灵顿国家公墓你能见到真正的独立平等——所有的人生而平等、死而平等。不仅如此，更人性的一面，每块墓碑下，埋葬的不仅仅只是这些死去的勇士，还有他们的妻子和孩子。也许是东西方文化不同，在八宝山革命公墓，不是所有战士都能埋葬在这里。能上墙的是军级以上的将领，能入房的是兵团副职及副部级以上的将领。但是，作为民族英雄，那些已逝的勇士，那些在台儿庄战役、武汉会战中战死的普通士兵，是不是也值得我们去怀念呢？

顺着园区的路和一群接一群的美国人一起，向着阿灵顿国家公墓最高处走去，那里有受过特别训练的士兵24小时把守的无名战士之墓。这是第一、第二次世界大战、朝鲜战争和越南战争时死亡的无名战士之墓，所立的白色大理石上铭刻着：“这里安息着一位光荣的美国战士。”这里夏天每30分钟，冬天每1小时即有仪仗队表演。这是在向为国牺牲的人致敬，而且是出于对一个普通人的尊敬。伯里克利，一位古希腊著名的政治家，他在为伯罗奔尼撒战争中阵亡将士举行的国葬典礼上发表了一篇演说：“每一个人在整个国家顺利前进的时候所能得到的利益，比个人利益得到满足而整个国家走下坡路的时候所得到的利益要多些，一个人在私人生活中，无论怎样富裕，如果他的国家被破坏了的话，也一定会陷入普遍的毁灭之中，但是只要国家本身安全的话，个人就有更多的机会从私人的不幸中恢复过来”。基于此，伯里克利认为，为国捐躯的英雄是

"生命的顶点，也是光辉的顶点"。

在我的国度，为国捐躯的普通战士，一旦踏上墓地的大门，很快就会随风飘逝。今天我随着美国人，随着他们凄美的号角声，在异国他乡，我举起右手放在胸前，为了我们的、他们的无名英雄，为了他们曾经的"生命的顶点，也是光辉的顶点"而致意!!!

寻找巴菲特的家

从华盛顿经停芝加哥飞奥玛哈需要两个多小时。我特意要了一个靠窗的位置，想在飞临巴菲特故乡时，看看奥玛哈大致的轮廓。起飞时还是蓝天白云，偏偏快到奥玛哈时能见度非常低，只能在降落时，看到机场上停放着的小飞机及周围郁郁葱葱的树林。

到候机楼，张弘用中国的驾照与信用卡租了一辆车。没车寸步难行，原来以为不带英文的驾照不能租车，现在一切OK! 我们便向奥玛哈驶去。刚上高速公路就下起了阵雨，张弘开玩笑说按中国的俗语"贵人出门多风雨"，这雨可是好兆头啊！我们可是老巴远道而来的贵客啊。

车上我们决定先不去酒店，直接到会场认认地方，然后，再去巴菲特的家看看。张弘的方向感非常强，按图索骥很快就找到了开股东大会的会场——奥玛哈最大的篮球馆Quest Convention Center。会场外冷冷清清，怎么看也不像有几万人要聚在这里的样子。喜欢热闹的中国人恐怕很难适应奥玛哈这样清冷的小镇。

雨停了，我们开始寻找巴菲特的家——我的搭档钟兆民先生（钟兆民先生曾参加了2005年、2006年的巴菲特股东大会，此次未同行）说是一个门前有对石狮子的房子。问的第一个人可能是搬运工，他正在搬报纸，他告诉了我们方位，但走了很久也不着边际，只好停车问一个正在装修房子的人，他给我们指了相反的方向，走了一半，停车去问路旁洗车厂的老板，他完全不知道巴菲特是谁！张弘很惊诧地问他："你是本地人吗?"他回答说："我已来了5年了"。去年就听兆民说他乘坐的出租车司机不知道巴菲特是谁，这次真是见识了。

曾就巴菲特在美国知名度这个问题，请教过一些对美国比较熟悉的朋友，其中一位在哈佛读过书的朋友告诉我，除非是读金融专业，哪怕是稍微偏一点的学科，比如读社会学的学生，知道巴菲特的人就很少了。巴菲特近年在美国声誉鹊起，也是因为他捐了370亿美元，否则，在普通美国人眼里他仅是一个富人、有钱人而已。在美国，人与人之间的关系非常平等，一个饭店里的招待，不会认为他比美国总统差多少，所以，你有钱那也只是你个人的事……中国人强调"人过留名、雁过留声"，但在美国这样的社会，按她的说法，如果没有奉献，仅靠财富流存长久的名声，恐怕不太可能。但在中国，如果是这样规模的一个小镇，有全球第二富有的人居住，可能方圆几十里无人不知无人不晓。

我们再到一间杂货店，去问还是不知道具体位置，但大概方向和第一位指路的接近。掉头向开始的地方行进，路旁全是一幢幢别墅，如果一间间找，怎么能找到?又分别问了4个行人，他们知道巴菲特但不知道他家在什么地方。正一筹莫展间，刚好看到一个邮局的人，让张弘赶快过去问，他很热情地告诉我们门牌号码及方位。也许是奥玛哈的治安太好了，美国人真是一点戒心都没有，如果在中国有一帮人在一个社区中不断问一个非常富有人的家，早有了警惕。我的一个朋友开玩笑：美国人都用信用卡，家里不放钱，抢也没用。但我心里想，如果真有人敢抢劫巴菲特的家（平常没有保镖），敢抢一个把几乎全部财富都奉献给社会与民众的人，那可真是与全世界为敌了！

有了邮局先生的指点，找起来容易了许多，但就是这样看着门牌号码转了几圈也未找到，只好又问正在溜狗的一位女士，她指给我们方向。又转了一圈，刚好来到一处丁字路口，看到有一家门口有一对石狮子，而且有点深宅大院的意思。就在我们以为找到了巴菲特的家，停车下车之间，刚好旁边房子里出来一位非常漂亮的小姐，张弘赶快去确认，话还没等说完，她就指着"石狮子"隔壁那一家说，那就是！（据说可口可乐公司的主席，就住在距巴菲特家50英尺的地方，这个房子走出的女士也许就是他的女儿或孙女。这些世界级富豪的家按中国标准来说，是太朴素了！）

怪不得兆民会认错，在我们中国人眼里，世界第二富豪住在一个有院落的房子里天经地义。但奥玛哈的圣人恰恰住在临路的、没有院落的、在整个社区中怎么看都属于最差、最朴素的房子里……

巴菲特家正面

巴菲特家背面

第二天再去巴菲特的家，同行的沃华医药董事长赵炳贤先生说：“我要带我的女儿来这里看看……”我也有同感，甚至我在想如果条件允许，希望我的朋友们有机会都来看看，也许你不一定感动，不一定认同这种朴素的价值观……但站在这里，可以让我们思考得更多……

巴菲特常去的牛排店

有点像追星族追寻明星的足迹，我们从巴菲特家出来，直接去找他差不多每月都要去两次的牛排店。

路过巴菲特上中学的地方，今天正好是毕业典礼，少男少女打扮的像新郎新娘，穿戴隆重，一对对盛装出场。这种场面我们只在电影里见到过。人生中有些事情只能经历一次，所以弥足珍贵。听说毕业典礼在美国那可是头等大事，举家欢庆。想起我们毕业时的情景，虽然毕业了，但还要惴惴不安地等待高考消息，而学校也不会有什么典礼安排，你只能告诉自己：又要有另一个新开始。

还算顺利很快就找到了牛排店，小小的门面和这个小镇一样朴

巴菲特就读的中学，全镇最好的建筑之一

素，但挂在门口的招牌——“这是全世界最好的牛排店”，不知是不是巴菲特给他们带来的灵感。饭店5点才开始接待客人，但招待说座位已预订满了。可能是出于对不远万里来此的中国人民的友好，张弘稍许努力，她们就答应给我们一个位置。心定了，回到车上。快到5点回到饭店门口，有几位客人已等候在门口。

我们遇到的美国人非常友好，当几位满头白发的老人知道我们来自中国并将参加伯克希尔·哈撒韦股东大会时，惊讶的同时问了一些中国及中石油的情况，他们也是来参加股东大会，但好像他们对巴菲特在中石油上赚了多少钱并不清楚，也许他们采取的是信任投资法，信任巴菲特！不过出乎意外的是，虽然不清楚巴菲特在中石油上赚了多少钱，但他们表示将和其他股东一起，做一个提案，反对巴菲特投资中石油，还问我们是否投票，张弘说：“我们不投票，我们是来学习的。”

五点进入雅致的牛排店，女招待热情地接待我们，还和我们开着玩笑。巴菲特现任妻子原来就是这个牛排店的招待，按中国人的理解，这有点不可思议——潜意识当中我们会想：老巴怎么会找一个女招待？其实仅就地位来说，这些招待可不是我们中国人理解的低人一等在城里打工的农家女。看着女招待和客人们融洽相处的细节，回想中午在流经奥玛哈一条主要河流Platte河旁的餐厅用餐时，非常漂亮的服务生和客户互动的情况，心想美国确实是一个人人平等的国家，这种平等的信念是发自内心的。听女招待说，沃伦·巴菲特2006年8月30日与长期共处的阿斯特丽德·曼克斯举行婚礼后，还来此吃了牛排。

按常规理解，当巴菲特的妻子也不容易。巴菲特1952年与苏珊·汤普森结婚时告诉妻子：“我一定会很有钱。”但在巴菲特变得真的非常富有的时候，怎样使用金钱也许会让两口子产生不少的口角。有很多人是以一生占有并花费了多少财富作为人生成功的标准，而你看看巴菲特家里停的车和他住的房子，我们能想象，像巴菲特第一任妻子苏珊·汤普森可能感受的委屈甚至是愤怒，特别是在年轻的

时候，当然，我们只是猜测。不过，巴菲特处理婚姻的技巧丝毫不亚于投资……

巴菲特吃什么，我们点什么，在牛排上来之前，张弘和临桌的四位当地老人聊天谈巴菲特。他（她）们说：“我们知道他，他人真的非常好。他经常来这里，像我们和你一样聊天……”

牛排上来，甜美多汁的牛排口感非常棒！比我吃过的靠按摩、喝啤酒、听音乐养大的在口里感觉能融化的日本神户牛肉还好吃，不愧为招牌上所宣称的全世界最好的牛排店。特意问了一下这牛是如何饲养的，是否也按摩、喝啤酒、听音乐？他们说不是的，就是按常规养的。

太好吃了！如果哪个精明的中国人也去巴菲特的家乡，把这个店用合资的方式引入中国，开在北京、上海或深圳，我相信一定会很成功，不仅仅是因为巴菲特的名声，确实是它的味道太美妙了！连我们不想吃美国菜的叶萍女士也赞不绝口！

奥玛哈今夜星光灿烂

奥玛哈的酒店早已被定满，我们下手晚了，没办法只能住在51英里以外、我们在中西部电影中常看到的高速公路旁的汽车旅馆中。

同行的叶萍女士，咳嗽得非常厉害，怕影响会场里的人不想去。能为别人着想当然是好的，但千里迢迢来此，不就是为了见识一下世界上最盛大的股东大会并亲眼看看奥玛哈的圣人吗？76岁的老人今天不见，也许以后就永远没有机会了，在我们的劝说下她同意与我们前往。

凌晨4点多钟起来，冒着瓢泼大雨、伴随着惊天地的雷声我们向奥玛哈的Quest Convention Center进发。闪电划过长长的夜空，照亮了广袤的中部大平原的夜晚，有些仿佛就打在车前，让人感叹大自然神奇的同时也有些惊恐。看资料说美国大平原地区干旱少雨，年均降水量不到20英寸，没想到我们来的两天能下这么大的雨。到Quest Convention Center已经6点多，门口已排起了长长的队伍，没有伞只能站在大门口的屋檐下，心想起得这么早算白辛苦了，只能最后一个进去了。

7点30分，大门打开，一个朋友反应极快，伸手去推一个残疾人的车，美国对残障人士的关怀真是无微不至，商场、博物馆和餐馆等公共场所都有专用的残障人士通道和座位，这样一个场合也不例外，残疾人及其伙伴可以先进去。这个聪明的中国式的举动，让坐在轮椅上的老太太连连摇手，但借机我们差不多第一批进到了会场里面。也许是靠近巴菲特的愿望过于强烈，我们有些惭愧地原谅了自己这种中国式的小聪明。不过，这种事如果发生在中国，排队的人肯定大喊大叫了，利益大一些的事，比如1992年深圳股票风波，排号都不行，为了不让插队，不分男女抱在一起，但最后还是被银行内部人先下手为强，拿走了部分抽签表，导致风波发生。从某种意义上说，美国人真是太老实了，但换另一种说法，美国的文明程度真的比中国高了许多，残障人士的生存状态或许是一个国家文明程度最实际的反映，中国要达到美国现今的程度，恐怕至少需要一代人以上的努力。

在伯克希尔股东大会现场

冲进会场，我们占据了差不多最靠前的位置。美国人占位置很简单，拿起事先放在座位上的纸，将写有“预留坐位”一面往椅子背上一粘就是你的了，如果想多占位置，拿起透明胶布将几个位置粘在一起也算你的了，甚至是任何一样东西只要放在座位上位置就是你的，之后，你人离开，也不会有人来占你的位置，没有我们中国常见的争抢位置时的纷争。看美国的西部片，骑马圈地，好像就是这样的先到先得，当然，起点要公平。今天，我们偷步跑了……惭愧！

差不多9点多钟，大会开始，与以往一样先是放映由巴菲特女儿拍摄的宣传影片，片中最幽默诙谐的是一段巴菲特与NBA骑士队的球星“小皇帝”詹姆斯比赛篮球的片段，你能想象老巴一身短打扮、运球过詹姆斯上篮得分的情景吗？片后，更有趣的是，巴菲特从幕后走出，弹着吉他与另一位吉米·巴菲特，一位著名歌手引吭高歌，相比我曾经经历过的无数次的股东大会，唯有这次充满了嘉年华的气息，可能世界上也许只有巴菲特的股东会，才有如此丰富的想象力，而他的股东们也乐于如此享受整个过程。

曲后，问答环节开始，巴菲特边吃点心边喝自己直接拉开口的可口可乐回答问题，芒格则文明许多，将可乐倒在杯子里，自己加冰进去（没有专门的服务人员为此服务）。

两万多人的体育场里座无虚席，每块区域有一个提问话筒，按顺序轮流提问。过去几年东方港湾的同仁都翻译了股东大会问答录，但比起像摩根士丹利的译稿还是差了很多，从现场的感受看，除非是在北美生活很多年，而且愿意了解当地的风土人情，理解语言背后的寓意，否则，你只能看着美国人哈哈大笑，一无所知。巴菲特幽默，但芒格更幽默，差不多每次只要芒格一发言，会场就哄堂大笑。巴菲特76岁、芒格82岁，除去中间休息的一个小时，两位老人回答问题的时间差不多有5个小时，我们到了他们这样的年龄也能保持如此敏捷的反应力吗？但愿，上帝还能给两位老人足够长的时间——10年还是20年，也许辉煌人生的最后时光，对智者而言贡献最大。

座无虚席的2007年伯克希尔股东大会

整个提问环节，其中一个印象最深刻，分别来自提问区12与提问区5，提问的关于Klamath河坝问题。提问区12：伴随四位印第安少女吹奏着民族乐曲缓步走向主席台，一位女士哭着提问，希望巴菲特旗下的太平洋电力公司（巴菲特去年收购）拆除一条河流上的六座用来建水电站的Klamath水坝，因为它导致溯流而上的鲑鱼丧失了洄游地与产卵地，也破坏了当地的生态环境。提问区5：另外一位女士也提了同一个问题，大坝的建立，让她以捕鱼为生的丈夫的生意额下降了90%，濒临失业。

关于投资的问题，有几个提问非常有意思，巴菲特与芒格回答得也精彩。

提问区10：来自旧金山17岁的少年

成为一个好的投资者的最好方法是什么？总的来说，成为MBA，看《穷查理年鉴》（Poor Charlie's Almanac）这本书的时候就能懂得更多吗？

巴菲特：尽可能多地阅读。拿我来说，我在10岁的时候就把我在奥玛哈公立图书馆里能找到的投资方面的书都读完了，很多书我读了两遍。你要把各种思想装进你的脑子里，随着时间的推移，分辨出哪些是合理的。一旦你做到这样了，你就该下水（尝试了）。模拟投资和用真金白银投资的区别就像你读浪漫情爱小说和你做点什么的区别是一样的。越早开始阅读越好。我在19岁的时候读了一本书，形成了我基本的投资思维方式。我现在76岁了，做的事情就是基于我19岁时从那本书得来的同样的思维方式。阅读，然后小规模地亲身实践。

提问区2：来自慕尼黑

你能不能点醒一下我们投资时是怎么决定内在价值的？你是用什么样的数量方法的？

巴菲特：我明白你的问题，但要装不明白，由查理来回答。

芒　格：在尝试决定内在价值、安全边际等，没有一个简单的办法。你需要一个多重的方法。我觉得你成为一个出色的投资者不会比你成为一个鸟类学家来得快。

提问区5：来自堪萨斯城

关于中国经济，中国的银行看起来和日本银行90年代的情形差不多，你们担心中国会经历和日本90年代那样的崩溃吗？

巴菲特：老实说我不知道。我不清楚日本经济在崩溃前发生的事情。我对中国银行业也一无所知。我基本没什么概念，也许查理知道。

芒　格：如果你不考虑过去15年中国的进步，中国银行业的状况能吓得你发抖。央行除了监管之外，总是注资帮银行（度过难关）。他们一路都是这么做的，但现在会好一些。

巴菲特：强劲的经济能克服这些问题。你看看房屋贷款的情况，你会觉得对美国经济来说是很可怕的事情，但美国经济历史上还是度过了很多金融危机的。

提问区10：

我今年23岁，很有进取心，也有一点资本，你觉得未来50年甚至100年最好的机会会在哪里？

巴菲特：尽可能地阅读。我大概在4到5个小时内读Lorimer Davidson的书学到的东西比我在大学里学到的东西还要多。我和查理用各种不同的方式赚到过钱，很多是我们在30、40年之前没有想过的。你不可能有一个固定的模式，但你可以积累你的思想，同时关注不同地方、各种不同的证券等等。最重要的是你的行为模式里面要有那种能避免你的行为会带来灾难的东西。

提问区4：来自肯塔基的10岁女孩

一个10岁小孩的最好赚钱方法是什么？

巴菲特：我必须说这是我10岁时考虑了很多的一个问题。派送报纸是我最喜欢的方式，但是你可能还是小了些。我肯定是尝试了20种不同的工作。最好的就是我的弹球生意，但是我如今不会再推荐了。一份我读过的研究人的才能与成功相关性的报告，它考查了学分、商学院等等。最好的相关性是你第一次开始你的第一份生意的年龄是多大。

芒　格：当我年少的时候，我读了《巴比伦最富有的人》。它教给我开销不要超过收入，将余额投资。我在这个观念上融会贯通到心智复利，因此我决定把一天中最好的时间用于提升我的智力。

另一个按我们中国人理解的不和谐声音，则来自与我们中国相关的中石油的问题。作为专门的一个提案，问答环节结束后，共有五位发言人其中包括一位前议员，希望伯克希尔停止投资中石油，因为中国的石油公司在苏丹开采原油。巴菲特回答："一个生意很难影响一个国家和政府的决定，如果我们便宜地卖掉中石油，对我们也没有帮助，它还会在苏丹投资。美国政府曾阻止中海油购买美国的石油公司，我们有什么资格阻止中国的石油公司在非洲投资？我们印制美元购买中国的产品，降低了生活成本，但中国也需要原料来生产（大意）。"巴菲特的回答，摆事实讲道理，很客观。提议表决，98%的股东对该提议投了反对票，我们在牛排店见过的老人，经过巴菲特这一番解释，不知最终是否还在这2%的股东中。

会后，巴菲特与芒格要面见600多位国际投资者。轮到我们进去见面签字时，我们告诉他："您在中国有很大影响力，您看待财富与处理财富的方式影响着很多人，您应该来中国看看，中国会非常欢迎您！"他回答说："我1995年，和比尔·盖茨一起到过中国，今年10月份，我也许会再到中国去。"

华灯初上，恬静的奥玛哈因27000名财富的拥有与支配者的到来而略显热闹。今夜奥玛哈不仅拥有巴菲特与芒格，还拥有全世界最富有的人伯克希尔董事——比尔·盖茨，但今夜的奥玛哈在我的心里，并不因财富而受世人关注，它因一位富有远见、无私、高尚的智者，一位朴素的老人，而让它的夜空星光灿烂。

丹佛国际机场与星巴克

美国的飞机非常准时，但奥玛哈似乎想多留我们一会儿。因清晨的雷雨，飞机延误到下午2点45分才起飞。

到星巴克要了一杯咖啡。美国可谓遍地星巴克，只要有人流的地方，就有它，反而在中国常见的肯德基很少见，麦当劳还能见到，但没有中国的店大而明亮，麦当劳也主要开在贫民区与高速公路旁。

星巴克在中国似乎也代表着一种文化与品位，深受白领与商务人士的喜爱，看它在中美两国发展的情况，星巴克的股票，从长期看也许是个好的投资目标。

2点45分准时起飞，飞大约一个小时，到了丹佛国际机场，这个机场好大，据说有曼哈顿机场的两倍大，是世界上最大、最先进的机场，至少有5条以上的跑道，在飞机降落的时候，通过一侧舷窗，能看到四五架飞机在盘旋。在洛杉矶也能看到同样的情况，美国机场上空的空间利用率，要远远高过我们。

美国一般大城市至少有3个机场，而且有些忙碌的商务人士喜欢住在距机场不太远的地方。从美国的经验看，随着中国经济规模不断扩张，商务活动愈加频繁，中国的机场还需要超前发展，特别是在珠三角与长三角地区。目前长三角16城市的范围内，机场数量已达10个，分别是南京禄口、南通兴东、常州奔牛、无锡硕放、上海虹桥、上海浦东、浙江萧山、宁波栎社、舟山普陀山、台州黄岩。一旦苏中机场开工，长三角每万平方公里将有1个机场。目前长三角地区的机场建设只是为全国开了个头，中国需要更多的机场。当然从投资的角度，这么多机场同时运转，也会带来竞争。

从丹佛飞拉斯维加斯，然后去大峡谷，但因为晚点，这次美国大峡谷之旅，只能待来年有机会再完成了。

奢华之城——拉斯维加斯

未能去大峡谷，我们就留下来感受全世界最奢华的城市——拉斯维加斯。

入住全世界最大的拥有5005间客房的米高梅酒店，在登记处看到被誉为2007年世界拳坛最引人关注的“世纪之战”——“金童”霍亚与“漂亮男孩”梅威瑟精彩对决的海报，才想起当我们5号在奥玛哈开股东会面见巴菲特时，米高梅饭店这里正在进行霍亚与梅威瑟的拳击赛。可惜错过看一场伟大的比赛，忙问结果，梅威瑟赢了。人到四十，更加忙碌，错过了许多自己热爱的事物。

安排妥当，到楼下小赌怡情，输完几百美金起身就走，到Las Vegas Strip大街上，欣赏夜晚的拉斯维加斯。这是一条南北大街，酒店林立，有全球四大奢华夜总会，这里每天晚上要同时上演上百场各种题材和风格的歌舞和演唱会。熙熙攘攘的人群、闪烁的霓虹灯、梦幻般的建筑，在这里你才能意识到美国的富裕与活力，才能诠释美国人的想象力和创造力。

美国是个有强烈宗教信仰的国家，绝大多数美国人平常的生活，按中国人的标准是太清苦了，也许只有来到拉斯维加斯才能完全放松，尽情玩乐。它每年吸引的3700万游客中，大多数还是美国人，它是真正意义上的24小时不夜城、世界娱乐之都，世界上也许没有任何一个城市能像拉斯维加斯一样对人充满了梦想和诱惑。

拉斯维加斯的赌博和色情业都已合法，你走在街上，只要是男的，就会有黑人向你发放美女色情卡片，内地有些城市一些酒店周围也有派这种色情卡片的人，也许就是学自这里。

回到MGM Grand，看到法国巴黎Crazy horse原班人马正上演已经有20多年历史的拉斯维加斯最经典大型的无上装表演，和张弘买票进场观看。不到一个小时的时间里，我们更多感受的不是女人和女人的身体，而是它作为符号给我们带来的艺术震撼和冲击。表演场面宏大，豪华的灯光、舞台效果、道具、服饰，以及那些五颜六色的光线编织成的各种美丽衣服，让本无上装的性感女郎穿上了世界上最眩目的衣装，犹如百变仙女下凡。

第二天，我们前往胡佛水坝游览。抬头看天，天空澄澈蔚蓝，我们到过的每一个城市看到的几乎每一处天空都是这样湛蓝。偶尔有几架战斗机拉出的尾痕在湛蓝的天空中缓慢扩散像水中的波纹。小时侯生活的地方，旁边不远处就有一个军用机场，经常能看到战斗机在蔚蓝色的天空中划过。这是一种久违的感受，中国的天空什么时候能少些灰霾，恢复到我们小时侯一样的蔚蓝，在夜晚也能看到苍穹里无数的繁星？

近一个小时的车程，接近大坝又要接受检查，9·11把美国搞得好紧张。胡佛水坝堤长377米，相比我们的坝长2335米的三峡大坝来说，胡佛水坝好像不够壮观，但想想它建造的年代——70、80年前，那个时代胡佛水坝绝对是史无前例的水坝工程。没有它就不会有拉斯维加斯这座梦幻般的城市，也就不会有内华达州、阿里桑那州、加州今天的成就。

参观大坝展列厅，第一面映入眼帘的不是哪位总统什么时间视察的照片，而是当年赞成与反对建坝的两派代表的言论，很难想象我们的三峡大坝的展厅会有如此的设计，记得当年我们国家建三峡大坝时争论得也很激烈。胡佛水坝开工时正值美国经济大萧条，照片里的工人非常憔悴，当年“为了赚取每天几美元的工资，成千上万的失业工人拖儿带女来到这块叫‘黑色峡谷’的地方，在恶劣的环境中夜以继日地工作，许多工人死于爆破意外、一氧化碳中毒、热衰竭”。七八十年过去了，今天的美国已经彻底变样了，人民生活安定富裕，社会保障体系健全，如果再给中国同样的发展时间，中国会成为什么样呢？我只能在心里为我的祖国祈祷！

从胡佛水坝回程的路上，导游又安排我们参观中国人比较熟悉的“M&M'S巧克力”工厂。但整个生产线只有几个工人在慵懒地工作着，也许是机械化程度高或者其他，想想几天来我们见到的美国人不慌不忙工作的劲头，潜意识中有一个疑问：国内那么多人拼死拼活努力，有的人甚至一年工作365天，一天工作12个小时，春节也不休息，而一般美国人凭什么享受这么好的生活？

为什么会如此？也许是全球行业规则缔造者的企业大部分在美国，如波音飞机、通用、微软等；也许是花旗、摩根、高盛、美林等金融机构掌握着财富涌动的方向；或者诸如此类高收益公司产生的税收，能贴补一般老百姓的生活。但为什么这些企业能成长？为什么同样具有优越自然条件的巴西与阿根廷没有做到？也许，我的这些层出不穷的疑问的答案，就是这个国家生机蓬勃的原因所在。

璀璨的洛杉矶

离开拉斯维加斯，迎着晚霞飞向洛杉矶，到达时夜幕降临。隔着舷窗眺望洛杉矶大地，脚下群山起伏，一眼望不到边际的城市，处处灯火璀璨，这就是天使之城洛杉矶。张弘感叹到：这个城市真大啊！

候机厅外在高华证券工作的朋友邓伟已在等候，原来我们约在奥玛哈见面，因机票难定只能在洛杉矶相会，9号他将与我们一起前往参加芒格Wesco公司的股东大会。他送我们到达PASADINA的WESTIN酒店后离开。拿好房间钥匙，到四楼302房门口，但无论怎样就是打不开门，以为房卡没有加磁，张弘到楼下前台去换钥匙。等候的时刻，过来一位住在303房间的中国人，他看到我手里拿着Berkshire开会时的袋子，就问：你从奥玛哈来？我说：是。他说：我也刚从那里来。交换名片，看到他的名字，真觉得这是上帝的安排。本来这次来有意回避他，但这就是命运。与他相识是在18年前的一个晚上，开完会的那天我对朋友讲，这个人不是天才就是克格勃。18年后，他证明自己是个天才，他是我知道的在美国事业最出色、人生最精彩的朋友。来不及叙旧，约好第二天晚上Wesco

Financial公司年度股东会后再聊。

张弘加完房间的磁卡回来开门，打开里面居然有客人的衣物与东西，赶紧退出房间，再到前台，原来该房间已有人居住，是前台小姐给弄错了。换了另一楼的房间。人生真是奇特，如果不是阴差阳错，我想还不知多少年后，才能见到那位18年前的朋友。正在感慨人生的时候，原来大鹏证券的年轻同事带着我敬重的一位老领导过来，几年没有见面，两位同事也有了一些人生变化。老领导带着我们去“小台北”吃夜宵。这里原来是巴顿将军的故乡，现在已经完全是中国人的聚居区了，路旁的招牌是中国字，饭店里全是中国人，也都说普通话。老领导说：他强迫自己不在中国人的圈子里转，他住的地方全是外国人。是啊！人都有自己的舒适区，离开它重新开始，需要多么顽强的意志力。约好后天他领我们去游览洛杉矶。

9日原来约好在奥玛哈见面，未成行的景林资产管理的合伙人陈亦骅先生，也赶来参加Wesco公司的股东会。一行5人前往，在门口买了一本朋友托带的《穷查理》一书，据说这部借用富兰克林的名著《穷查理年鉴》为题目，讲述另一个查理——查理·芒格投资智慧的书，是投资者最值得一读的投资类书籍，希望它能早日被翻译出

随和的芒格

来，但听翻译的朋友讲译起来很难。芒格这位造诣深厚的投资大师，博览群书，知识渊博，某种意义上是一个哲学家和思想家，有朋友评价：单就思想而言，百年之后查理·芒格会比沃伦·巴菲特的影响力更大，巴菲特的成功和芒格密不可分的，美国《财富》杂志将芒格称为“巴菲特的化身”。

等候股东会开始的时候，先请芒格给帮朋友带的书上签了个名，巴菲特这方面非常讲原则，芒格就随和了很多，不仅可以签字还可以和他照相。转身，看到那位18年前的朋友，坐在芒格正前方的嘉宾席上与旁边的嘉宾谈笑风声，能在这里坐嘉宾席可见其已融入美国最上流社会，并且某种意义上讲其一定是在投资领域有相当成就。打个招呼、一起照个相，然后分别坐下。听邓伟介绍来参加芒格股东会的约1000人大多数都是专业投资者，有些很有成就了，他指给我看几位正在与人交谈的大师级人物，其中一位是巴菲特管理财富的可能继承者之一。

股东会差不多2点开始，会上委托我原来的同事蔡津向芒格提了两个问题：一是你一生中，特别是年轻的时候，在处理投资或公司事务时，遇到的最困难的事是什么？二是我来自中国，在发展中国家投资总会面临重大危机，你有什么好的建议给中国年轻的投资者？芒格只回答了第二个问题。今年的股东大会，芒格对一些问题有非常精彩的回答，在国内做PE的邓航先生译出了几个经典回答。

第一个问题：为什么沃伦·巴菲特和他所创造的伯克希尔·哈斯维是如此非同寻常的成功？

芒　格：为什么一个人从零开始，且没有信用评级，却完成了这种奇异的资产积累：价值一千两百亿美元的现金和有价证券。而这一结果开始于当沃伦接手经营时仅一千万美元的资产和大约同样数量的流通股。这的确是达到一种极致的结果……

汇集于同一方向的多种因素导致沃伦的成功，这种（通过将专注，好奇心，坚定不移，和自我批评有机的结合并应用于一个多学科知识聚合体而产生的一种临界状态）极致出色的效应并不是来自其他任何方面。这里，让我们来看看导致这种极致结果的因素：

第一个因素是智力。沃伦是非常聪明的，但从另一个角度看，他也不可能在盲棋比赛中击败所有的对手。所以，沃伦正是超越了通常意义的智力范畴。从他十岁时就意识到这一点并保持至今，从而形成今天的良好效果。

通向成功是相当困难的直到你能够在你所强烈感兴趣的领域迈出第一步。沃伦没有觉得有任何其他领域能替代他对投资的兴趣，并且在他非常年轻时就迈出了第一步。

成为善于学习的机器是至关重要的一点：沃伦是这个地球上最好的学习机器之一。在龟兔赛跑中赢得比赛的乌龟就是善于学习的机器。如果在当今的世界你停止学习，这个世界将从你身边飞驰而去。沃伦是幸运的，因为即使在他已过接近退休的年纪，他仍然能够有效的学习和巩固他的技巧。因此从他六十五岁至今，沃伦的投资技巧取得了显著的增强。对沃伦整个成功过程的观察，我可以在这里汇报的是假如沃伦只是停滞于早期他所了解的知识，那么今天所能得到的结果无非只是那些苍白知识的倒影。

伯克希尔至今的经营主要是来自于一个人的头脑主导。当然，其他人也做出了一定贡献，但伯克希尔的成功极大地反映出一个伟大的头脑所能做出的贡献。在投资行业或是物理学中想通过委员会的决定来取得巨大成功是很困难的，许多人都忽略了这一点。看看约翰·伍登，有史以来最伟大的篮球教练：他的比赛记录在后半生得到提高的原因是他明白了一个伟大的观念：减少平等主义。在他团队的十二个队员中，排在最末的五名队员是从不参加比赛的，他们的角色只是陪练。约翰只专注于训练排名靠前的队员。在伯克希尔也同样是这样的——专注的训练和比赛时间。

这不是我们通常的生活方式：在民主社会中，人们轮流做出决定。但是，如果你真的想实现许多明智的行为，那么最好还是将作出决定以及具体实施都集中于一个人。

在通过考试和做迅速计算中，许多人是非常非常聪明的，但由于可怕的偏执，他们却做出一个又一个愚蠢的决定……但你会发现沃伦是非常客观理智的。

所有的人都会工作的更好当他们得到了心理学者称谓的强化剂。如果你能取得持续的投资回报，即使你会成为沃伦·巴菲特，那么你将会做出的回应是——没有几件事的回报能超过作为一名伟大的投资者。

第二个问题：读书与阅读的重要性？

芒　格：伯克希尔的成长记录是怎样发生的？如果你是一个观察者，你的确能注意到沃伦花费大量的时间读书。如果你想取得非凡的成就，那你只需要坐在那里花大量的时间去阅读。但是我们往往会因此而被解雇。

看看现在的一代人以及他们拥有的所有电子产品和因多重的工作而浮躁不专注。我可以自信地预见他们最终不会像专注于阅读的沃伦那样成功。如果你想得到智慧，你需要安静地坐下来读书，这就是智慧的来源。

第三个问题：关于思维模式？

芒　格：如果你有足够的意识使自己成为一个智力健全的人，你就足够有能力超越那些比你聪明的人。你只需要从所有那些聪明人的想法里找到关键的几点，你就已经比他们更有智慧了。但是从查理·芒格的早期经验来讲，这种意识并不是一个很好的社交手段。将某个领域里的专家当成不成熟的小孩，这不是一个好的社交策略。我年轻的时候也经历很多艰难挫折，你现在可以辩解说我当时是被迫进入投资领域的，但是如果你在别人的领域里评头论足，是不会有人赞赏你的。

我绝对相信要想解决难题，就必须把所有可能的和不可能的答案都列出来；否则你有可能忘掉重要的东西。

第四个问题：如何评价伯克希尔？

芒　格：芒格家族在伯克希尔持有的价值大约二十亿美元，因此一直都有一些顾虑关于这项投资是否是个好的主意。我的回答是我非常满意我现在所持有的股份并且我希望我的家族成员能长期持有其中绝大多数的比例。他们将无法取得像我从很小的投入开始并得到今天这样规模的回报，而且他们也没有必要取得同我一样的投资回报。

伯克希尔已成为一个令人称道的地方，它是由具有实质价值的一群称职的人组成的。如果你的预期收益是适度的而且你喜欢晚上睡的安稳，相对于其他的股票，投资于伯克希尔倒是一个不坏的选择。如果你想得到的是在未来几年里能取得每年30%的复利收益，那我们的股票是不适合你的。相对于其他可选择的股票，伯克希尔的股票在今天和将来都是不错的选择，即使沃伦和我离开这个世界以后……

如同我在早些时说的，如果你在四十年里有沃伦·巴菲特帮你理财并且这个家伙最终为你工作到死，那你的确没有任何的权利再抱怨了。

第五个问题：董事会在伯克希尔中是什么样的角色？

芒　格：董事会是起一种保险开关的作用，以防止当我完全的失去理智而沃伦却对此状况无所作为。董事会的成员都是杰出的人士。我们被要求拥有一个有独立董事参加的董事会，而因为我们是被要求有这样一个董事会，所以我们认为我们还是搞一个较好一点的。是否还会存在董事会如果我们不会被要求呢？不，我们将不会有董事会。

第六个问题：是否存在私募股权生意的趋势？

芒　格：这种趋势是当然存在的。融资收购基金的规模正变的越来越大，并参与收购越来越大的生意，所以这会是一种很大的趋势。

融资收购是与伯克希尔的生意模式不同的。我们几乎从来不卖空——实际上我们不想那样做。我们不想同我们的朋友玩拉米牌游戏，抛售掉五个生意又买入五个新的生意。我们从不为倒卖而投资。热衷于通过融资来并购股权的人群正逐渐变得越来越大。而所发生的实际情况是捐赠和退休基金却迷恋于精灵的魔力出现。随着资产的价格被炒高，正常投资于股票和债券已不能带来足够的回报。然后那些巧如舌簧的人来找你并游说你为避免招致低回报：“将您的钱交给我们，我们能将钱增值，付给我们一定的报酬，我们将给您15%而不是5%的回报。”这种做法是有效的——当然并不像所宣称的那样好；只用统计的数据不是完全可靠的——但作为投机者，这种方法是有效的。

然后，嫉妒开始到处弥漫，耶鲁不能容忍哈佛赚了更多。嫉妒是一种强大的促进因素，虽然其作用几乎不被承认。在我的一生中，还从来没有遇到有人对我说：“查理，我这样做是出于嫉妒。”

在风险投资的行业，除了屈指可数的几家顶级公司，普遍的回报是不敢恭维的。这种情况最终也会出现在融资并购的行业。上帝还没有决定谁期望15%的投资收益就一定可以得到。

第七个问题：价值投资的观念是否正变得普遍？

芒　格：我认为以我们的方式来看待事务将变得越来越普遍。事实上，价值投资的观念已经比几十年前变得普遍。过去我看接受这一观念的团体不过是二十人。这种投资风格的逐渐普遍却不会使它变得更容易操作，而让你们所有人赚取更多的金钱。所有聪明人的竞争会使价值投资变得较为困难，但这也不是一件坏事：也许你们中的一些人会比我们的过程赚得钱少但却比某些工程师赚得要多。

第八个问题：如何得到你所希望的？

芒　格：判断出什么是你不想要的并回避掉它，那你就会得到你所希望的。沃伦具有和我同样的本能。我们还未遇到人生中失望的那一部分，愤怒的人会毁坏许多的人生希望。而陷入这种境况却是很容易的。问这样的问题：“你怎样能以最好的方式得到你想要的？”答案是：付出应有的努力并实现你所希望！除此外还会是其他方法吗？

会议5点结束，带着脑力激荡后的满足与喜悦，会后8个人找了一家餐馆小聚，不尽兴又在酒店的咖啡厅里续聊。人生真是奇妙，我们的生命何以充满这么多的奇迹与变幻?!

10日早起来，老领导已在楼下等候，他说先去盖蒂博物馆，然后去他所在的大学——加州大学洛杉矶分校以及一所私立大学，最后去海边看看。

圣巴巴拉山顶上的盖蒂博物馆，是由美国的亿万富翁保罗·盖蒂从自己32亿的财产中拨出22亿美元建立的，这使得该馆成为全球资金最充裕的收藏和研究机构，而且一直免费对公众开放。我们到达停车场，坐上缆车向山顶进发，沿途老领导指着周围一处处立于山上的别墅，介绍着大概的价格，这一带应该是富人居住的地方。很快达到山顶，一座现代式样的白色建筑矗立面前，老领导说我们脚底下的大理石都是古老的化石，极其珍贵。因赶时间，我们原准备走马观花快速参观，但当看到印象派的巅峰之作——莫奈的《日出印象》，还有凡高、伦勃朗等大师的手笔时，不由自主放慢了脚步。这是一个能让喜欢艺术的人待上很久的地方。一个城市有人文和艺术，才会璀璨。这里让人流连忘返，但还是要按计划进行下去。

美国的大学没有校园，学校就是社区的一部分，怎样为社区做

莫奈《日出印象》

贡献，也是大学的责任。老领导带我们去了学校的一个东亚图书馆，收藏有中国图书28万册、杂志2800种，我们这些分别毕业于南开、上海交大、中国人民大学、武汉大学、厦门大学的5位参观者，在国内高校都没有见到过如此完整的图书和期刊的资料。听毕业于复旦大学的馆长解释，他们这里同样的书只收藏一本，不像国内的可能要5本，所以，同样的地方收藏的书会显得多些。这里的地方志最全、县志都有，尽管如此，他们在全美收藏中国图书的大学中也仅排第十位，前面还有如普林斯顿大学葛思德东方图书馆等。

从图书馆出来，我们去学生食堂吃饭，想感受一下学生生活，这里的学生食堂已完全社会化，饭菜种类还算丰富。一人一样的快餐吃完，我们往回走，路过加州大学洛杉矶分校的大学体育荣誉纪念馆进去看了看，这让曾在大学体育系里学习的我大吃一惊，如果让加州大学洛杉矶分校的学生单独组一个队参加奥运会，它至少有前十名的水准，而且其篮球、田径及美式足球的成绩可以说是非常优异。美国人非常重视体育，大学里尤其如此，而我们的大学，体育可有可无，地位低下。

上车，继续向另一所私立大学进发，老领导介绍这是一所基督教大学，比较虔诚的教徒宁可让自己的孩子来这里上学，也不去哈佛等名校，这里的校风非常好。学校紧临太平洋，快到学校就能看到高高的十字架，以及在阳光照耀下漫步在校园草地上的梅花鹿，美国人对动物的保护体现在每一处，我的纽约朋友形容：美国的苍蝇都笨笨的，更不用说麻雀都能在你的身边漫步而毫不畏惧。开车直接到了山顶最高处，下车走入英雄花园——这是为纪念该校一位学生在9·11时与联航93航班上的劫机犯搏斗牺牲而建立的。据说第四架飞机的原定攻击目标可能为白宫，但由于乘客的殊死搏斗，飞机最终坠毁于城市郊外。站在山顶，远眺无际的蔚蓝的太平洋，老领导开玩笑：游过去就到深圳了。可这边是清澈见底的海水，等游到深圳湾不被累死，也被臭臭的海水给熏死了。

从这所基督教大学出来到海边，沙滩上有非常多的沙滩排球网，如果能在这里生活就好了，从小学三年级开始打排球打了十几年，在深圳到处找打排球的地方也没找到。如果当年学足球就好了，深圳到处都踢足球，老了踢不了也能去当当足球裁判。海滩边有一个码头，上面有百年以来的照片反映这一带的变迁，美国是个历史不太悠久的国家，但它们更重视历史走过的脚步。中国历史悠久，但中国的城市化某种意义上，对历史缺乏怜悯之心。

11日睡个懒觉。中午周群、王颂斌（笔名千岛，早年在深圳很有名）夫妇前来，然后我们与邓伟、邓航兄弟一起在一个优雅的餐厅吃牛排，邓航讲，周末美国人常常在这里一坐就是大半天。吃完饭，约好明天颂斌夫妇陪我们，然后邓航开车带我们去世界著名影城——好莱坞游玩，去之前邓航说你们可能会失望。

好莱坞，一条感觉非常破落的街道，因为有名人的印迹，还是人来人往，但这比想象中的好莱坞差了十万八千里，的确“看景不如听景”，而这次是我看到的景致中最差的。不过照片中刻在地上的这句话：“how some of us got here”——“我们中间的某些人就是靠着有梦想才来到这里”，让我印象深刻。参观完好莱坞，我们驱车前往比华利山庄，想看看举世闻名的比华利山庄，全球富豪心目中的梦幻之地到底是什么样子？但坐落在不太生长树木的洛杉矶山脉上的比华利山庄，没有我想象中类似西方油画当中那种鲜活的色彩，当然，我们无法进到山中一处处的私家小路上，无法近距离观看。据说香港大明星成龙在比华利山庄就有一处千余平米的豪宅，可以踩着细沙铺就的前院小路，面对着太平洋欣赏日升日落的美景。

12日早上10点，周群女士送我们去亨廷顿图书馆。美国很多博物馆都是由富豪捐赠的，亨廷顿图书馆也不例外。美国铁路大王亨廷顿夫妇在1919年时签署了一份契约，把他们占地130公顷的庄园及馆藏转给一个非赢利的教育托管会，由此创建了亨廷顿图书馆、艺术馆和植物园综合体，并贡献给了社会。热衷于收集世界各地文化精华的亨廷顿在60岁时退休，致力于珍版图书、手稿及艺术品的收藏。亨廷顿夫人爱书，也爱艺术，当年亲自主持，派人到欧洲收集采买古书和名画，然后从纽约装满几个车皮运来南加洲，其中不少是珍本、孤本，还有19世纪前的欧洲绘画。在我们参观的过程中，也曾看到过珍贵的莎士比亚手稿。

建这么大的庄园需要雄厚的财力，“只有贫富巨大的差异，才能让某些人的住房体现出人类文明最精致的艺术成就”，但问题是中国的乔家大院或苏州园林多是以土改方式收归国有的，但19世纪末美国铁路大王、钢铁大王的别墅豪宅大部分已经变成博物馆，而这只需要制度安排。盖茨曾表示要把95%的财产捐出去，不会给自己的继承人所有遗产，那么他的依山面湖，占地约两公顷，建筑总面积超过六千一百三十平方米，用七年时间、花费六千万美金与无数心血，结合了美丽的自然生态与先进的资讯科技的独一无二的豪宅，也将最终成为公众免费参观的博物馆。中美两国都有财富聚散的故事，但这个过程是否自然，体现了文明与治理国家的水平。

从亨廷顿图书馆出来，我们前往此次美国之行的最后一站——水晶大教堂。1968年的春天，一分钱也没有的罗伯·舒乐博士决心在美国加州建造一座水晶大教堂。1980年9月，历时12年，用掉2000万美元，可容纳一万人的水晶大教堂竣工，成为世界建筑史上的一个奇迹。后来，罗伯·舒乐博士经常这样讲：“不是每个人都应该像我这样去建造一座水晶大教堂，但是每个人都应该拥有自己的梦想，设计自己的梦想，追求自己的梦想，实现自己的梦想。梦想是生命的灵魂，是心灵的灯塔，是引导人走向成功的信仰。有了崇高的梦想，只要矢志不渝地追求，梦想就会成为现实，奋斗就会变成壮举，生命就会创造奇迹。”

今天，我终于来到了梦想中的水晶大教堂前，我跪在水晶铸就的上帝影像前祈祷——有了崇高的梦想，只要矢志不渝地追求，梦想就会成为现实，奋斗就会变成壮举，生命就会创造奇迹……

回到祖国

2007年5月13日一大早到洛杉矶玫瑰碗体育场旁边的高尔夫球场与王颂斌切磋球技，球场因为建造年代久远，比起我们的观澜高尔夫差距很大。但球场上与我们搭组的美国人，每当你打出一个好球，就发出赞赏，而且球打到不好找的地方，也会主动过来帮忙寻找。他们的行为，也感染了我，我报以回馈。

像球场一样，中国基础设施的水准多数已近世界一流，但人文关系如何变得更融洽、文明，确不是一天两天的事情。邓航曾说：在美国，车不让行人，是大逆不道的事！可在中国，如果你让了闯红灯的行人，在闹市口，你就别想走了。如何让人变得更有礼貌、更温文尔雅、更有公德心，可能是每个受过教育的中国人以及政府应该真正思考的事情。

打完球已近两点，陪了我们两天的颂斌夫妇将我们送到洛杉矶国际机场，看完一场NBA比赛，没有通过任何海关关口，就进入了登机口。想想进入美国时严格的检查，真可谓“严进宽出”。

顺利起飞，来的时候要12小时，回去的时候要15小时，问了几个人都不知道为什么多飞了3个小时，有人说：来时顺风，回时逆风；理由奇奇怪怪，就像我们解释股市为什么涨跌。还是张弘聪明：来时直飞，回去要经过白令海峡、俄罗斯，要绕一大圈。

非常喜欢坐飞机舷窗的位置，可惜是黑夜，不能欣赏沿途的景致。人生，就像舷窗旁看到的瞬间即逝的美景，美好的东西太短暂了。

迎着初升的太阳，飞机抵达广州白云机场，机场外的“握手（农民）楼”和高速公路旁冒着浓烟的烟囱以及灰霾的天空提醒我，这是我的国家，虽然它看起来有些不完美，但它并不妨碍此行后，让我们变得更热爱自己的国家，我知道她会变得美好！这是我的信念！

附 录 巴菲特与价值投资

投资的秘诀——沃伦·巴菲特访谈录

1. 你进行投资的基本原则是什么？

第一条原则：不许失败。第二条原则：永远记住第一条。本·格雷厄姆在《聪明的投资者》这本书的最后一章中道出了投资中最重要的四个字：保证安全。我认为100年以后，这个原则还会是投资的基础。理性的态度加上适当的知识结构，你就能成为一个成功的投资者。

2. 听说你对大学里关于投资的理论嗤之以鼻。

在当今的大学里流行着一些投资理论，比如有效市场理论，这些理论依赖于推理而不是基于常识。这些课程只会让学生变得更加平庸。

3. 在风云变幻的股市上，你如何看待市场和投资者的关系？

格雷厄姆曾用“市场先生”这种形象的说法，来说明市场行为。在他看来，股票市场应该被看作一个情绪容易波动的商业伙伴。这个伙伴每天都会出现，告诉你一个价格，他会以这个价格买你手中的股票，或把他手中的股票卖给你。这个伙伴每天都有一个新价格。我们要做市场先生的主人，而不是做他的奴隶。当我们投资股票时，我们实际上是投资股票所代表的企业。当我们找到了喜欢的公司时，市场高低不会对我们的决策产生影响。我们一个一个地寻找公司，很少花时间考虑宏观因素。我们只考虑那些我们熟悉的企业，而且价格和管理状况要让我们满意。凯恩斯说，不要试图去弄清楚市场在做什么。我们需要弄清楚的是企业。由于某些原因，人们热衷于寻找价格变动中的线索，而不是价值。在这个世界上，最愚蠢的买股行为莫过于看到股价上升就按捺不住而出手。

4. 价格和价值之间的差异在哪里？

价格是你将付出的，价值是你将得到的。在决定购买股票时，内在价值是一个重要的概念。没有公式能用来计算内在价值。你必须了解你要买的股票背后的企业。给企业估价既是一门艺术，也是一门科学。你没有必要等到最低价才去买，只要低于你所认定的价值就可以了。如果能以低于价值的价格买进，而且管理层是诚实可靠有能力的，你肯定会赚钱。

5. 什么时候买入股票呢？

大多数人在别人也感兴趣的时候买入，实际上最好的买入时机是别人不感兴趣的时候。买热门股不会有好成绩的。投资不需要高智商。投资不是智商160的人战胜智商130的人的游戏。理性是最重要的。

6. 哪些股票是最值得买入的？

利润和未来利润的前景决定了股票的价值。我们喜欢那种资本投入能产生高收益的并且很可能持续产生高收益的股票。我们买入可口可乐公司的股票时，它的市盈率大约是23倍。用我们的买入价和现在的收益比，市盈率只有5倍了。购买高利润公司的股票实际上是对通货膨胀的对冲。高利润公司信用评级很高，但它对债务资本的需求却相对较少。那些获利能力较差的公司最需要资金，却得不到足够资金的支持。

7. 你如何看待投资中的风险因素?

我很重视确定性。如果你这样做了，风险因素就对你没有意义了。以低于价值的价格买入证券不是冒险。以《华盛顿邮报》为例，它就是一种无风险投资。1973年时，《华盛顿邮报》的市值为8000万美元，而且没有任何负债。如果你问商界人士，《华盛顿邮报》值多少钱，他们一定会说值4亿美元。即使是凌晨2点在大西洋当中进行拍卖，也会有人来买。这种投资是非常安全的，令人不可思议。决定这个投资，也不用花费多少精力。

8. 如何看待经营中的借贷行为?

借来的钱就像是公司方向盘上的一柄利剑，它直指公司的心脏，车子总会遇到深坑，这时就会要了公司的命。理想的借贷方法应该保证市场的短期变化不会影响到你。

9. 你也曾经是个套利者?

是的，因为我的母亲今晚不在场，我可以向你承认我曾经是个套利者。我早期在格雷厄姆·纽曼公司学会套利。套利的基本形式是在一个市场上以低价买进，然后在另一个市场上以高价卖出。在一个公司宣布以高于市场价的价格购并另一家公司时，我就进行套利。我关注他们宣布了什么，它值多少，我们要付出多少，我们要参与多少时间。我们要算出这一方案被通过的可能性。考虑这些时，参与公司的名头是否响亮并不在考虑之列。

10. 什么时候下注最合适?

当球还在投手的手中时，我从不左右移动，只有当机会来临时才会做。

11. 你如何对待各种预测专家和经纪人的意见?

如果你想理发，就不要问理发师你需不需要理发。当有人想让我采纳他们的意见时，我会告诫他们："用我的头脑加上你们的钱，做得会更好。"你必须学会独立思考。我一直很不明白高智商的人为什么会轻易模仿别人。我们从不把好的主意告诉别人。

12. 你对独立投资者有何建议？

对独立投资者来说，你应当了解企业运作的过程和企业语言(会计)，具有一些比智商更重要的性格和品质。它会有助于你独立思考和避免各种各样的狂热，这种狂热无时无刻不会影响市场。了解会计原理是保证不依赖别人的手段之一。当经理们报告企业情况时，通常会提供按会计原则制成的报表。不幸的是，如果他们想欺骗你，报告也会符合会计原则。如果你不能弄清其中的奥妙，你就不应该从事证券投资这一行。

13. 你如何评价华尔街那些淘金者？

只有在华尔街，开着劳斯莱斯的人才会向走在人行道上的人打听消息。其他领域的专业人员，比如牙医，会给普通人带来很多东西。但总的来说，人们从专业理财经理那里什么也得不到。华尔街喜欢把股票市场的活动描述为复杂的对社会有益的活动。然而事实与之相反，短期交易像一只看不见的脚，狠狠地踹在社会的身上。

14. 你能谈谈你的选股方法吗？

选股的原则前面已经提到，就是你必须理性地投资。如果你不熟悉，就不要做它。我只做自己完全了解的事。以下是选股方法：第一步，在你了解的企业上画个圈，然后剔除那些价值、管理和应变能力达不到标准的企业。第二步，选定一个企业进行评估。不要随便采纳别人对企业的评估，要自己分析它。比如，你将怎样经营它？竞争对手是谁？客户是谁？走出门去并和他们交谈，分析你想投资的公司和其他公司相比，优势和弱点在哪里？如果你这样做了，你就可能比公司的管理层更了解这家企业。这一原则也适用于技术类股票。我相信比尔·盖茨也会用这些原则。他对技术的了解程度和我对可口可乐和吉列的了解程度差不多。如果有人说他能估出交易所上市的所有股票的价值，他一定高估了自己的能力。但如果你集中精力去研究某些行业，你能学会许多和估价有关的东西。最重要的不是你的能力范围有多广，而是你的能力有多强。如果你知道你的能力的界限在哪里，你就比那些能力范围比你大五倍而不清楚界限在哪里的人强多了。

15. 你为什么不进行其他投资？

既然股市这么简单，为什么还要买房地产呢？根据价值进行投资是如此地简单易懂，以至于到大学拿一个经济学博士显得是一种浪费。进行投资就是在恰当的时间买进好股票并一直持有它，只要它还是一家好公司。

16. 你在投资时追求什么？

这可以从伯克希尔登在《华尔街日报》上的一则广告来加以说明。广告说：以下是我们所寻求的东西：A 购买额大（至少具有1000万美元的税后盈余，越大越好）。B 可靠的持续获利能力（对前景和突然好转的情形我们不感兴趣）。C 企业股东权益回报水平良好而且债务水平很低或为零。D 适当的管理（我们不提供这项服务）。E 简单的企业（如果需要太复杂的技术，我们就无法了解）。F 有明确出价（我们不想把自己和出售者的时间浪费在讨论价格未定的交易上）。

17. 听说你对于投资中利用高深的数学很反感？

我从没发现自己要用到代数。当然你要算出企业的价值，然后把它除以它发行在外的普通股总数，这里要用到除法。如果你准备出去买一个农场、一栋住宅或一台干洗机，你有必要带帮人帮你计算吗？你做的买卖是否合算取决于那些企业的未来获利能力与你的买价相比如何？

18. 你特别看重一个公司的节俭？

每当我听说又有一个公司进行成本削减计划时，就知道这又是一个不了解什么是成本的公司了。短期突击解决不了问题。真正优秀的经理不会在某个早晨醒过来以后说："今天我要削减成本。"对一个绩优公司的老板来说，节俭要从自身做起。

19. 你是否也有过失误？

是的，我也犯过许多错误，包括位于新英格兰的一家叫伯克希尔的纺织厂。这家落后的纺织企业最终被关闭，然而公司的结构和名称却得以保存，它成了一家投资企业。在21岁时，我把自己所有财富的20%投资在一家加油站，那是一次最糟糕的决策。这次错误的机会成本大约是11亿美元。

20. 你迄今购买的理想股票是什么？

我花了很多时间去研究沃尔特·迪斯尼公司。我最喜欢的公司是这样的：美丽的城堡，周围是一条又深又险的护城河，里面住着一位诚实而高贵的首领。护城河就像一个强大的威慑，使得敌人不敢进攻。首领不断创造财富，但不独占它。换句话说，我们喜欢那种具有市场统治地位，别人难以模仿，耐久可靠的大公司。你的企业要有一定的保护能力，使得对手难以进入并以低价与你竞争。当我买股票时，我就认为是买下了整个公司，就像在街边买了家商店。如果买下了商店，我就要了解它的一切。1966年上半年迪斯尼的每股价格为53美元，看起来不太便宜，但以这个价格你能以8000万美元买下整个迪斯尼公司，等于你有了白雪公主和其他一些卡通人物，有了迪斯尼乐园，还有沃尔特·迪斯尼这个天才当合伙人。

21. 你最看重所投资公司的什么方面?

在所有的企业中，每一星期、每一个月、每一年都会发生各种各样的变化。但真正重要的是找对企业。这方面一个经典的例子是可口可乐公司。它在1919年上市，发行价是40美元1股。第二年，股价跌到每股19美元。如果公司发行上市时你就买进，一年之后，你就丧失一半的财富。但如果你持有到今天，并且把所有红利再投入，它大约值180万美元。我们经历过萧条，也经历过战争，糖价也波动不定，发生过成千上万的事。但是看好产品的前景比在股市中进进出出多赚了多少。查理·芒格叫我关注具有巨大获利能力和成长性的大公司的特点，但获利能力和成长性必须是确定的，不能像德州仪器公司或派拉蒙公司那样是虚构出来的。我曾告诉通用食品的总裁，为什么在没有人对通用食品感兴趣的时候，我会购买这家公司的股票。“你有响亮的品牌，你的利润占销售额的1/3，而其他食品公司只有1/6到1/7，你有大量现金可用。如果你不知道怎么用，我相信有人会知道。”优秀的公司能连续20到30年保持成长。你买进以后，只要回家，高枕无忧地让经理们做他们的事。

22. 你最看重企业的什么方面呢?

我最看重企业商誉的价值。商誉就像企业之城的护城河。可口可乐拥有世界上最大的商誉价值。如果你送给我1000亿美元，让我打败可口可乐在软饮料市场的霸主地位，我会还给你，告诉你这是不可能的。除了商誉价值外，一个好企业还应具有价格的灵活性和调价能力。

23. 你如何评价好的管理与好的公司?

我总把自己想象成拥有整个公司。如果管理层也这样想，并依此制定政策，这便是我喜欢的管理层。由于我不是糖果销售、辞书出版、服装和鞋类等业务的专家，所以我喜欢那种专家型的经理。

管理很重要，但好公司更重要。我们的结论是，如果让声名卓著的优秀管理人员来经营行业基本素质不太好的企业，企业的状况不会有多大的改观。很少有例外。我喜欢那种即使没人管理也能赚钱的企业。那才是我想要的企业。

（来源：网络）

对股价几种最愚蠢（最危险）的认识

彼得·林奇

[引言]

以下节选自彼得·林奇谈“对股价12种最愚蠢（最危险）的认识”，虽是针对美国市场，但对中国的投资者或许同样有所启发。

我经常对职业投资者或业余投资者推出的各种各样的股市分析感到惊喜。人类在制药和天气预报方面取得了巨大的进步，减轻了人们对此认识的无知和迷信。我们经常会嘲笑自己的祖先因为收成不好而责怪玉米神，我们也会质问，为什么最聪明的像毕达哥拉斯这样的人会认为罪恶的灵魂藏在褶皱的床单下面。然而，我们还会相信赢得美国足球超级杯赛的人可能会影响股票的价格。

利用在研究生院就读的假期，我在富达做暑期工的时候，我第一次认识到甚至最具智慧的教授对于股市的认识都是错误的，正像毕达哥拉斯认为恶魔的灵魂会藏在床单下一样。自从我学到了连续性的波浪理论，发现它几乎每次都是误导了公众。这种误导可以说是不计其数的，我特意写下了12种对股价最愚蠢的认识，希望能帮助你把这些错误的认识从脑海中剔除。其中的一些可能听起来很熟悉。

一、如果股价已经下跌了这么多，它不可能再跌了

我敢打赌拥有宝丽来股票的投资者在其股价从高位的每股143.5美元跌到只有原价1/3时，一定还在不断的重复这句话："股价已经下跌了这么多，它不可能再跌了"。宝丽来属于坚实的蓝筹公司。当报告显示它的收入和销售都下降的时候，许多人没有注意到它的股价已经严重高估了，相反的，他们在不停的假设"股价已经下跌了这么多，它不可能再跌了"，或是"好公司的股票一定会再反弹"，"你在股市上必须要有耐心"，以及"没有道理因为害怕而卖掉好的股票"。

毫无疑问，投资者无数次听到这些话，但在银行的资产组合纪录中，宝丽来股价从100美元跌到90美元，然后是80美元，当股价跌破75美元时，"不可能再跌了"的观念仍在人们脑海中存在。在股价为50美元时，你仍然能听到宝丽来股票持有者仍在重复这句话。

许多新的投资者在"不可能再低"的观念下入市购买下跌的宝丽来股票。他们中许多仍都后悔当初的决定，因为事实上，宝丽来股价一直在继续下跌。这只股票最终在一年内从每股143.5美元跌到了14.125美元，这时才到了不可能再跌的地步，但对于持有"不可能再跌"理念的投资者来说，损失实在太大了。

没有定律会告诉我们股价最终会走向何方。我在1971年得到了一个教训。当时我在富达公司是一个很急切但缺少经验的分析师。Kaiser已经从每股25美元跌到每股13美元，在我的推荐下，富达公司买了500万股，那是在美国股市历史上最大的一笔交易之一。当股价跌到每股11美元的时候，我仍然坚信这只股票绝对不会跌破10美元。

当股价跌到8美元的时候，我打电话给母亲立刻去买这只股票，我完全相信它不会跌破7.50美元。幸运的是，母亲最终没有听我的建议。我震惊地注视着Kaiser股价从7美元跌到6美元，最终1973年在4美元的价位上停止跌势，到这里才最终证实了它不可能再跌了。

富达公司的资产组合经理持有500万股Kaiser，原本认为是每股

11美元买入的一笔好交易，现在变成了只剩4美元的便宜货。因为我是推荐买这只股票的分析师，所以不得不让经理们相信Kaiser有一个好的财务报表。事实上，让我们高兴的是我们只有2500万股还没有卖出。在每股只有4美元的情况下，公司只有一亿美元的价值。这笔钱当时可以买4架波音747了，但今天，你只能买一架没有引擎的飞机。

股市使Kaiser这家拥有地产、铝、钢、水泥、造船、建材、光纤玻璃、工程、传媒还有吉普车的大公司的股价跌到只能买4架飞机。公司没有什么债务，我们仍能算出每股至少值40美元，如果在今天，一定有人把它并购过来。

很快Kaiser的股价又反弹到每股30美元，但是在该股票真正跌到最低点之前我们再也不能说“它不可能再跌了”。

二、你总能知道什么时候股市到了底部

捞鱼是投资者很喜爱的活动，但往往是好的渔夫才能捞着鱼。试图捞住下跌股票的底就像抓住一把下跌的刀，最好的办法是等到刀掉到地上再拾起它。试图抓住迅速下跌的股票一定会导致剧烈的疼痛，因为你抓住了错误的地方。

如果你对转型困境型股票感兴趣的话，你更应该对下跌但看似要反弹的股票多一点感觉。也许你认为公司生意已经开始复苏，在查看了资产负债表后发现公司每股净资产为11美元，而股票交易价为14美元。

尽管如此，你都不可能抓住股价。通常股价在回升之前都会在底部振荡一段时间。这个振荡期一般为2~3年，有时甚至更长。

三、如果股价已经如此之高了，怎么可能再进一步上升呢？

你可能是对的，除非你不谈论菲利普莫里斯公司和速波公司。菲利普莫里斯公司在所有的时候一直都是很好的股票之一。我已经提到如果不买汽车，而买速波的股票，我们现在都已经成为百万富翁。如果你在20世纪50年代买入菲利普莫里斯公司的股票，当时是75美分，鉴于这只股票不能再高了的理论，你可能会试图在1961年以每股2.5美元的价格出售。但是如果你当时卖了它，你就会错过在以前2.3倍增长的基础上下一次7倍增长率的机会。

任何一个投资菲利普莫里斯公司股票的人，可以高兴的看到当时每股0.75美元的价格变为124.5美元/股，当时1000美元的投资最终变成了166000美元，这还不包括在上涨过程中所配发的23000美元的股息。

如果我当时问自己，这只股票怎么能升那么高，我就不可能在速波涨了20倍以后再去买它。但是我查看了公司的基本面，发现速波的股价仍然很便宜并购买了它，从而获得了7倍的回报。

问题的关键是没有股价最终应回到多高价位的法定界限。如果公司业绩良好，投资收益也会继续增加，并且基本面也没有什么改变，不应该仅仅因为“股价不可能再高”这个可怕的原因而冷落了优秀的个股。那些建议投资得到一倍的回报就自动出售股票的专家们应该感到惭愧。听了他们的建议，你将永远得不到10倍投资回报。

像菲利普莫里斯公司、Shoney’s公司、Masco公司、麦当劳和Stop&Shop已经一年一年的不断打破“股价不能再高了”的理论。

坦白的讲，我也无法预测哪只股票能涨到10倍或是5倍。如果公司营运一切良好，我会一直持有着这只股票，希望它最终能给我带来惊喜的回报。公司运营的成功没有什么可惊喜的，但其股价的上升能带来许多兴奋。我记得当我购买Stop&Shop的时候，它是一支保守的、有分红的股票，但公司基本面不断的得到改善，最终我认识到手里握有一只高速增长的股票。

（来源：网络）

千万不要尝试波段操作

查尔斯·艾里斯

要提高潜在的投资报酬率，最大胆的方法是靠波段操作，典型的波段操作者在市场上进进出出，希望在市场上涨时，把全部资金投资下去，价格下跌时，把资金全部撤出。还有一种波段操作的方式，是把股票投资组合，从预期表现会不如大盘的股类中退出，投入表现可能优于大盘的股类。

在债券投资组合上从事波段操作，目的是希望在利率下降、促使长期债券价格上涨前，把投资组合转入到期日很久的债券，在利率上升、驱使长期债券价格下跌之前，再转入到期近的债券。

如果是替平衡型投资组合从事波段操作，就要在股票的整体投资报酬率高于债券时，致力增加股票投资的比重，在债券整体投资报酬率高于股票时，转进债券投资，在短期投资工具的整体报酬率高于债券或股票时，投资组合转进短期投资。

以1940年到1973年间两种完美的投资成效为例，进行比较分析时，会让人感到波段操作的潜力十分诱人，第一种投资是在行情上涨时，百分之百投资股票，市场下跌时，保持百分之百的现金。

在这34年里，一共交易22次，买进和卖出各11次，以道琼斯30种工业股价指数作为股价的代表，1000美元会增加到85937美元。

在同样的34年里，这个假设的投资组合总是百分之百投资，而且总是投资在表现最好的各类股票中，同样的投资1000美元，买进和卖出各28次，最后会暴增到43.57亿美元！在这段期间的最后两年，投资人必须胆大过人，必须在1971年元月，把6.87亿美元投资到餐厅类股，这样到年底会变成17亿美元，然后再投资黄金类股，到隔年圣诞节会暴增到44亿美元！这个例子当然很荒唐，从来没有人达成过这种绩效，将来也不可能有人能够做到这么优秀。更重要的是，无论是过去或是未来，靠着“波段操作”，不要说不可能创造上例这么神奇的成就，连想达成远低于这种成就的绩效都不可能，因为没有一位经理人能够持续不断，远远比同行专业的对手精明。

在股票似乎高估时，精明的卖了，减轻暴露在市场中的风险，等价格似乎跌到诱人的低水准时，再大胆投资。这样低买高卖虽然很吸引人，但是有强而有力的证据显示，想提高报酬率，波段操作不是有效的方法，其中有一个残酷而有力的原因，就长期而言，这种方法通常行不通。

投资经理波段操作的成绩令人一见难忘，因为绝大部分都是亏损。有一份精心研究波段操作、但未出版的报告断定：在计算错误和加以成本之后，投资经理对市场的预测4次必须有3次正确，他的投资组合才能损益两平。为什么波段操作这么不容易提高投资绩效？罗伯特·杰福瑞（Robert Jeffery）提出过解释，原因是在这么短的期间内，而且在投资人最可能受平凡的共识左右时，发生这么多的“动作”。一份未出版的研究报告研究100家大型退休基金及其波段操作的经验，发现所有退休基金都从事过波段操作，但没有一家能靠波段操作提高投资报酬率，事实上，100家中有89家因为“波段操作”而亏损，而且在5年内，平均亏损高达4.5%。

就像有“老”飞行员，也有“大胆”的飞行员，却没有“大胆的老”飞行员一样，也“没有”靠波段操作一再成功的投资人。贪心或恐惧促成的决策通常都是错误的，通常也太慢，而且很可能是反方向才正确。在真刀真枪的金钱游戏上尤其如此，试图猜透市场或胜过众多专家，以便“卖高买低”，连想都别想，你一定会失败，而且可能输得很惨。

费雪尔·布莱克（Fischer Black）说得好：“一般说来，无论投资人退出市场或留在市场里，市场的表现都一样好，所以投资人有一部分时间退出市场时，和简单的买进长抱策略相比，一定会亏钱。”

波段操作困难十足，对于这一点说得最透彻的话，出自一位经验丰富的专业人士坦白的感叹，他说：“我看过很多有意思的波段操作方法，而且我在40年的投资生涯中，试过其中大部分的方法，这些方法在我之前可能很高明，但是，没有一个方法能够帮得上我的忙，一个都没有!”

别尝试波段操作，原因之一是很多很多投资经理的经验显示，他们大量持有现金或大量投资时，市场的表现一样好，反之亦然。(事实上，专业投资经理通常互相抵消，在第一段期间，增加现金部位的人数，通常等于减少现金部位的人数。)

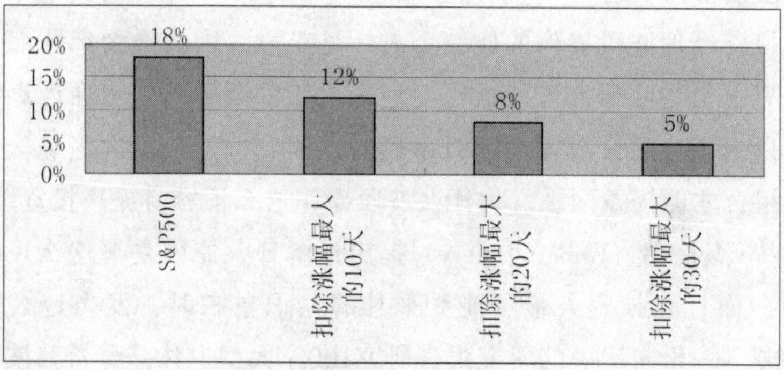

图1 1982-1990年复合报酬率（%）

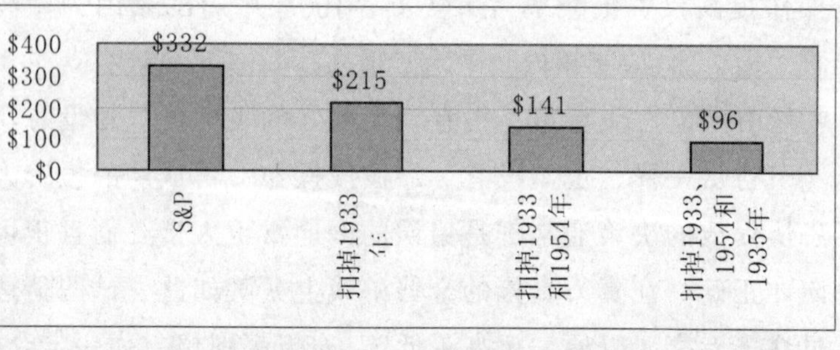

图2 1928年投资1美元，到1990年累积的报酬

第二个原因更清楚，图1显示，去掉市场表现最好的日子后，长期复合投资报酬率会有什么变化。拿掉表现最好的10天，平均投资报酬率就会少掉1/3，从18%降为12%，这10天占整个期间的比率不到0.5%。拿掉次佳的10天后，几乎又使投资报酬率再少掉1/3，降为8.3%。去掉表现最好的30天后，这30天占整个期间的1.5%，投资报

酬率就会从18%掉到5%。图2显示，计算长期股价时，去掉表现最好的年份，会得到相同的结果。波段操作是“邪恶”的观念，别去尝试，千万不要尝试。然而，如果你像所有高明的律师一样，相信必须透彻了解对手才算做好了准备，你可能对投资行家对波段操作诱惑力的辩论有兴趣。在1960年1月，投资1美元在标准普尔500种股价指数，到1990年6月，会增加到19.45美元。但是，请注意，如果在这30年里，在市场表现最好的10个月里，把同样的美元撤出市场，这样只占整个30年的3%而已，到1990年6月，1美元只会增加到6.58美元（大约只等于收益平平的国库债券）。因此，主张长期投资的人说，在行情艰难时仍然继续投资，才是唯一健全的投资方式，才能享受表现优异的大好时光！

“别骤下定论。”主张波段操作的高手说。如果能够避开表现最糟的10个月，1美元会暴增到63.39美元。要是你认为这种假设的说法很有诱惑力，你很可能有兴趣再看看詹姆斯·赛伯（James Thurber）的经典之作《华特·米提的生涯》（The Adventures of Walter Mitty）。

书中用标准普尔500种股价指数的报酬率作为衡量依据，迅速、明确地说明了下述主旨：从1926年到1996年，在这段漫长的70年里，股票所有的报酬率几乎都是在表现最好的60个月内缔造的，这60个月只占全部862个月的7%而已。要是我们能够知道是哪些月份，想想看获利会有多高！但是，我们做不到，以后也不可能做到。我们的确知道一个简单而珍贵的事实，就是如果我们错过了这些表现绝佳，但不算太多的60个月，我们会错失掉整整60年才能积累到，而且几乎等于所有的投资报酬率。其中的教训很清楚：“闪电打下来时，你必须在场。”

没有任何证据显示，任何大型机构能够持续在行情低落时进场，到行情高涨时退场。根据对行情波动的预测，在股票和债券、或在股票和现金之间，来回换类操作，失败的情形远比成功的次数大多了。

（节选自［美］查尔斯·艾里斯《投资艺术》）